Regina Scheer
Es gingen Wasser wild über unsere Seele

Regina Scheer

# Es gingen Wasser wild über unsere Seele

## Ein Frauenleben

Aufbau-Verlag

Mit 24 Abbildungen

ISBN 3-351-02495-9

1. Auflage 1999
Aufbau-Verlag GmbH Berlin
© Aufbau-Verlag GmbH, Berlin 1999
Einbandgestaltung Ute Henkel / Torsten Lemme
Druck und Binden Graphischer Großbetrieb Pößneck
Ein Mohndruck-Betrieb
Printed in Germany

# Vorbemerkung

Vor Jahren schrieb ich ein Buch über die vergessene Geschichte eines Hauses in Berlin Mitte. Dieses Haus war mein Schulhaus gewesen, dort habe ich das Abitur abgelegt, ohne zu wissen, was vor meiner Zeit in diesem Haus geschehen war, ohne zu ahnen, daß dieses Haus und seine früheren Bewohner mich für Jahrzehnte nicht mehr loslassen würden. Bei den Recherchen und nachdem das Buch erschienen war, wurde mir immer wieder etwas gegeben, was zu dem Wertvollsten zwischen Menschen gehört: Vertrauen. So traf ich auch eine alte Frau, die als junges Mädchen in mein späteres Schulhaus kam und Erzieherin des jüdischen Kinderheims AHAWAH wurde. In diesem Haus fand Hanna Ullmann ihre Liebe und hier fand sie ihre Lebensaufgabe. Mit ihrem Mann ging sie nach Palästina, Kinder aus dem Heim kamen 1934 nach. Nicht alle. Viele mußten in Deutschland bleiben und überlebten nicht. Das Heim AHAWAH in Palästina, später in Israel, wurde ein Zuhause für mehr als tausend jüdische Kinder, die gerettet werden konnten. Von den Erziehern dieser Jahre lebt nur noch Hanna Ullmann, die heute, neunzigjährig, noch immer ihre Arbeit fortsetzt. Am Rande der Negev-Wüste hat sie das Heim NEVE HANNA gegründet, in dem jüdische Kinder aus jemenitischen, russischen, äthiopischen Einwandererfamilien lernen, wie man menschlich miteinander leben kann. Ich habe diese Kinder gesehen, und ich habe Hanna Ullmann zugehört, die mir ihr Leben erzählt hat, ein Leben, scheinbar geradlinig, das doch mitten durch dieses zerrissene Jahrhundert führt, mit all seinen Brüchen und der

Erfahrung von Ausgrenzung, Kriegen und Vertreibung. Sie hat mir vom Glück und vom Scheitern einer Utopie erzählt, nicht vom Ende der Hoffnung.

Im November 1998 war Hanna Ullmann in Berlin, sie erhielt für ihr Lebenswerk das Bundesverdienstkreuz, und diese Auszeichnung wurde im Centrum Judaicum, dem wiederaufgebauten Teil der alten Neuen Synagoge in der Oranienburger Straße, vergeben. Von dort kann man das Haus des ehemaligen Kinderheims AHAWAH sehen. Als der Architekt Eduard Knoblauch beide Gebäude errichtete, ließ er einen Gang zwischen Synagoge und dem Gebäude, das damals das Jüdische Krankenhaus war und später die AHAWAH wurde. Diesen seit Jahrzehnten vermauerten Durchgang hat die Jüdische Gemeinde wieder geöffnet. Hanna Ullmann ging, nachdem sie ihre Auszeichnung entgegengenommen hatte, die paar Schritte dorthin, wo ihre Arbeit begonnen hatte. Das Haus ist den Berliner Juden endlich zurückgegeben worden. Der Zufall wollte es, daß es gerade in den Tagen von Hanna Ullmanns Aufenthalt dort eine Ausstellung junger jüdischer Künstler gab, die das leere Gebäude mit ihren Bildern und Installationen gefüllt hatten. Die Novembersonne schien und in den alten Räumen der AHAWAH hing noch der Klang der Psalmen, die die Sängerin Jalda Rebling zwei Tage zuvor zur Eröffnung gesungen hatte, an der Hand ihr jüngstes Kind, das ein anderes Kind an der Hand hielt. In einem Raum hatten wir Fotos aufgehängt, die Gesichter der Kinder, die im Februar 1943 aus diesem Haus nach Auschwitz deportiert worden waren. Eine jüdische Frau hatte diese Kinderfotos in einem Versteck aufbewahrt. Nachdem sie Verfolgung und Lager überlebt hatte, kamen die Fotos wieder zu ihr, und fünfundvierzig Jahre danach gab sie sie mir. Hanna Ullmann ging durch alle Räume, besonders lange sah sie sich die Fotos der Kinder an, und ein paar Wochen später bekam ich von ihr aus Israel einen großen Umschlag mit anderen Fotos. Es sind die der geretteten Kinder. Seitdem die Gesichter der toten Kinder in dem alten Haus in der Mitte Berlins zu sehen waren, größer als je in Wirklichkeit, spüre ich, daß nichts und niemand wirklich verlorengeht. Wenn man zuhört, hinsieht, sich erinnert. Deshalb hat Hanna Ullmann mir ihr Leben erzählt, deshalb habe ich ihre Geschichte aufgeschrieben.

Februar 1999 *Regina Scheer*

*Namen und Orte sind weitgehend authentisch, in einigen Fällen aus Gründen des Personenschutzes verändert.*
  *Ich danke allen, die mir mit ihren Erinnerungen und ihrem Vertrauen halfen.*
  *Hervorheben möchte ich neben Hanna Ullmann auch David Weger, sowie ihre Mitarbeiterinnen Mira Falkenstein, Naomi Politzer, Avital Ben-Chorin.*
  *Für ihre ganz besondere Hilfe, ohne die ich das Buch nicht hätte schreiben können, danke ich Jutta Frost.*
  *R. Sch.*

# Winterfeldtstraße

Am Schabbes fahre ich nicht, hatte Hanni entschieden erklärt, und sie wird nicht umzustimmen sein, obwohl dieser Sonnabend kalt ist, so kalt, daß es schmerzt, die Berliner Luft zu atmen. Auf dem Weg zu Hanna Ullmanns Pension sehe ich einen schwarzen Vogel starr am Wegrand liegen, wie im Flug vom Himmel gefallen. Unsere Verabredung ist, daß ich Hanni in der Pension abhole, sie will mit mir an diesem Tag in die Winterfeldtstraße gehen zu dem Haus, in dem sie als Kind und junges Mädchen mit ihren Eltern gelebt hatte. Auch in ihrer Pension friere ich, obwohl die Heizungen hochgestellt sind, und ich denke, Hanni, die seit siebzig Jahren in der Sonne lebt, müßte noch mehr frieren, und vorsichtig schlage ich vor, doch eine Taxe zu nehmen. Alte gebrechliche Menschen dürfen durchaus am Schabbes fahren, wenn es notwendig ist. Ja, ganz alte dürfen fahren. Sie wird laufen, entgegnet die fast Neunzigjährige, und wir machen uns auf den Weg.

An der Passauer Straße zeigt sie mir die Garagen vom Kaufhaus Des Westens. Dort war ihre Synagoge gewesen, dorthin waren sie und ihr Bruder zweimal wöchentlich zum Religionsunterricht gegangen. Montags und donnerstags von drei bis sechs, nach der Schule. Es war eine konservativ-konventionelle Synagoge, sie hatte dreihundert Plätze und natürlich eine Frauengalerie. Der Rabbiner Dr. Hartwig Carlebach war ein wunderbarer Lehrer und ein außergewöhnlich schöner Mann. Wenn die zehn- oder elfjährige Hanni dem damals dreißigjährigen Rabbiner den Hut aus der Hand nehmen und an den Haken hängen durfte, fühlte sie sich glücklich und auserwählt. Aber als ihr ein Jahr jüngerer Bruder Theo, der wie sie am 10. September Geburtstag hatte, in der Synagoge zum Bar mizwah wurde und die Familie Risch in der Winterfeldtstraße ein Fest für ihn gab, stand die vierzehnjährige Hanna, die damals schon jeder Hanni nannte, unbeachtet dabei. Der Bruder bekam Geschenke, sie nicht einmal eine Tafel Schokolade. Das war 1922. Die Feier für Mädchen, die Bat mizwah, war damals bei deutschen Juden nicht üblich. Ganz selbstverständlich kam einem Jungen mehr Aufmerksamkeit zu als einem Mädchen. Paula Risch, die Mutter, hielt sich daran. Dabei, erinnert sich Hanni mit leisem Lachen, war die Mutter selbst kein Heimchen am Herd, sie war die starke Frau eines viel schwächeren Mannes. Und auch die Frau vom Rabbiner Carlebach stand nicht bescheiden im Hintergrund, sie war eine ungewöhnliche Erscheinung und eine selbstbewußte Frau. Hanni ging auch ihretwegen gern in die Synagoge. Dort, in der Passauer Straße, hat sie zum erstenmal orientalische Juden gesehen. Die waren als Exponate einer Völkerschau in Berlin – Menschen als Ausstellungsstücke. Rabbiner Dr. Carlebach hatte gehört, daß auch Juden zu dieser Völkerschau gehörten, und er holte sie zum Gottesdienst in seine Synagoge. Da saßen sie, Marokkaner, in ihren bunten Gewändern, mit ihrer dunklen Haut, ihrem so anderen Benehmen. Der Rabbiner rief einen der Gäste zur Thora. Hanni war fassungslos, an diesem Tag wuchs eine Ahnung in ihr, daß es ein Leben außerhalb der Welt gab, die sie in Posen und dann in Berlin kennengelernt hatte, daß es Juden gab, die noch fremder waren als der fromme Gelehrte im Kaftan und mit Schläfenlocken, der in Posen einmal in der Woche am Tisch der Familie Risch gesessen hatte. Diese hier führten ein ganz anderes, noch unbekannteres Leben und waren doch Juden wie sie selbst.

Hanni bleibt vor einer Gedenktafel an der Garagenzufahrt stehen. Die Synagoge wurde am neunten November 1938 zerstört. Der Rabbiner Carlebach hat überlebt, er starb erst 1967. Die Ruine seiner Synagoge war Anfang der fünfziger Jahre abgerissen worden. Da war es noch zu früh für Gedenktafeln, diese hier ist erst ein paar Jahre alt.

Noch ein paar Schritte, und wir stehen vor den glitzernden Türen zum Kaufhaus Des Westens. Das ist für Hanni seit ihrer Jugend ein Ort des Luxus, ein verachteter und doch verlockender Ort. Als Kind war sie manchmal hierhergekommen, hatte staunend die Abteilungen durchstreift und all diese zauberhaften Dinge betrachtet, deren einziger Zweck darin zu bestehen schien, begehrt zu werden. Auf ihren Reisen nach Berlin in den letzten Jahren war sie auch immer ins KaDeWe gegangen, hatte irgend etwas gekauft, um die Freude zu spüren, die der Besitz eines Dings aus diesem Luxuswarenhaus auslösen würde. Aber, sagt sie mit der ihr eigenen Selbstironie, es hält nicht an. Damals, als junges Mädchen, war sie eigentlich gegen alles Überflüssige. Sie sah kritisch auf ihre elegante Mutter Paula, die weiße Handschuhe trug und ein seidenes Kleid, wenn sie ihre Stickmuster anbot in den besseren Häusern Berlins. Das war nach 1919, als die Rischs für Deutschland gestimmt und Posen verlassen hatten, als ihr Haus und ihr Vermögen verloren war. Damals mußte Paula die Familie ernähren, denn Hermann Risch fand in Berlin lange keine Anstellung als Zahnarzt, vielleicht bemühte er sich auch nicht allzusehr darum. Eine dreiviertel Million Goldmark hatte die achtzehnjährige Paula Fejgel Rothstein bei der Hochzeit mit dem doppelt so alten mittellosen Zahnarzt Hermann Zwi Risch von ihrem Vater bekommen. Es war keine Liebesheirat – Paulas Vater, ein reich gewordener Kaufmann, wollte einen Akademiker in der Familie haben, und Paula wollte so bald wie möglich Ehefrau werden, vielleicht, um der Stiefmutter zu entkommen. Zwar war der Bräutigam kleiner als sie, aber er sah gut aus und kam aus ordentlicher jüdischer Familie. Paula hatte in Posen nie gearbeitet, für alles gab es Dienstmädchen.

Aber nun in Berlin war das Geld weg und sie erinnerte sich, daß man immer ihre Stickbilder bewundert hatte. So entwarf sie Muster für Seidenwäsche, für Tischtücher und Bettlaken aus Batist und feinem Leinen. Sie selbst, die vornehme und gebildete Dame, ging in die Häuser ihrer Kreise und nahm Bestellungen für diese Muster auf, die sie dann ausarbeiten ließ. Auch Einsteins gehörten zu Paulas Kunden, und zwei- oder dreimal waren auch ihre Kinder mit bei dem schon berühmten Mann. Warum der so feine Bettwäsche brauchte, sei ihr noch heute schleierhaft, meint Hanni achselzuckend vor der Tür zum KaDeWe. Wenigstens beneiden ihre Enkel in Amerika und Israel sie darum, daß sie Albert Einstein die Hand geben durfte. Sie selbst wollte damals gar nicht fein sein. Sie war schon als Siebenjährige in Posen zum zionistischen Jugendbund Blau-Weiß gegangen und trug am liebsten Reformkleider und Jesuslatschen. Mit dreizehn oder vierzehn Jahren, schon in Berlin, schnitt sie sich, ohne zu fragen, ihr langes schwarzes Haar ab. Vier Wochen lang durfte Hanni zur Strafe nicht am Familientisch in der Winterfeldtstraße essen, sondern wurde zu dem christlichen Dienstmädchen Lisbeth in die Küche geschickt, wo es ihr ohnehin besser gefiel. Paula und Hermann Risch waren entsetzt über den Bubikopf ihrer Tochter, über deren Eigenwilligkeit, über die sozialistischen Neigungen des Mädchens, das für die ermordete Rosa Luxemburg schwärmte, aber ebenso für Goethe und Theodor Herzl.

Als Hanna siebzehn oder achtzehn Jahre alt war und schon Praktikantin im Kinderheim AHAWAH in der Auguststraße, kam ein junger Zionist aus Erez Israel in das Heim und erzählte begeistert vom Leben dort, von den Kibbuzim, von der Gemeinschaft, von der großen Aufgabe, eine Heimat für die Juden zu schaffen, in der Gerechtigkeit herrschen würde, Einfachheit und Gleichheit. Er war ein gutaussehender, schlanker Mann mit brennenden Augen. Irgendeine Organisation hatte ihn nach Deutschland geschickt, um für Palästina zu werben. Seine Frau hatte man auch geschickt, die war nicht so redegewandt, aber die beste Kuhhirtin des Kibbuz und eine ausgezeichnete Melkerin. Eine kräftige junge Frau mit einem Kopftuch, wie eine Bäuerin angezogen. Hanna ging mit den beiden zum Wittenbergplatz, zeigte ihnen das berühmte Kaufhaus des Westens. Vor der Drehtür stand die junge Melkerin wie vor einem Wunder. Erst stand sie nur und guckte, dann drehte sie sich mit, und schließlich wollte sie gar nicht mehr fort. Ihr Mann, der mit seinen Reden und seinem Charme Pioniere für Palästina gewonnen hatte, bettelte und schimpfte, seine Frau hörte nicht auf ihn, klammerte sich an die Drehtür und lief strahlend mit. Die Leute guckten, und Hanna sah, wie jung diese Frau eigentlich war, fast ein Kind noch, wie sie selbst. Und da sah sie, daß auch der hilflose junge Madrich nicht viel älter war, und sie spürte noch mehr Lust, in dieses junge Land zu gehen.

Die Tür zum Kaufhaus Des Westens dreht sich heute nicht mehr, sondern öffnet sich wie von selbst, wenn man näher tritt. Wir treten nicht näher, am Schabbes geht Hanna in kein Kaufhaus. Ihr scheint die Kälte nichts auszumachen. Ihre dunklen Augen unter der Strickmütze glänzen von der Erinnerung, ihre Tasche hat sie vor den Bauch gehängt, und sie schreitet weiter aus. Ich wäre gern mit dem Fahrstuhl bis unter die Glaskuppel gefahren, wo im Restaurant unsichtbare Vögel zwitschern.

Der schwarze Vogel, den ich am Morgen erfroren am Straßenrand sah, fällt mir ein, und ich fühle die Kälte. Hanni scheint den Weg über den Wittenbergplatz, die Martin-Luther-Straße entlang zu genießen wie einen Spaziergang. Sie erzählt von Häusern, die es nicht mehr gibt, von Menschen, die hier gewohnt haben. Manchen Gefährten ihrer Jugend ist sie später in Israel oder Amerika begegnet, andere, die nicht rechtzeitig gegangen sind, blieben für immer verloren.

Hier irgendwo in der Gegend hat ihre Gruppenführerin aus dem Blau-Weiß gewohnt, Grete Bloch. Die lebt heute im selben Wohnheim wie Hanni in Kfar Saba. Damals hat sie Grete, die ein paar Jahre älter war, bei den Gruppenabenden bewundert und verehrt. Nur wenn Gretes späterer Mann, einer der höheren Führer des Blau-Weiß, mit ihrer Gruppe auf einen Ausflug kam, ärgerte sich Hanni, weil Grete dann nur Augen für ihn hatte. An den Wochenenden fuhr Hanna oft mit dem Vater und dem Bruder in die märkische Umgebung Berlins. Dann war Hermann Risch ein beinahe zärtlicher Vater, der den Kindern die Pflanzen und Tiere erklärte, der ihnen Geschichten erzählte und ihnen deutsche Gedichte rezitierte. Die Mutter kam nie mit auf solche Ausflüge. Sie hatte es bald nicht mehr nötig, Wäsche mit ihren Mustern besticken zu lassen, der Vater fand mit Hilfe ihrer Beziehungen eine Anstellung als Kassenarzt, später war er der Aufsichtszahnarzt der Allgemeinen Krankenkasse und konnte die Familie ernähren. Gewiß, das sorglose Leben, das sie in Posen geführt hatten, war vorbei, und Hanna mußte schon mit vierzehn Jahren für ihr Taschengeld Kinder beaufsichtigen, aber es ging ihnen nicht schlecht. Doch dem Mädchen waren die Freunde im Jugendverband wichtiger als die Familie, nie wollte sie so leben wie die Eltern, so bürgerlich, so steif, so kühl gegeneinander.

Die kleine alte Frau neben mir geht nicht wie eine Greisin, eher wie ein junges Mädchen, ich stelle sie mir fünfundsiebzig Jahre früher vor, wie sie diese Straßen entlanghüpfte. Entzückt bleibt Hanni stehen, wenn sie einen Eingang, einen Fassadenschmuck, einen Kellerladen entdeckt, an den sie sich zu erinnern glaubt. In der Zietenstraße, schon dicht an der Winterfeldtstraße, erzählt sie, daß hier in den Lokalen Homosexuelle und Transvestiten verkehrten. Sie fand das aufregend; mit den Eltern hätte sie nie über ihre Beobachtungen reden können. Denen war alles Sexuelle peinlich, die

Herkunft der Kinder erklärten sie mit dem Klapperstorch, bis Hanna und Theo ihnen den Gefallen taten und das Thema mieden. Auch Politik war kein Gegenstand der Tischgespräche bei Rischs. Hanna spürte jedoch, daß ihre Eltern im Grunde ihre Schwärmerei für den Sozialismus tolerierten. Wenn sie als Halbwüchsige auf den Winterfeldtplatz zu Kundgebungen der Kommunisten ging, war ihnen das nicht recht. Aber sie verboten es nicht. Das Bild der Rosa Luxemburg an der Wand in Hannis Mädchenzimmer respektierten sie. Der Vater wählte nicht deutschnational, wie es in seinen Kreisen üblich war, sondern die Sozialdemokraten. Als Walter Rathenau ermordet wurde, spürte die dreizehnjährige Hanna die Erschütterung ihrer Eltern. Aber sie sprachen mit ihr nicht darüber. Auch in der Schule, Hanna besuchte die Rückert-Schule in Schöneberg, galt die Angelegenheit als peinlich. Es sollte eine Feierstunde für den ermordeten Außenminister stattfinden, aber Hanna beobachtete, wie kein Lehrer, auch nicht der Direktor, bereit war, die Gedenkansprache zu halten, einer schob es dem anderen zu. Etwas Anrüchiges haftete diesem Rathenau an.

Wir kommen zur Winterfeldtstraße, und ich verstehe, warum Hanni 1929 bald nach ihrer Ankunft in Palästina von ihren Freunden »Hannah sherazamaher« genannt wurde, »Hanna, die Schnelläuferin«. Sie läuft, als habe sie es eilig, nach Hause zu kommen. Dabei wissen wir nicht einmal, ob wir das Haus noch finden werden. Und ein Zuhause hat sie dort längst nicht mehr – vielleicht noch in ihren nächtlichen Träumen.

Ja, sagt sie, sie könne die Wohnung genau beschreiben. Eine Berliner Bürgerwohnung, Parkett, Stuck und große Erkerfenster. Trotzdem war es dunkel, damals verhüllte man die Fenster mit üppigen Vorhängen, immerzu mußte Staub gewischt werden. Nach dem schönen Haus in Posens Neustadt, das sie verlassen hatten, kam diese Wohnung Hanni wie ein Abstieg vor. Erst in der Erinnerung erkennt sie, wie prachtvoll noch immer alles gewesen war. Es gab keinen Salon mehr, kein Gästezimmer, aber ein Wohnzimmer, das Schlafzimmer der Eltern, jedes Kind hatte ein Zimmer, und die Praxis des Vaters befand sich auch in der Wohnung. Hanni nimmt mich mit durch diese Räume, die sie nicht wiedersehen wird, und beschleunigt in der Winterfeldtstraße noch ihren Schritt.

Ich kenne diese Gegend kaum.

Einmal war ich in der Winterfeldtstraße eingeladen bei Freunden von einem Freund. Es war eine große, schöne Wohnung in einem dieser prächtigen Gründerzeithäuser, ich habe die Hausnummer vergessen. Dort wohnten Marc und Gisela. Gisela ist eine hochgewachsene blonde Frau, Marc eher klein, schmal, mit dunklen Locken über einem südlich wirkenden Gesicht mit melancholischen Augen. Die Wohnung hatten sie von Freunden übernommen, die ins Ausland gegangen sind. Marc und Gisela und ihre Kinder waren damals gerade aus Venezuela zurückgekommen, wo sie mehr als ein Jahrzehnt gelebt hatten. Ihre Tochter studiert nun in Süddeutschland, der Sohn geht in Paris zur Schule, er lebt bei Marcs Mutter, die eine Jüdin ist, Kind russischer Eltern. Auch Marcs Vater war Jude gewesen. Eigentlich müßte man sagen, auch Marc ist Jude, aber er lehnt solche Zuordnungen für sich ab.

Einmal also war ich in der Winterfeldtstraße in dieser Wohnung gewesen, und wir hatten über die Studentenbewegung diskutiert, in die Marc, als er Ende der sechziger Jahre nach Berlin kam, hineingeraten war und die für ein paar Jahre sein Leben bestimmte. Wir sprachen über Rudi Dutschke, den Marc gut gekannt hatte, und er zeigte mir eine Zeitschrift, die sie damals herausgegeben hatten, und er erzählte von ehemaligen Freunden und ihren verschiedenen Wegen in die Ministerien und in die Zuchthauszellen des Landes. Warum er nach Deutschland zurückgekehrt ist, fragte ich Marc, und er verstand die Frage nicht gleich, und dann sprach er von Gisela, seiner deutschen Frau, von Rosa

Luxemburg, die auch in Deutschland gelebt hat. Was er als seine Heimat ansähe, fragte ich ihn. Ich wußte, daß er durch Geburt Franzose war, aber schon als Fünfjähriger mit den Eltern, die wegen des Koreakrieges nicht in Frankreich leben wollten, nach Lateinamerika gegangen war. Über das Wort Heimat mußte er lachen und antwortete belustigt, daß alle guten Menschen dieser Welt seine Heimat wären.

Marc arbeitet als Mathematiker an einem Institut, Gisela, die in Venezuela Dozentin an der Universität gewesen war, hat in Berlin noch keine Arbeit gefunden. Ich traf sie noch einige Male, aber in ihrer Wohnung, der einzigen, die ich in der Winterfeldtstraße kenne, bin ich nie wieder gewesen.

Hanna Ullmann geht jetzt wie schlafwandlerisch an den Häusern vorbei. Als sie stehenbleibt und sagt, hier ist es gewesen, hier habe ich gewohnt, erkenne ich das Haus. Es ist das, in dem Marc und Gisela wohnen. Auf der Klingelleiste steht ihr Name. Dort haben wir gewohnt, in dieser Etage, sagt Hanni und stößt ihren Finger auf die Klingelleiste, auf den Namen von Marc und Gisela. Wir betreten den prunkvollen Hausflur, gehen die gewundenen Treppen mit dem geschnitzten Geländer hoch. Hannis Schritt wird langsam. Sie bleibt stehen, betrachtet lange einen hölzernen Pfosten, tritt ans Fenster und blickt über den Hof. Schließlich stehen wir vor ihrer ehemaligen Wohnungstür. Ich sage ihr, daß hier Bekannte von mir wohnen. Es verwundert sie nicht, aber nun will sie die Wohnung sehen. Marc öffnet, freut sich, als er mich sieht. Hinter ihm knurrt der schwarze Hund, den die Kinder als winziges Bündel in Venezuela von der Straße aufgelesen haben und der mit ihnen nach Deutschland gekommen ist. Ich erkläre Marc, wer Hanni ist und daß sie hier, in der Wohnung ihrer Eltern, gelebt hat. Natürlich lädt er sie ein, sich umzusehen, aber sie geht schon durch die Räume, durch die Türen und sucht nach vertrauten Zeichen. Nein, so schön gefliest war das Badezimmer damals nicht, auch die Heizung ist neu. Die alten Berliner Öfen sind verschwunden, auch den Hängeboden, auf dem Lisbeth, das Dienstmädchen schlafen mußte, gibt es nicht mehr. Hanni mustert die Bücher in den Regalen, als könnten das noch die von damals sein, sie betritt das Zimmer, das das Eßzimmer der Familie Risch gewesen war, und blickt auf den großen Tisch in der Mitte. Hier hat auch der Tisch ihrer Eltern gestanden, hier versammelte sich die Familie am Freitagabend, hier hatten sie Theos Bar mizwah gefeiert und Hannas Hochzeit mit Ernst Ullmann kurz vor seiner Ausreise nach Palästina. Schlei mit Meerrettichsoße hatte ihre Mutter gekocht. Dort war immer der Platz ihres Vaters. Selbst der Hund begreift offenbar, daß Hanni hier kein Eindringling ist, sondern ein Recht besitzt, so durch die Räume zu gehen. Er hört auf zu knurren und begleitet sie still. Hanni steht in ihrem ehemaligen Mädchenzimmer und sucht die Wände ab. Als sie in einem Regal ein kleines Bild von Rosa Luxemburg entdeckt, tritt sie näher heran.

Schließlich wendet sie sich an Marc. In einer Woche kommt ihr Sohn, der jüngste, der aus Amerika. Sie will ihm Berlin zeigen. Und ob sie dann noch einmal hierherkommen dürfe, mit ihm und seiner Frau. Jetzt nämlich wolle sie nicht länger bleiben. Jetzt wolle sie zurückgehen.

Wir verabreden uns zu einem Abendessen in dieser Wohnung, und in der Tür schaut Hanni, deren Gesicht plötzlich einen gelösten, mädchenhaften Ausdruck angenommen hat, Marc an. »Sie sind Jude«, stellt sie fest. »Woher kommen Sie?« Ich weiß nicht, ob sie bemerkt, daß Marc mit der Antwort zögert. »Ich bin der Sohn jüdischer Eltern«, sagt er dann und erklärt kurz seine Herkunft. Hanni nickt. »Wir sind ein zerstreutes Volk«, sagt sie leise und verabschiedet sich bewegt.

Auf der Straße beißt uns wieder die Kälte ins Gesicht. Aber jetzt erscheint sie mir erträglicher.

Hanni geht auch nicht mehr so schnell, schweigend hängt

sie ihren Gedanken nach. Ich bin überrascht, als sie am Nollendorfplatz plötzlich einer Taxe winkt. Der Schabbes ist doch noch nicht zu Ende, erinnere ich sie erstaunt, aber sie klettert behende hinein und nennt die Adresse ihrer Pension. »Das Loch im Schabbes mache ich selbst mit meinem Herrgott ab. Er wird es mir verzeihen.«

Es ist frischer Schnee gefallen, und schon von weitem erkenne ich Hanna Ullmann und ihre Kinder vor dem Eingang zur Humboldt-Universität. Die Brüder Alexander und Wilhelm von Humboldt sind in Holzkästen verpackt, um den Winter zu überstehen. Hannis Sohn Jonathan trägt eine Pelzmütze, die aussieht, als habe er sie aus den Beständen der abgezogenen russischen Armee erworben, die am Brandenburger Tor verkauft werden, ein paar hundert Meter weit von hier. Jonathans Frau Ana hat sich in einen Schal gewickelt, Hannis dunkle Augen lachen unter der Strickmütze, als sie mir ihren jüngsten Sohn und die Schwiegertochter vorstellt. Ich hatte in den Tagen zuvor bemerkt, wie sehr sie sich auf das Treffen mit den beiden freute. Als sie einmal in unserer Küche mit dem Sohn, der an der amerikanischen Ostküste lebt, telefonierte, war ich erstaunt über den zärtlichen Ton. Sie sprach Iwrith, und es hörte sich an, als ob eine junge Mutter mit einem kleinen Kind spricht. Hanni hatte mir oft erzählt, daß ihre eigenen drei Kinder neben den hunderten, denen sie Erzieherin war, aufgewachsen waren, daß ihre eigene Familie ihr nie wichtiger war als diese entwurzelten Heimkinder. Ihr ältester, 1934 geborener Sohn Dan, der im Kibbuz lebt, hatte mir gesagt, als ich ihn nach der Beziehung zu seiner Mutter fragte: »Ich werfe ihr nichts vor. Ich bin aufgewachsen mit zweihundert Geschwistern. Sie hat etwas Wunderbares geleistet. Nein, ich werfe ihr nichts vor.« Die 1940 geborene Tochter Raja jedoch litt schon als kleines Kind darunter, daß Hanni die Mutter für so viele Kinder sein mußte, und trägt noch heute daran. Aber diese Tochter, meint Hanni, hat ihren Charakter geerbt und sich niemals nur um die eigene Familie gekümmert. Sie ist Erzieherin geworden und heute an einem Institut verantwortlich für die künstlerische Ausbildung von Heimpädagogen. Raja ist eine starke Frau mit einem ausgeprägten Gemeinschaftssinn. Jonathan, der Jüngste, wurde 1948 geboren. Er war nie ein Kind des Heims AHAWAH, auch wenn er dicht daneben aufwuchs und die AHAWAH-Kinder seine Spielgefährten waren. Jonathan mochte in keine Gruppe gehen, und als er eine Zeitlang in einem städtischen Kindergarten angemeldet war, rückte er aus. Hannis Vater, der alte Hermann Risch, war es, der dieses Kind aufzog, der ihm Geschichten erzählte und bei ihm war, wenn die Eltern arbeiteten.

Daß dieser Sohn Israel verlassen hat, daß er jetzt kein Israeli mehr ist, gehört zu den Schmerzen in Hannis Leben, die sie als unabänderlich hinnimmt. Ana, seine Frau, ist die Tochter griechischer Juden. Ihr Vater kommt aus Saloniki. Man hat diese griechischen Juden in die USA geholt, und so wurde auch Ana Amerikanerin. Sie war ein junges Mädchen, als sie eines Tages im Büro der AHAWAH in Kiryat Bialik bei Haifa stand und um eine Stelle als Praktikantin bat. Das muß 1970 gewesen sein, Hanna Ullmann war seit vierzehn Jahren die Leiterin des Heims. In den zwanziger Jahren war sie selbst als ein so junges, schüchternes Mädchen zur AHAWAH gekommen, um Praktikantin zu werden. Und so wie damals in Berlin die Oberin Beate Berger ihr, der Tochter aus bürgerlichem Hause, nicht zutraute, mit den ostjüdischen Flüchtlingskindern zurechtzukommen, so war Hanni als nun über Sechzigjährige skeptisch, ob dieses halbe Kind, das da aus Amerika gekommen war, überhaupt wußte, worauf es sich einließ. Sie nahm Ana, die Lehrerin werden wollte, schließlich als Praktikantin in die AHAWAH auf und war überhaupt nicht begeistert, als sie bemerkte, daß ihr Sohn Jonathan, der dieses Mädchen in ihrem Büro gesehen hatte, sich in die Amerikanerin verliebt hatte.

Ana und Jonathan haben heute drei Kinder. Ana leitet eine Schule für Lernbehinderte, keiner ihrer Schüler hat eine weiße Hautfarbe. Jonathan ist Rechtsanwalt, er teilt nicht den religiösen Liberalismus seiner Mutter und bezeichnet sich selbst als konservativ, keineswegs jedoch orthodox. Aus Israel ist er fortgegangen, weil er den zunehmenden Nationalismus nicht ertrug, weil die Liebe zu dem Land, das seine Eltern mit aufgebaut hatten, immer mehr die Liebe zu einer verratenen Idee wurde. Er glaubt nicht an militärische Lösungen für Konflikte, ebensowenig wie seine Mutter, die doch mit ganzem Herzen an dem Land festhält, dem sie alles gegeben hat.

Jonathan spricht deutsch, er hat es von dem Großvater gelernt, der niemals richtig die Sprache des Landes erlernte, in das er 1934 unfreiwillig gehen mußte, nachdem er seine Stelle als Kassenzahnarzt in Berlin verloren hatte. Zwar war Hermann Rischs Sohn Theo nach Theodor Herzl benannt, zwar sympathisierte er mit zionistischen und sozialistischen Ideen, aber dieses unfertige, heiße Land, in dem der Dreck auf den Straßen lag, in dem außer ihm niemand im korrekten Anzug herumging, verachtete er mit aller Kraft. Daß dieses Land ihn aufgenommen hatte, daß er, wäre er in Berlin geblieben, wahrscheinlich in Theresienstadt oder Auschwitz, in Riga oder Majdanek umgekommen wäre, wußte er. Von seinen sechs Geschwistern waren fünf mit ihren Familien ermordet worden. Aber dieses Wissen änderte nichts daran, daß er trotzig so tat, als wäre die deutsche Kultur die einzige, als wären die Regeln seines vergangenen Lebens immer noch gültig.

Jonathan also spricht deutsch, er übersetzt seiner Frau, was wir reden. Es stellt sich heraus, daß er nicht nur die Sprache Hermann Rischs kennt, sondern auch die Orte, die im Leben seines Großvaters wichtig waren. Hanni hatte mir schon erzählt, daß ihr jüngster Sohn, der nie in Posen war, ihr genau das Haus ihrer Geburt beschreiben kann, das herrliche alte Rathaus aus dem 16. Jahrhundert und die Synagoge in der Altstadt, in der sein Großvater Hermann Zwi Risch seine Großmutter Paula Fejgele Rothstein geheiratet hat, diese Synagoge, die übrigblieb, als die Juden aus Posen 1939 von den Deutschen ermordet wurden. Sie steht noch, obwohl es keine Juden mehr gibt in Posen, wo jahrhundertelang Polen, Juden und Deutsche zusammengelebt haben. Die Synagoge ist heute ein Schwimmbad. Das weiß Jonathan, der nie dort war, aber er weiß auch, was das für eine Straße ist, auf der wir jetzt stehen, Unter den Linden, und daß das Gebäude hier die Humboldt-Universität ist, deren Name Friedrich-Wilhelm-Universität war, als Hermann Risch hier studierte. Durch diese Tür ist sein Großvater gegangen, dort drüben, in der sogenannten Kommode hatte er im Lesesaal gesessen, und irgendwo ganz nahe muß die Staatsbibliothek sein, von der er seinem Enkel erzählt hat.

Hermann Risch hatte nicht immer Zahnmediziner werden wollen, lieber wäre ihm ein Beruf gewesen, der mit Literatur, mit Philosophie zu tun hat. Zunächst hatte er sich an der Berliner Universität auch für Literatur eingeschrieben, und erst, als seine Tante in Posen, die das Studium bezahlte, auf einen Abschluß drängte, entschloß er sich, Zahnarzt zu werden. Hermann Rischs Vater war früh gestorben und hatte seine Witwe arm mit sieben Kindern zurückgelassen. Aber es war selbstverständlich, daß die wohlhabenden Verwandten für die Waisen aufkamen.

Als die Berliner Universität 1810 gegründet wurde, waren an ihr noch keine jüdischen Studenten zugelassen. Fünf Jahre später durften sie sich für Medizin immatrikulieren lassen, nach der Revolution von 1848 dann für alle Fächer. Als Hermann Risch zum Ende des Jahrhunderts nach Berlin ging, waren schon siebzehn Prozent aller Berliner Studenten jüdischer Herkunft. Viele von ihnen kamen aus den preußischen Provinzen Posen und Oberschlesien. Auch nach der rechtlichen Gleichstellung der Juden, die 1871 ihren formalen Abschluß fand, waren Juden weiter diskriminiert und wurden, vor allem in abhängigen Berufen, am Aufstieg gehindert. Das erklärt, warum die meisten jüdischen Studenten einen der freien Berufe zum Ziel hatten, Arzt oder Rechtsanwalt werden wollten. Aber auch für einen Medizinstudenten war es nicht üblich, sich auf sein Fachgebiet zu beschränken, es galt als selbstverständlich, daß auch ein zukünftiger Arzt sich mit Geisteswissenschaften beschäftigte, mit Literatur, Geschichte, Philosophie. Für Hermann Risch müssen diese Universitätsjahre in Berlin die beste Zeit seines Lebens gewesen sein. Seinen Kindern und seinem Enkel Jonathan hat er immer wieder von den Berliner Theatern erzählt, vom wilhelminischen Glanz der Stadt Berlin, von den Museen und Kunstsammlungen. Vom »Antisemitismus« – dieses Wort wurde erst 1879 von dem Journalisten Wilhelm Marr erfunden – hatte Hermann Risch seinen Kindern nichts erzählt. Es wird ihm schon nicht entgangen sein, wie der Historiker Treitschke an der Berliner Universität den Satz »Die Juden sind unser Unglück« prägte und welchen Zulauf die neuen Antisemiten gerade unter den Studenten hatten. Aber das alles erschien ihm, dem Juden aus Posen, wohl viel zu gewöhnlich, um davon zu erzählen. Lieber zitierte er Goethe und Heine, beschrieb den Pergamon-Altar und die Sammlungen im Bode-Museum.

Hanna war an der Seite ihres Vaters selbst durch die Berliner Museen gegangen, hatte mit ihm in der Philharmonie gesessen und an den Sonntagen die märkische Landschaft durchstreift. Für den kleinen Jonathan in Kiryat Bialik aber waren das Berichte aus einer unbekannten Welt.

Er ist schon mit Ana im Pergamon-Museum gewesen, jetzt will er in das Gebäude der Universität hineingehen, in der sein Großvater studiert hat. Und er will, wenn das möglich ist, im Archiv der Humboldt-Universität suchen, ob es da eine Spur seines Großvaters gibt. Ich glaube nicht, daß wir so schnell etwas finden werden, zumal das Archiv nur bis sechzehn Uhr geöffnet hat und nur noch zehn Minuten bis sechzehn Uhr bleiben, als Jonathan seinen Wunsch ausspricht. Das Archiv befindet sich nicht mehr dort, wo es während meiner Studienzeit gewesen ist, wir müssen in die sogenannte Kommode auf der anderen Straßenseite gehen. Als wir dort anklopfen, ist es eben sechzehn Uhr. Der Archivar hat schon seine Jacke angezogen und ist im Begriff zu gehen. Die hohen Räume sehen seltsam aus. Überall stehen Kisten und Kartons, man scheint gerade zu packen. Ja, bestätigt der Archivar, ab Montag wird das Archiv für einige Zeit schließen und in neuen Räumen am Charlottenburger Salzufer wieder öffnen. In den alten ehrwürdigen Gebäuden der Berliner Universität selbst ist kein Platz mehr für die Dokumente ihrer Vergangenheit. Der Mann, der Dr. Schulze heißt, zieht seine Jacke wieder aus, als er von unserem Anliegen hört, und freut sich, daß wir heute und nicht am Montag, daß wir um punkt vier und nicht fünf Minuten später angeklopft haben. Mit einem Griff holt er ein uraltes, in Leder gebundenes Buch, das noch nicht verpackt worden ist. Das Matrikelbuch der Universität. Wir wissen ja nicht genau, in welchem Jahr Hermann Risch immatrikuliert wurde, aber in diesem Buch muß er stehen. Hanni, die zeit ihres Lebens kein Gedächtnis für Jahreszahlen hatte, weiß nicht einmal genau, wann ihr Vater geboren ist. Fünfundneunzig Jahre alt ist er geworden, erinnert sie sich. Aber sein Todesjahr muß Jonathan ihr sagen. Das war zu Purim 1965.

Der Archivar schlägt das schwere große Buch an einer beliebigen Stelle auf. Ich traue meinen Augen nicht, als ich in der Mitte der aufgeschlagenen Seite zwischen anderen Namen lese: Hermann Risch, geboren am 5. August 1871, immatrikuliert im April 1893.

Der Archivar holt einen anderen Band herbei, noch einen. Zum Glück hat er diese ganz alten Sachen noch nicht den Kisten anvertraut, sagt er vergnügt. Die letzte Eintragung über Hermann Risch finden wir im 88. Rektorjahr, das war das Jahr 1898. Aus der Eintragung geht hervor, daß er die Gebühr für seine Diplomprüfung bezahlt hatte. Beinahe ungläubig betrachtet Jonathan den Namen seines Großvaters in diesen alten Berliner Universitätsbüchern.

Hanni freut sich, daß ihr Sohn gefunden hat, was er suchte, sie selbst scheint nicht so beeindruckt, ganz anders als in der ehemaligen Wohnung ihrer Eltern in der Winterfeldtstraße. Papiere, Dokumente, Stempel als Zeugnisse des Lebens haben ihr immer wenig bedeutet.

Ana, die ja kein Deutsch versteht, beugt sich über die Folianten, betrachtet die steile, beherrschte Unterschrift des Mannes, der ihrem Jonathan so viel bedeutet hat. Sie fotografiert das Matrikelbuch, die vor uns liegenden Urkunden, dieses im Umzug begriffene Archiv und den stolzen Archivar, der seinen Feierabend vergessen hat.

Als wir wieder ins Freie treten, dämmert es schon. Jonathan will jetzt noch zur Staatsbibliothek, von der ihm der Alte erzählt hatte.

Der Schnee und die Laternen unter dem verhangenen Berliner Himmel geben ein ganz besonderes Licht, das durch die grauen Fassaden noch gebrochen wird. So erlebe ich es nur hier in der Mitte Berlins, und Jonathan, seine griechische Frau und Hanni stehen ebenso wie ich eine Weile Unter den Linden, und wir nehmen dieses melancholische Licht in uns auf, das wie der Schein von etwas Vergangenem zu uns kommt.

Auf dem Platz vor der Staatsoper, ein paar Schritte von uns entfernt, hatten Studenten und Professoren der Berliner Universität im Mai 1933 Bücher zu einem Scheiterhaufen errichtet und verbrannt, der Satz »Die Juden sind unser Unglück« hatte an der Berliner Universität weiter geschwelt, seitdem Hermann Risch hier Student gewesen war. Das »Neuköllner Tageblatt« schrieb am nächsten Tag von den »Flammen, die in wabernder Lohe emporschlugen«. Da war

Hanni schon in Palästina und wartete auf die Kinder der AHAWAH, während sie in fremden Haushalten kochte und putzte. Da war Jonathan noch nicht geboren, da saß sein Großvater noch als geachteter Zahnarzt bei seinen Bücherschränken und wollte nicht wahrhaben, daß diese Flammen auch ihn erreichen könnten.

Unter dem Schnee suchen wir nach dem Denkmal zur Erinnerung an diese Bücherverbrennung. Micha Ullmann, der israelische Künstler, der dieses unterirdische Denkmal entwarf, ist der Neffe von Hanni und der Onkel von Jonathan. Sein Vater war der ältere Bruder von Hannis Mann Ernst Ullmann, seine Mutter Lilly, geborene Hirsch, war eine Freundin Hannis, die mit ihr zusammen in der Berliner AHAWAH als Erzieherin arbeitete. Nicht lange nach dem Mai 1933 verließen Lilly und ihr Mann Deutschland. Vielleicht ist es diese Herkunft, die Micha Ullmann dazu brachte, dieses Denkmal zu schaffen, das auch verborgen bleibt, wenn kein Schnee liegt. Endlich haben wir die Glasplatte freigelegt. Sie ist völlig zerkratzt, so daß man durch das stumpfe Glas nichts sehen kann. Unter dieser in den Boden eingelassenen Glasplatte befindet sich ein Raum, in dem leere Bücherregale symbolisieren, was geschehen ist.

Mit den Füßen versuchen wir den Schnee beiseitezuschieben, damit wenigstens die Bronzeplatte, die den Anlaß dieses Denkmals erklärt, zu lesen ist.

Die Staatsbibliothek gefällt Jonathan, sie ist so, wie sein Großvater, der hier viele Stunden verbrachte, sie ihm schilderte. Im Casino wärmen wir uns auf, trinken Tee und stellen uns vor, Hermann Risch hat hier unter dem Stuck gesessen, hat wie wir Tee getrunken und ist durch die braune geschnitzte Holztür gegangen. Worüber wird er mit seinen Kommilitonen geredet haben?

1893, als er schon ein Jahr lang Student war, saßen sechzehn Abgeordnete antisemitischer Parteien im Reichstag. Die antisemitische Hetze hatte einen ihrer Höhepunkte erreicht. Der Vorstand der Berliner Gemeinde wollte eine Delegation zum deutschen Kaiser schicken und um Schutz vor dieser Hetze bitten. Der Publizist Raphael Loewenfeld veröffentlichte daraufhin eine Broschüre, in der er diesen Bittgang ablehnte. »Nicht Schutzjuden wollen wir sein, sondern Staatsbürger«, forderte er. Auch Hermann Risch wollte deutscher Staatsbürger sein. Deshalb verließ er 1919 die inzwischen polnische Stadt Posen, in der die Familien Risch und Rothstein seit Generationen zu Hause waren, und ging nach Berlin, in die Stadt seiner Studententräume. Weil er deutscher Staatsbürger sein wollte, ließ er sein Haus in Posen zurück, das aus Paulas Mitgift gekommene Vermögen. Noch nicht einmal fünfzehn Jahre später aber mußte er wieder gehen. Raphael Loewenfeld, dessen Broschüre der Student Hermann Risch wohl kannte, wie jeder jüdische Akademiker in Berlin sie 1893 kannte, hatte weiter geschrieben: »Wir sehnen uns nicht dahin zurück, wo in entschwundener Vorzeit unsere Ahnen wohnten. Wo, frage ich, giebt es einen gebildeten Juden in Deutschland, der bereit wäre sein Bündel zu schnüren und das geliebte Vaterland zu verlassen ...«

1896, noch während Hermann Risch studierte, hatte Theodor Herzl, unter dem Eindruck der Dreyfus-Affäre in Frankreich, die einen Judenhaß hervorbrechen ließ, dessen Ausmaß niemand vorher geahnt hatte, sein Buch »Der Judenstaat« veröffentlicht. »In unseren Vaterländern, in denen wir ja auch schon seit Jahrhunderten wohnen, werden wir als Fremdlinge angesehen«, mußte Herzl feststellen, und 1897, Hermann Risch bereitete sich gerade auf sein Zahnarzt-Examen vor, fand der erste Zionistenkongreß in Basel statt und jüdische Akademiker gründeten die »Zionistische Vereinigung für Deutschland«, deren Ziel eine jüdische Heimstätte in Palästina war. Hermann Risch gehörte zu der Generation, die zwischen Assimilation und zionistischem Aufbruch stand. Er ließ seine Kinder früh schon in die zionistische Jugendbewegung eintreten, akzeptierte letztlich den Entschluß seiner noch nicht volljährigen Tochter Hanna, nach Palästina zu gehen, aber den eigenen Bruch mit Deutschland hat er nie verwunden. Ihn hatte es nicht dahin gezogen, wo »in entschwundener Vorzeit unsere Ahnen wohnten«.

An diesem Casinotisch der Deutschen Staatsbibliothek, nachdem wir gerade die Unterlagen seiner Studentenzeit gefunden hatten, ist es, als ob Hermann Risch bei uns sitzen würde. Jonathan erzählt Episoden von seinem Großvater, bei denen wir so lachen, daß man sich an den anderen Tischen nach uns umdreht.

Hanni erinnert sich, wie sie am ersten April 1933 durch die Hauptstraße von Haifa ging. Über Lautsprecher wurden Nachrichten verbreitet. Da erfuhr sie, daß in Deutschland ein »Gesetz zur Wiederherstellung des Berufsbeamtentums« erlassen wurde, und ihr wurde klar, daß das auch ihren Vater betraf. Ganz kurze Zeit später schon kamen er und die Mutter in Palästina an. Paula, die, wie immer, realistischer und zupackender war als ihr Mann, hatte den Haushalt in Berlin aufgelöst und die Ausreise betrieben. Lisbeth, das treue Dienstmädchen, hatte mit ihr zusammen die Kisten gepackt. Hanna und Ernst Ullmann, die inzwischen britische Pässe besaßen, forderten die Eltern über die britische Mandatsregierung an. Es war für sie gar keine Frage, daß sie die Eltern zunächst bei sich aufnahmen. Gerade erst waren sie aus der primitiven Gemeinschaftswohnung ausgezogen und hatten ihre erste eigene Wohnung mieten können. Ernst, der fünf Jahre älter als Hanni und schon seit seiner frühen Jugend überzeugter Zionist war, wäre gern in einen Kibbuz gegangen. Seine Schwester Erna, auch sie hatte zu den Erzieherinnen in der Berliner AHAWAH gehört, war Mitbegründerin des sozialistischen Kibbuz Givat Brenner. Aber Hanni wollte Kinder, und sie wollte nicht, daß ihre Kinder im Kinderhaus des Kibbuz aufwüchsen. In ihrer Ausbildung am Pestalozzi-Fröbel-Seminar hatte sie sich mit Freud und Jung beschäftigt, und in der AHAWAH hatte sie gesehen, wie wichtig es für Kinder gerade in der ersten Zeit ist, bei der Mutter zu sein. Daß ihre Kinder später doch in der Gemeinschaft aufwuchsen, daß sie ihre Mutter doch weniger um sich hatten, als vielleicht gut gewesen wäre, lag an den Umständen.

Die Eltern kamen, und Hermann Risch war in einer Depression gefangen, aus der er nie mehr wirklich herausfand. Tagsüber, wenn seine Tochter und ihr Mann arbeiteten, saß er im verdunkelten Zimmer. Paula jedoch, die ja schon einmal die Familie ernährt hatte, beschloß, einen Mittagstisch aufzumachen. Sie mietete eine Wohnung in einer der vornehmsten Straßen Haifas, das Geld für die erste Miete lieh sie sich. Aus Berlin hatte sie einen Primuskocher mitgebracht und eine sogenannte Fleißige Liese. Zwar hatte sie nur wenig von ihrem Geschirr und Tafelsilber mitnehmen können, aber nun zeigte es sich, daß die Aussteuer, die sie 1929 ihrer Tochter mitgegeben hatte, doch nützlich war. Rosenthaler und Meißener Services für zwölf Personen, genug, um Milchiges und Fleischiges zu trennen. Sie, die sich bis dahin immer an gedeckte Tische setzen konnte, war eine wunderbare Köchin. Für die deutschen Einwanderer, denen die orientalischen Speisen, die man in Palästina kannte, nicht schmeckten, war es eine Ehre, zu den Tischgästen der Frau Risch zu gehören. In kurzer Zeit verdiente Paula Risch ihren und Hermanns Lebensunterhalt. Aber ihr Mann blieb in seinem Zimmer sitzen. Er verdunkelte die Fenster und trauerte. Als sich nach einiger Zeit für Paula die Gelegenheit bot, in einer Künstlerpension die Wirtschaftsleitung zu übernehmen, gab sie die vornehme Wohnung auf, und Hermann Risch ging zu seiner Tochter, die inzwischen Wirtschaftsleiterin der AHAWAH war. Die ersten Kinder, die sie noch aus Berlin kannte, waren mit den Erzieherinnen und der Oberin Berger 1934 gekommen. Auch der Erzieher Franz Hainebach, der wie Hanni schon 1929 nach Palästina gekommen war und in Siegfried Lehmanns berühmtem Kinderdorf Ben Schemen arbeitete, war zurückgekommen zur AHAWAH. Er hatte seine Mutter aus Süddeutschland einreisen lassen, eine gebildete Dame, die ebenso wie Hermann Risch aus ihrem früheren Leben gerissen worden war. Hannis Vater und Hainebachs Mutter waren in Kiryat Bialik im selben Haus neben der AHAWAH untergebracht, aber die beiden vertrugen sich nicht. Hermann Risch weigerte sich, hebräisch zu sprechen, er weigerte sich, seine Kleidung den klimatischen Verhältnissen anzupassen. Abends hängte er seinen Anzug auf den Bügel, morgens das Nachthemd. Die Kinder der AHAWAH mochte er nicht, weil er eifersüchtig war und weil diese Kinder in seinen Augen kein Benehmen hatten. Wenn jemand mit ihm sprach, redete er über Goethe, über Nietzsche, über Schopenhauer. Aber mit ihm konnte nur sprechen, wer deutsch verstand. In die Synagoge ging er regelmäßig. Seiner schönen Stimme wegen war er sogar Kantor. Aber auch der Gottesdienst in Kiryat Bialik entsprach nicht seinen Vorstellungen.

Als Dan geboren wurde und sechs Jahre später Raja, bekam sein Leben durch die Enkel einen neuen Sinn. Ihnen erzählte er, was ihm durch den Kopf ging, ihnen sang er Lieder von Schubert vor und ihnen zitierte er stundenlang deutsche Gedichte. Nur sein Verhältnis zu Frau Hainebach verschlechterte sich noch mehr, weil die Kinder auch an ihr hingen. Und sie fuhren gern zu ihrer Großmutter Paula, die inzwischen zur wahren Herrin der Künstlerpension aufgestiegen war und unter den Künstlern eine bekannte und gefürchtete Persönlichkeit wurde. »Wer meine Gäste sind, bestimme ich«, ist ein bezeichnender Ausspruch dieser Frau, die ihr selbständiges Leben genoß und den Mann, an den sie mit achtzehn Jahren verheiratet worden war, nicht vermißte.

Jonathan, der zur Welt kam, als der Staat Israel ausgerufen wurde, war der Lieblingsenkel des alten Hermann Risch. Dieses Kind lebte ja nicht wie seine Geschwister in der

AHAWAH, dieses Kind hatte er ganz für sich allein, zumal die alte Frau Hainebach inzwischen gestorben war. Diesem kleinen Jungen erklärte Hermann Risch, was er von Hegel hielt, was ihm Nietzsche bedeutete. Und Jonathan hörte zu; was er da erfuhr, senkte sich tief in sein Gemüt. 1953, da war er fünf Jahre alt und Hermann Risch zweiundachtzig, flog seine Mutter Hanni für einige Monate in die Schweiz, um ein heilpädagogisches Studium zu absolvieren. Obwohl sie sich seit ihrer Jugend mit Psychoanalyse beschäftigt hatte, glaubte sie, inzwischen fünfundvierzig Jahre alt und voller Erfahrungen mit gestörten, verlassenen, traumatisierten Kindern, sie müsse mehr wissen, um die AHAWAH leiten zu können. Da war die Oberin Berger schon dreizehn Jahre lang tot, da wurde das Heim noch von Josef Jaschuwi geleitet, der einmal, in einer anderen Zeit, Hugo Rosenthal geheißen hatte und Lehrer an der Jüdischen Volksschule in der Berliner Rykestraße gewesen war. Josef Jaschuwi wollte sich zur Ruhe setzen und wer, wenn nicht Hanni, die der AHAWAH schon fast drei Jahrzehnte lang verbunden war, sollte ihm nachfolgen. Also ging sie in die Schweiz, lernte, was man in Israel noch nicht lernen konnte. Ihr Mann Ernst Ullmann war noch immer Wasseringenieur auf dem Carmel und unterstützte die AHAWAH.

Seinen Traum vom Kibbuz hatte er an Dan, den ältesten Sohn, weitergegeben, der nach seiner Militärzeit in einen landwirtschaftlichen Kibbuz ging. Raja war, als ihre Mutter in die Schweiz flog, vierzehn Jahre alt. Der kleine Jonathan sollte tagsüber in einen Kindergarten gehen, und für den Großvater hatte man einen Platz in einem Altersheim gefunden, das von »Jeckes«, also deutschen Juden, geleitet wurde und wo er, hofften sie, sich zu Hause fühlen würde. Aber Hermann Risch kam nach kurzer Zeit zurück. Er sei gegangen, erklärte er würdevoll und ließ sich auf keine näheren Erklärungen ein. Die Wahrheit war wohl, daß man es mit dem sonderbaren Alten nicht ausgehalten hatte.

Jonathan, das erzählt er uns im Casino der Staatsbibliothek in Berlin Unter den Linden, war empört gewesen, als man ihn im Kindergarten mit Kreisspielen und Kinderliedern beschäftigen wollte. Schließlich war er an philosophische Gespräche in deutscher Sprache mit seinem Großvater gewöhnt. Als der wieder zu Hause war, riß auch Jonathan aus, und die beiden hatten einander wieder.

Aber nicht nur ernsthafte Gedanken teilte der Alte mit dem Kind, er erzählte ihm auch Zoten aus seiner Zeit als Militärzahnarzt im Ersten Weltkrieg und brachte ihm Verse bei, von denen Hanni nicht geahnt hatte, daß ihr Vater sie kannte. Jonathan zitiert ohne zu zögern:

»Es war mal ein Soldat, der hieß Sturz,
der ließ vor der ganzen Kompanie einen Furz.
Da hat der Herr Major gesagt, mein lieber Sturz,
was soll das heißen,
sich vor der ganzen Kompanie so auszuscheißen.«

Hanni ist fassungslos. Das kann nicht sein, erklärt sie entrüstet. Nie hätte ihr Vater so etwas in den Mund genommen.

Aber Jonathan zitiert ungerührt einen weiteren Vers:

»Eine Kuh scheißt mehr als eine Nachtigall.
Am meisten scheißt der Bulle.
Das geht auf keine Stulle.«

Wer, bitteschön, außer dem Großvater ihm das hätte beibringen können, fragt Jonathan. Oder das:

»Auf dem Klavier steht ein Glas Bier.
Wer davon trinkt, der stinkt.«

Es ist genug, ruft Hanni lachend. Sie schweigt eine Weile und stellt schließlich fest, daß ihr Vater wirklich eine vielschichtige Persönlichkeit gewesen ist. Ihr fällt ein, wie er einmal im Bus, bei einer Kontrolle der als Kolonialmacht empfundenen Engländer, täuschend echt wie ein Hahn gekräht hatte und die Engländer verbissen nach diesem Hahn suchten, sie glaubten an verbotenen Lebensmitteltransport und fanden das Tier nicht, das sie doch immer wieder hörten und am wenigsten bei diesem würdigen, etwas steifen Jecke im Anzug mit Krawatte vermuteten.

An diesem Abend sind wir noch bei Marc und Gisela in der Winterfeldtstraße eingeladen. Jonathan kennt den Grundriß der Wohnung, er weiß, daß sie in der Nähe vom Nollendorfplatz und vom Winterfeldtplatz liegt, und das Piscator-Theater am Nollendorfplatz, auf dem er nie gewesen ist, ist ihm so gut bekannt, als sei er selbst dort ein- und ausgegangen.

Er ist neugierig auf diese Wohnung, seine Mutter aber ist aufgeregt, und ich spüre ihre innere Bewegung, als sie wieder durch die Räume ihrer Kindheit geht, diesmal mit Jonathan und Ana.

»Wo ist die Treppe?« fragt Jonathan. Tatsächlich gab es früher einmal einen kleinen Podest in einem der ehemaligen Behandlungsräume, zu dem eine Treppe führte. Marc und Gisela haben sie nicht mehr gesehen, aber Hanni erinnert sich, und der Großvater muß von dieser Treppe gesprochen haben, so daß Jonathan, der Rechtsanwalt aus New York, sein Leben lang eine imaginäre Treppe in einer Berliner Wohnung sehen wird, eine Treppe, die es lange nicht mehr gibt.

Im Eßzimmer bittet Hanni, daß ihr Sohn den Platz am Tisch einnimmt, an dem immer ihr Vater gesessen hat. Sie sagt, Jonathan sehe diesem Großvater ungemein ähnlich, und als sie, die nur in besonderen Momenten Wein trinkt, das Glas für den Segensspruch hebt, spüre ich, daß dies für sie eine ungewöhnliche Stunde ist, eine Stunde von Schmerz und Freude. Mit am Tisch sitzt Elio, ein Student aus Venezuela, der bei Gisela und Marc wohnt. Es dauert nicht lange und die Menschen an diesem Tisch reden miteinander, als kämen sie nicht aus den verschiedensten Winkeln dieser Welt. Gisela erzählt von einem ost-west-europäischen Frauennetzwerk, für das sie gerade arbeitet, ohne Bezahlung. Sie erzählt, daß sie Biographien von Frauen aufschreibt. Ana spricht auf englisch über ihre Schule, über die Kinder, die schon benachteiligt zur Welt kommen. Hanni, die sichtlich stolz auf ihre Schwiegertochter ist, erzählt von ihren Heimkindern in Israel, sie lädt Marc und seine Familie ein, NEVE HANNA zu besuchen, das Heim, das sie gegründet hat, in dem die Arbeit der AHAWAH fortgesetzt wird, in dem Kinder aus zerrütteten Familien, meist orientalischer und russischer Herkunft, ein Zuhause finden. Sie fragt Marc nach seiner Familie, ob seine Eltern in Frankreich damals den Deutschen in die Hände gefallen sind. »Sie sind der Résistance in die Hände gefallen«, antwortet Marc kurz. Ich weiß, daß seine Eltern Kommunisten waren, aber nicht parteitreu. Und daß selbst unter den Bedingungen der Illegalität die Kämpfe weitergingen. Daß der Kampf gegen die eigenen Leute manchmal härter war als der gegen die Faschisten ... Das alles ist so kompliziert und so traurig, Hanni spürt das und fragt nicht weiter. Marc zeigt ihr die Zeitschrift, die er mit seinen Freunden gemacht hat, damals, als sie glaubten, im Frühling der Revolution zu leben. »Die soziale Revolution ist keine Parteiensache« heißt der Name der Zeitschrift, und Hanni kann wohl nicht viel damit anfangen, aber sie sieht Marcs Blick, spürt etwas, das sie kennt aus ihrem eigenen Leben, spürt, daß da eine große Idee war und eine Enttäuschung, ein Scheitern und daß da einer versucht, mit diesem Scheitern zu leben ohne zu resignieren.

Wieder fragt sie Marc nach seiner Jüdischkeit. Er sagt, daß er sich nicht unbedingt als Jude fühle, nur weil er das Kind jüdischer Eltern ist. Die Autoren der Nürnberger Gesetze haben so gedacht, auch die Orthodoxen denken so. Er aber wünsche sich, selber aussuchen zu können, wer er sei. Und er sei nicht religiös.

Er kennt Israel, Verwandte leben dort. Sein Großvater war

mit den jüngeren Söhnen, darunter Marcs Vater, 1921 nach Palästina gegangen, als ihre Heimat Bessarabien unter rumänische Herrschaft fiel. Der älteste Sohn war nicht mitgekommen, er war Kommunist und wurde Sowjetbürger, später starb er in einem stalinistischen Lager. Zwei der Söhne des Großvaters verließen Palästina wieder, sie wollten auch in die Sowjetunion gehen. Einem gelang es, er lebte bis vor einem Jahr in Moskau. Der andere, Marcs Vater, kam nur bis Frankreich. Sein Bruder Avrum, der in Palästina geblieben war, wurde kurz vor der Gründung des Staates Israel von Arabern ermordet. Er war Elektriker und hatte im Auftrag der palästinensischen Elektrizitätsgesellschaft, die Pinchas Ruthenberg 1926 mit englisch-jüdischem Kapital gegründet hatte, in der Nähe von Acco in einer arabischen Siedlung die Leitungen zu verlegen. Es galt als gefährlich, in die arabische Siedlung zu gehen. Avrum und drei Kollegen meldeten sich freiwillig. Sie wurden hinterrücks ermordet.

Als Marc den Namen seines Onkels ausspricht, ruft Jonathan überrascht, diesen Avrum Steinpress kenne er, das sei einer der Helden von Acco. In der Elektrofabrik, in der Jonathan gearbeitet hatte, um sich sein Jurastudium zu finanzieren, hing eine Ehrentafel für die vier ermordeten Männer, unter ihnen Avrum Steinpress. Und Jonathan erinnert sich an jährliche Gedenkzeremonien für die vier jüdischen Elektriker, deren Tod damals Anlaß für Demonstrationen gegen die Mandatsmacht war. Marc holt ein paar Fotos herbei und zeigt das Bild seines Onkels. Auch Hanni erinnert sich an diese Geschichte, eine von so vielen. Und wie alles auf der Welt erinnert diese Geschichte sie an eine andere, an ein Kind, das sie in der AHAWAH aufzog. Dieses Kind ist heute einer der führenden Männer in der Ruthenberg-Elektrizitätsgesellschaft, für die eben auch Avrum Steinpress arbeitete.

Das Kind hieß Mendel, war ein schüchterner, kleiner blonder Junge von sieben Jahren, als er in die AHAWAH gebracht wurde.

Er hatte in Haifa die Holzhütte angezündet, in der er mit seiner Mutter und zwei Geschwistern lebte. Seine Mutter war aus Rumänien gekommen, sie hatte den Krieg mit ihrem Mann und zwei Kindern in einem Versteck überlebt. Nach dem Krieg brachte sie Mendel zur Welt, aber die Familie konnte nicht in Rumänien bleiben, wo ihre Toten noch nicht einmal Grabsteine hatten, wo sie nur ihr nacktes Leben gerettet hatten. Der Vater starb, und die Mutter zog mit Mendel auf dem Rücken und den anderen an der Hand über den Balkan, ihr Ziel war Palästina. Schließlich kam sie in Haifa an, fand diese Holzhütte, fand Arbeit, die größeren Kinder gingen zur Schule. Allmählich schaffte sie sich ein paar armselige Dinge an, das Leben schien leichter zu werden. Da zündete Mendel, der tagsüber alleine zu Hause blieb, die Hütte an, alles verbrannte. Am selben Tag kam das Kind in die AHAWAH. Seine verzweifelte Mutter wollte nichts mehr von ihm wissen. Später änderte sich das wieder, er besuchte sie manchmal, aber zu Hause fühlte er sich in der AHAWAH. Sein bester Freund war Hannis Sohn Jonathan. Hanni schickte Mendel aufs Gymnasium, weil er begabt war. Die Sozialbehörden in Haifa wollten das nicht bezahlen, es gab eine große Auseinandersetzung, weil nur die Volksschule kostenlos war. Hanni bezahlte Mendels Schulgeld aus eigener Tasche. Später bekam sie es doch zurück, im Streit mit den Behörden setzt Hanna Ullmann sich meistens durch. Mendel studierte Volkswirtschaft an der Universität von Haifa und wurde Angestellter der Elektrizitätsgesellschaft, später einer der Direktoren. Durch Mendel kam Jonathan in die Elektrofabrik, wo er dem Foto und der Geschichte von Avrum Steinpress begegnete.

Wir sitzen um den Tisch in der Winterfeldtstraße, die Kerzen sind fast heruntergebrannt, Gisela schaltet das Licht ein, damit wir die Fotos besser sehen können. Das Gesicht des Avrum Steinpress, der aus Bessarabien nach Palästina gekommen war, der ein neues Leben errichten wollte oder einfach nur sein eigenes in Frieden leben, der jung sterben mußte wie so viele. Und der nicht wissen konnte, daß ein Jonathan Ullmann, der geboren wurde, als man ihn, Avrum, zu Grabe trug, als Student so oft an seinem Bild vorbeigehen würde, daß sich Avrums Gesicht dem Jonathan für immer einprägen würde. Und daß sein Neffe Marc, der ein Säugling war, als man Avrum Steinpress zu Grabe trug, diesem Jonathan das Bild seines unbekannten Onkels zeigen würde an diesem Tisch in diesem Zimmer in Berlin. Und was das zu tun haben würde mit Hannis Zögling Mendel, der heute verheiratet ist mit einer Bibliothekarin, die auch in Rumänien geboren wurde, und mit ihr und den drei Kindern in einem schönen Haus wohnt. Mendels Mutter, die ihn auf dem Rücken nach Palästina brachte, ist schon gestorben. Sie hat, anders als ihre Eltern und Geschwister, einen Grabstein, zu dem kommen manchmal ihre Kinder und Enkel, die Israelis sind und gar nicht gern von der Vergangenheit sprechen, schon gar nicht von dem Versteck in Rumänien oder der abgebrannten Holzhütte in Haifa.

Es gibt Schlimmes genug in der Gegenwart.

Vor ein paar Tagen gerade ist in Jerusalem wieder eine Bombe explodiert, es gab Tote. Hanni hat es in den Nachrichten gehört, in den deutschen Zeitungen gelesen. Sie hat sofort in NEVE HANNA angerufen, ob alles in Ordnung sei. Es war alles in Ordnung, die Kinder sind gesund. Aber das Land ist so klein, längst kennt jeder einen, der das Opfer eines Attentats wurde oder in einem der Kriege fiel, längst hat jede Familie ihre Toten. Hanni schaut auf das schon verblaßte Foto des Avrum Steinpress und sie fragt leise, wie sich selbst, ob man all die Toten noch zählen könne, ob die Namen nicht schon zu viele sind.

# In Kiryat Bialik

In Hannis Überseekoffer nach Palästina gab es nicht nur bestickte Decken und schönes Geschirr, auch Schabbesleuchter und Kidduschbecher aus dem Familiensilber, darauf hatte Paula Risch bestanden. Ein Mantel fehlte. Nach Hannis Überzeugung war es in Palästina immer warm. Heute blickt sie erstaunt und ungläubig auf das Mädchen von damals zurück, das unbekümmert ihr bisheriges Leben verließ. Gewiß ahnte sie, daß sie auch etwas verlieren würde, aber die Freude auf das Unbekannte überwog. Der Abschied von der AHAWAH im Oktober 1929 tat weh, aber sie glaubte fest, daß die anderen nachkommen würden, irgendwann. Am letzten Abend in Berlin war sie im Kino gewesen und hatte Marlene Dietrich in »Der blaue Engel« gesehen. Ein paar Tage vorher hatte sie sich am Schiffbauerdamm »Die Dreigroschenoper« angeschaut, und Weills Songs hämmerten noch in ihr, vermischten sich mit den Melodien hebräischer Lieder, die die Kinder ihr zum Abschied gesungen hatten, und dem Rhythmus der Räder des Zuges nach Triest. Dies war ihre erste große Reise, und sie sollte für fast fünfundzwanzig Jahre die einzige bleiben. Paula und Hermann Risch waren erleichtert, daß ihre minderjährige Tochter die Überfahrt nicht allein antrat. Hanni wurde begleitet vom Maler Hermann Struck, der damals schon ein schönes Haus in Haifa besaß und abwechselnd in Berlin und Haifa wohnte, bis er 1930 für immer in Palästina blieb. Auch der Obhut des Münchener Mathematikprofessors Fraenkel war Hanni anvertraut worden. Die beiden frommen Herren behandelten das junge Mädchen wie ein Kind, obwohl Hanni ja eine verheiratete Frau war. Aber diese Ehe nahm sie selbst nicht ganz ernst, die eigentliche Hochzeit, die jüdische, hatten Ernst Ullmann und sie sich für Palästina aufgehoben. Er war ja schon seit Februar da und verdiente zwölf englische Pfund im Monat, ein Zimmer für sie beide hatte er auch gefunden. Sonst hätte Hermann Risch seine Tochter auch nicht fortgelassen.

In Triest nahmen ihre Begleiter eine Pferdekutsche, um Hanni die Stadt zu zeigen, aber sie sah kaum etwas, so aufgeregt war sie. Auch an die Überfahrt erinnert sie sich wenig. Es stürmte, das winzige Schiff wurde hin-und hergeworfen, Hanni war seekrank und trotzdem so voller Zukunftserwartung, daß die Gedanken an das Kommende jeden Eindruck überdeckten. Damals war der Hafen noch nicht ausgebaut, sie mußte an einer Strickleiter in ein kleines Boot klettern, das von Arabern an Land gebracht wurde. Natürlich erwartete Ernst Ullmann sie. Sie hatte auch das Glück, nicht in Quarantäne gehen zu müssen, und konnte gleich mit ihm ihr neues Zuhause beziehen. Heute fragt sie sich, was sie erwartet hatte, damals mußte sie sich Mühe geben, ihre Enttäuschung nicht zu zeigen. Die Wohnung, in der noch zwei andere Paare und zwei Kinder lebten, war einfach eingerichtet, es gab keinen Ventilator, keinen Kühlschrank. Kein Tisch war zu ihrer Begrüßung gedeckt, niemand hatte Suppe gekocht. Ernst Ullmann in seiner Bedürfnislosigkeit war einfach nicht darauf gekommen. Erst jetzt begriff Hanni, daß sie gar nicht kochen konnte, es gab keine Lisbeth, keine Mutter, nur solche Mahlzeiten konnten auf den Tisch kommen, die sie selbst zubereitet hatte. Wenn sie ihr schönes Porzellan auf den Tisch stellte, Rosenthaler für das Fleischige, Meißener für das Milchige, lachten die anderen Frauen. Sie fanden, das paßte nicht nach Palästina. Aber darin blieb Hanni eigensinnig. Sie machte sich eine koschere Ecke in der kleinen Gemeinschaftsküche und deckte zu jedem Schabbes liebevoll den Tisch. Den ersten Seder-abend nach ihrer Ankunft bereitete sie so schön vor, daß auch die anderen von der festlichen Atmosphäre ergriffen wurden. Auch kochen lernte sie schnell, wenn es auch anfangs vorkam, daß sie das Wasser vom gekochten Huhn abgoß und nicht von den Kartoffeln. Eigentlich war es eine wunderbare Zeit, sie war endlich in Palästina, sie war verliebt. Trotzdem fühlte sie oft so etwas wie Heimweh. Nie wird sie vergessen, wie sie zum erstenmal Brot in Haifa kaufen ging. Sie kam in den kleinen Laden, wo die Brote auf Zeitungspapier auslagen, schwarz vor Fliegen, und ein Mann mit einem langen Bart saß da und las in der Bibel, leise vor sich hin murmelnd. Nach einer Weile wagte Hanni, sich bemerkbar zu machen. Der Mann hob ärgerlich die Stimme und murmelte weiter. Hanni blieb unschlüssig stehen. Schließlich wandte er sich ihr zu. »Siehst du nicht, daß ich lerne?«

Weil es keinen Kühlschrank gab, kaufte sie manchmal ein Stück Eis und legte es in eine Schüssel. Als ihr das erstemal ein richtiges Essen für den Schabbes gelungen war, stellte sie ihre Töpfe auf das Eis in der Schüssel und alles über Nacht vors Fenster. Am nächsten Morgen hatten streunende Katzen Hannis Schabbesspeisen aufgefressen. Und der aussichtslose Kampf gegen die Wanzen gehörte auch zu den ersten Eindrücken von Palästina.

Ernst Ullmann fand das alles nicht so schlimm. Er hatte in seinem Beruf als Wasseringenieur schwer zu arbeiten und kaum freie Zeit. Ihm fiel die Eingewöhnung leicht. Seine Eltern hatten in dem kleinen Ort Dorndorf in Thüringen gelebt, er war in schlichten Verhältnissen aufgewachsen und vermißte nichts. Außerdem war er fünf Jahre älter als Hanni und hatte sich schon in Deutschland gründlich mit Palästina beschäftigt. Er war ohne Illusionen gekommen und hatte auch einen warmen Mantel mitgenommen.

Schon in den ersten Tagen erschien Hermann Struck und besichtigte ihr kleines Zimmer. Besorgt fragte er, ob sie etwa zusammen schliefen. Er hielt Hanni vor, daß ihre Kinder nach jüdischem Gesetz Mamserim, also keine vollwertigen Juden sein würden, wenn sie nicht heirateten. Die standesamtliche Trauung in Berlin zählte auch in seinen Augen nicht. Hanni teilte seine Meinung über die Mamserim nicht, aber sie und Ernst wollten ja ohnehin heiraten und gingen zum Rabbinat. Hanni, die auf ihre Weise tief religiös war und auch damals schon auf die Tradition achtete, log auf die Frage des alten Rabbiners, ob sie in der Mikwe, dem rituellen Bad, gewesen sei. Sie sah den Sinn dieses Brauchs nicht ein, schließlich duschte sie täglich und hielt sich sauber. Wozu also in so eine Mikwe steigen? Ihre Mutter hatte in Posen noch mit Scheitel und Mikwe geheiratet, wie es üblich war, dabei war das, erzählte sie später, ein unglücklicher Tag gewesen. Paula Fejgele Rothsteins Vater, der viel Geld für den Bau der Synagoge in Posen gegeben hatte, war stolz, seine Tochter mit allem Pomp dort als Braut vorführen zu können, die aber litt unter der ungewohnten Aufmerksamkeit. Außerdem war der Bräutigam einen Kopf kleiner als sie. Und die Liebe fehlte wohl auch. Bei Hanni fehlte es nicht an der Liebe, die war für sie das Wichtigste, aber sie fand, sie sei modern und habe keinen Scheitel und keine Mikwe nötig. Wenn sie als fast Neunzigjährige darüber spricht, spürt sie, wie ihr Verhältnis zur Tradition sich verändert hat. Heute toleriert sie die alten Bräuche nicht nur, sie versucht, sie einzuhalten. Einmal fragte ihre Enkelin sie, warum sie die Tradition so achte. »Damit du Jüdin bleibst«, hat Hanni geantwortet.

Damals als Braut war ihr die Lüge ein wenig unangenehm, aber es überwog der Stolz, ihren Willen durchgesetzt zu haben.

Aber sie hatte nicht bedacht, daß während der Hochzeitszeremonie das Haar und das Gesicht der Frau bedeckt sein müssen, und trug gar kein Tuch bei sich. Die Frau des Rabbiners kam mit einem schmuddeligen Tuch und legte es ihr über den Kopf. Da schämte sie sich, und es machte sie doch traurig, daß ihre Hochzeit nicht ein bißchen würdevoller war. Ernst Ullmann war am Vormittag dieses Tages sogar arbeiten gewesen. Die elf für die Zeremonie nötigen Männer hatten sie von der Straße geholt. Wenigstens trug Hanna Ullmann ein neues Kleid.

An diesem Tag war ein heftiger Regen gefallen, und als das junge Paar in sein kleines Zimmer zurückkam, standen die Möbel im Wasser. Aber Ruth Unna-Rülfs aus der Berliner AHAWAH, eine alte Freundin Hannis, war schon dabei, den Boden aufzuwischen. Sie hatte einen Kuchen gebacken, und zusammen mit einigen Freunden feierten Hanna und Ernst Ullmann ihre jüdische Hochzeit.

Jede Woche schrieb sie einen Brief nach Hause, und Paula Risch schickte ihrer Tochter regelmäßig Pakete mit Dingen, die es in Palästina nicht gab und die Hanni auch gar nicht brauchte. Hannis Briefe brachten ihre Eltern mit, als sie 1934 selbst kommen mußten. Das Briefbündel lag jahrzehntelang zwischen Hannis Papieren und erst, als sie aus der AHAWAH auszog, verbrannte sie es. Damals war ihr Sinn auf das neue Heim NEVE HANNA gerichtet, ihr Kopf und ihr Herz waren so voll von den Geschichten der Kinder, von den Sorgen um das alte und die Freude auf das neue Heim; die ersten Jahre im Lande waren ihr so weit fortgerückt, damals konnte sie sich nicht vorstellen, daß diese Berichte irgendwann für irgendwen interessant sein würden.

Erst jetzt, im Alter, erkennt Hanni, daß auch das Vergangene zu ihr gehört, und es tut ihr leid um die verlorenen Briefe. Sie weiß noch, daß sie von den Kämpfen zwischen Juden und Arabern schrieb, die das Land und sie selbst erschütterten. Hanni empfand sie als künstlich geschürt, denn die wenigen Araber, mit denen sie Kontakt hatte, erschienen ihr nicht feindlich, und weder sie selbst noch andere Juden, die sie kannte, begegneten den Arabern mit Hochmut. Ernst Ullmann arbeitete mit Arabern zusammen, die beim Bau der neuen Wasserleitungen die schweren Erdarbeiten verrichteten. Er sah ihre benachteiligte Lage und war der Meinung, in einem binationalen Staat, zu dem Palästina sich entwickeln würde, könnten diese Probleme gemeinsam gelöst werden. Hanni ahnte, daß sie sich zu wenig mit der Geschichte und Lebensweise der Einheimischen beschäftigt hatte und daß ihr vages Bild von den anspruchslosen Arabern, die keine eigene Nation bildeten, auf Unwissenheit beruhte. Sie dachte oft, sie sollte arabisch lernen. Aber sie tat es nicht. Erst Dan, ihr ältester Sohn, lernte als reifer Mann auf der Volkshochschule arabisch.

Was in Deutschland geschah, war ihr unverständlich. Im Juni 1932 erfuhr sie, daß der verehrte Albert Einstein, dem sie einmal die gestickten Decken ihrer Mutter übergeben hatte, Heinrich Mann, Arnold Zweig und Käthe Kollwitz die Führung der beiden Arbeiterparteien SPD und KPD zu einer Einheitsfront gegen die Nationalsozialisten aufgerufen hatten. Da begriff sie, daß die Gefahr des Faschismus ernst war. Plötzlich stieg die Zahl der Einwanderer aus Deutschland an. Hanni traf alte Bekannte aus Berlin wieder, und irgend jemand brachte ihr auch ihren Wintermantel mit, den Paula Risch ihrer Tochter nachschickte. Paula selbst, die lebenskluge, praktische Frau, dachte auch an Ausreise. Aber Hermann Risch sträubte sich. Er wollte nicht wahrhaben, was um ihn herum geschah. Die Oberin Beate Berger jedoch spürte die Bedrohung sehr genau. Bei ihren Besuchen erzählte sie besorgt, wie das Klima in Deutschland sich änderte. Die Kinder wagten schon nicht mehr, ihre jüdischen Lieder zu singen, wenn sie auf Wanderungen in Lehnitz oder an der Ostsee unterwegs waren. Um so mehr verstärkte sie ihre Anstrengungen, die AHAWAH nach Erez Israel zu bringen. In Berlin sammelte sie Geld für dieses Vorhaben. Die Maler Lesser Ury und Max Liebermann stellten Bilder zur Verfügung, die auf Auktionen zugunsten der AHAWAH versteigert wurden. Die jüdischen Kaufhausbesitzer Berlins spendeten Geld und auch viele gar nicht so wohlhabende Mitglieder der Gemeinde. Beate Berger brachte dieses Geld bei mehreren Reisen in ihre Rocksäume eingenäht aus Deutschland heraus, um Land zu kaufen. Tatsächlich erhielt sie vom Keren Kayemet, dem Jüdischen Nationalfonds, die Zusage für 15 Dunam, also 15 000 Quadratmeter, in der Haifa-Bucht. Als sie Hanni fragte, ob sie in der neuen AHAWAH Wirtschaftsleiterin werden wolle, war das für Hanni die Erfüllung ihrer Träume. Denn die gefürchtete Oberin bot nicht jeder ihrer ehemaligen Erzieherinnen, von denen ja schon einige in Kibbuzim lebten, die Mitarbeit an.

Auch Franz Hainebach, der etwas früher als Hanni gekommen war und in Siegfried Lehmanns Kinderdorf Ben Schemen arbeitete, wurde gefragt, und auch er sagte sofort zu, zumal seine Braut Hansel Kern unter den Erzieherinnen war, die Beate Berger mitbringen wollte. Zwar hatte Hanni gerade angefangen, in Frau Polaks Pension zu arbeiten, zwar hatten sie und ihr Mann gerade ihre erste eigene Wohnung bezogen, aber keinen Moment lang zögerte sie, Beate Bergers Angebot anzunehmen.

Als es endlich soweit war, im April 1934, war Hanni im dritten Monat schwanger. Die AHAWAH in Kiryat Bialik war noch nicht fertig, und man hatte ein paar einfache Häuser in Neve Shanaan gemietet und Zelte aufgestellt. Hanni war dort und bereitete alles für die Ankunft der Kinder vor. Am Hafen von Haifa stand Henrietta Szold von der Jugend-Alijah, die es sich nicht nehmen ließ, die ersten AHAWAH-Kinder persönlich abzuholen. Diese dreißig Kinder kannte Hanni gut, es waren Lenchen Reis und Schendel Mamuth, Ottchen Weiß und David Marcus, Leah Moses und Eva Grünspan, Daniel Bienenstock, Liebchen Baumer, Paula Adler, Isaak Bergbaum ... Geboren nach dem Ersten Weltkrieg in der Ukraine oder im Berliner Scheunenviertel, in Polen oder Ungarn, früh heimatlos geworden und verstoßen, aufgefangen von der AHAWAH, waren sie endlich in Erez Israel angekommen, dem Land, das ihre Heimat werden sollte.

Sie waren herangewachsen, in den Knaben fand Hanni nicht mehr die schüchternen, bettnässenden Knirpse aus ihrer Gruppe, und die Mädchen waren nicht mehr die lockigen Püppchen von den Neujahrsfotos der AHAWAH. Der Älteste in dieser Gruppe war der siebzehnjährige Daniel Bienenstock. Sein großer Bruder Leibl, auch er ein AHAWAH-Kind, lebte schon im Kibbuz Givat Brenner, er war nach Neve Shanaan gekommen, um die AHAWAH, seine Brüder und Schwestern, nach der Ankunft zu unterstützen. Auch Lowe und Gutschi Mamuth, die in der AHAWAH aufgewachsen waren und nun in Ben Schemen und im Kibbuz lebten, waren gekommen, um ihre Schwester Schendel und all die anderen in Erez Israel zu begrüßen. Es war eine große Freude, als sich alle in den Armen lagen, und sie weinten und lachten, und es war wie im 124. Psalm, einem Lied Davids:

UNSRE SEELE IST ENTRONNEN WIE EIN VOGEL DEM STRICKE DES VOGLERS; DER STRICK IST ZERRISSEN, UND WIR SIND LOS.

Beate Berger, als sie von Hannis Schwangerschaft erfuhr, sagte: »Und das tun Sie mir an?« Aber als Hanni ihr anbot, den Platz für jemand anderen freizumachen, wurde sie noch ärgerlicher.

Das Kind kam im Oktober. Bis zur Stunde der Geburt hatte Hanni keine Beschwerden verspürt und gearbeitet. Die neue, von Hanni in fremden Haushalten schwer erarbeitete Wohnung hatten Ernst Ullmann und sie aufgegeben, sie wohnten nun in einem winzigen Häuschen direkt bei den Kindern der AHAWAH. Von dort brachte Ernst Ullmann sie nach Haifa in die Hadassa, die Entbindungsklinik. Der bekannte Doktor Peiser aus Berlin war ihr Arzt. »Du bekommst dein Kind im Schlaf«, hatte er Hanni vorausgesagt, und so war es dann auch, nur daß der Schlaf von der Narkose kam und das Kind mit der Zange geholt werden mußte. Nach der Entbindung wurde Hanni in ein kleines Einzelzimmer gelegt, dort bekam sie Kindbettfieber. Erst Tage später stellte sich heraus, warum. Unter ihrem Bett stand noch eine Schüssel mit den blutigen Tampons der Frau, die vor ihr dort gelegen hatte. Dabei war die Hadassa das beste Krankenhaus des Landes, dort arbeiteten die erfahrensten und berühmtesten Ärzte aus Europa. Aber Doktor Peiser mußte nach Tiberias fahren, und niemand wagte, die Behandlung der Patientin des Chefarztes zu übernehmen. Es war die Oberin Berger, die den Arzt in Tiberias anrief, die Benennung eines Stellvertreters verlangte und dem Personal der Hadassa die Meinung sagte. Schließlich übernahm ein Dr. Jacobi, auch er aus Berlin, die Behandlung. Sechs Wochen lang lag Hanni zwischen Leben und Tod. Alle Haare fielen ihr aus. Ihr kleiner Sohn Dan war gesund. Von seinem Beschneidungsfest bekam Hanni nichts mit. Aber dann wurde auch Dan krank, und viel später erfuhr Hanni, daß die Krankenschwestern schon beschlossen hatten, das Kind sterben zu lassen, weil sie vom bevorstehenden Tod der Mutter überzeugt waren und dem armen Kind kein Waisenleben zumuten wollten. Hanni lag in Schüttelfrösten und wunderte sich nur, daß ihr Mann, der doch nie auch nur eine Arbeitsstunde versäumte und sogar an ihrem Hochzeitstag gearbeitet hatte, immerzu bei ihr saß und daß auch die Oberin Berger tagelang nicht von ihrem Bett wich.

Nach zwei Monaten kehrte Hanni mit ihrem Sohn nach Neve Shanaan zurück. Die AHAWAH gab ihr eine Pflegerin, und auch die alte Frau Hainebach kümmerte sich um Hanni, stützte sie bei ihren ersten Gehversuchen und versorgte mit Hingabe das Kind. Auch als Hanna Ullmann nach einem Vierteljahr wieder arbeiten ging, konnte sie Dan bei der Oma Hainebach lassen. Er war ein fröhliches und umsorgtes

Kind. Als er sechs Jahre alt war, kam er mit in die Kindergruppen der AHAWAH, schlief auch dort und wuchs mit den anderen Kindern zusammen auf. Seine Mutter sah er ohnehin jeden Tag, und sein Vater verbrachte auch all seine freie Zeit in der AHAWAH. Um zu seiner Arbeit zu kommen, hatte Ernst Ullmann sich ein Motorrad mit Beiwagen zugelegt, an dem er viel zu reparieren hatte. Dabei ließ er sich von den AHAWAH-Kindern helfen und zeigte ihnen auch sonst handwerkliche Kniffe. Schon in der Berliner Auguststraße hatte er sich um die Schlosserwerkstatt gekümmert, und jetzt baute er eine solche Werkstatt in Kiryat Bialik auf und wies die älteren Jungen ein. Die Oberin Berger besprach alle technischen Erneuerungen und handwerklichen Reperaturen in der AHAWAH stets mit Ernst Ullmann. Dan war sehr stolz auf seinen Vater.

Inzwischen waren sie in die neuen Häuser nach Kiryat Bialik bei Haifa umgezogen.

Die Oberin Berger fuhr noch zweimal nach Deutschland, um sich um die dortige AHAWAH zu kümmern. Im Februar 1935 brachte sie wieder dreißig Kinder mit, die zweite Gruppe. Es war die letzte. Zwar kamen noch kleinere Gruppen mit Jugendlichen, die einige Wochen in der Berliner Auguststraße gelebt hatten, wo sie von der Jugend-Alijah auf Palästina vorbereitet wurden, aber das waren vorher keine AHAWAH-Kinder gewesen. Die Spuren der meisten Kinder aus der Auguststraße sind verlorengegangen. Das waren ja schon Kinder, die nach der Ausreise der Oberin von der Jüdischen Gemeinde in die AHAWAH eingewiesen worden waren, nicht nur ostjüdische Kinder armer Eltern, sondern auch Berliner Kinder aus normalen jüdischen Familien, die erst durch die Nazizeit in Not geraten waren. Einige wenige gingen mit der vorletzten Leiterin, Betty Rothschild, nach England. Die meisten aber werden in ihre zerbrochenen Familien zurückgekehrt und mit denen deportiert worden sein. Ihr Leben lang machte sich die Oberin Berger Vorwürfe, nicht gleich mit allen Kindern der AHAWAH gekommen zu sein.

Schon bald nach der Ankunft der AHAWAH im Lande wiesen auch die Sozialbehörden Haifas vernachlässigte Kinder ein. Für Hanni und manchen anderen Einwanderer war es eine überraschende Erfahrung, daß Juden in Erez Israel keine besseren Menschen sind als andere anderswo. Hanni hatte geglaubt, die Probleme, die sie aus dem Berliner Scheunenviertel kannte, würde es in Palästina in jüdischen Familien nicht geben. Aber es gab Arbeitslosigkeit und Not, es gab zerrüttete Familien und Eltern, die ihre Kinder nicht liebten. Manchmal brachten auch Einwanderer ihre Kinder, weil sie noch keine Wohnung, keine Arbeit hatten oder in einen Kibbuz gehen wollten, in dem das Leben zu hart für Kinder war. Auch Henrietta Szold wies Kinder ein, die ohne Eltern über die Jugend-Alijah ins Land gekommen waren. Mit siebzehn oder achtzehn Jahren sollten die Jugendlichen das Heim verlassen. Die AHAWAH lud sie weiter zu Feiertagen und in den Ferien ein, sie zählte die Fortgegangenen weiter zu ihren Kindern, aber sie standen nun auf eigenen Füßen. Die meisten gingen in Kibbuzim.

Aus der ersten Gruppe, die mit der Oberin Berger gekommen war, gingen einige allzu schnell. Am ersten Jom Kippur nach der Ankunft gab es so etwas wie eine Rebellion in Neve Shanaan. Die Oberin wollte natürlich an diesem höchsten Feiertag, daß die Kinder fasteten, wie es sich gehörte. Ihr schien es selbstverständlich, daß sie am Gottesdienst teilnehmen. Die Älteren aber verabredeten sich zu einem Ausflug. Die meisten gehörten der linken Jugendbewegung, dem Haschomer Hazair, an, die Religion war ihnen mehr oder weniger gleichgültig. Das wollte die Oberin sich nicht gefallen lassen. Sie hatte diese Kinder aufgezogen, aber als junge Erwachsene brauchten sie offenbar eine andere Art Autorität als bisher. Sie wußte sich keinen anderen Rat, als die älteren Jugendlichen aufzufordern, die AHAWAH zu verlassen.

Aber sie war klug genug, zu verstehen, daß die Kinder in religiösen Dingen eine Autorität brauchten, die sie selbst nicht sein konnte, auch Hanni nicht und nicht einmal der von den Kindern geliebte Franz Hainebach.

In dieser Zeit holte sie Moses Calvary in die AHAWAH. Dieser Moses Calvary war ein Lehrer und ein Philosoph, ein Künstler und ein Gelehrter. Er war religiös und gleichzeitig leidenschaftlich von der Idee des Sozialismus ergriffen. Äußerlich war Calvary eher unscheinbar, Hanni kam er immer vor wie eine von Spitzweg gemalte Figur mit seiner schmächtigen Gestalt, seiner immer etwas nachlässig wirkenden Kleidung, seiner Zerstreutheit. Calvary, der damals etwa fünfzig Jahre alt war, kam ihr uralt vor. Aber in seinem Wesen lag etwas, das ihn die Herzen der Kinder gewinnen ließ. Mit der Oberin stritt er sich schon bald sehr heftig, sie hatten ganz unterschiedliche Auffassungen über Erziehung. Aber sie hatte ihn ja geholt und respektierte ihn letztlich, wie er schließlich auch ihre Persönlichkeit anerkannte. Moses Calvary kam aus Deutschland, er war in der kleinen Siedlung Messingwerk bei Eberswalde aufgewachsen, in der religiös-konservative Juden lebten, und hatte das Rabbinerseminar in Halberstadt besucht, später bei seinem berühmten Onkel Israel Hildesheimer am Rabbinerseminar von Adass Jisroel in Berlin studiert, ein paar Schritte vom Haus in der Auguststraße entfernt. Damals war es noch das Jüdische Krankenhaus. An der Berliner Universität studierte Moses Calvary auch Altertumswissenschaften und Philosophie. Früh wurde er zum Zionisten. 1912 gehörte er zu den Gründern der Jugendbewegung Blau-Weiß, der auch Hanni schon als Siebenjährige in Posen angehörte. Während des ersten Weltkrieges unterrichtete Calvary in Litauen an einem Hebräischen Gymnasium. Seit 1923 lebte er in Palästina, zuletzt als Lehrer im Jugenddorf Ben Schemen.

Und diesen Mann holte die Oberin als Lehrer und Bibliothekar in die AHAWAH. Sie vermutete mit Recht, daß er in den spitzfindigen Diskussionen mit den Jugendlichen bessere Argumente haben würde als sie, die die Tradition einfach nur mit dem Herzen verteidigte. Sie wußte, daß mit der Forderung nach Disziplin nichts gewonnen war, und hoffte auf das Charisma des Moses Calvary, der nicht nur fromm und gelehrt war, sondern auch immer mit einem Russenhemd herumlief. Moses Calvary kam mit seinem halbwüchsigen Sohn Gideon, die Mutter des Jungen war ihm weggelaufen. Mit dem Sohn wohnte er in einem bescheidenen Zimmer, für sich selbst war er völlig anspruchslos. Seine wertvolle Bibliothek schenkte er später der AHAWAH. Er hielt die Kinder zum Lesen an und verstand es wie kein anderer, ihre Begeisterung für Literatur, für Geschichte, insbesondere für die jüdische Geschichte, zu wecken. Die Oberin hatte angeordnet, daß um halb neun abends das Licht gelöscht wurde. Schließlich mußten die Kinder früh aufstehen, und in den ersten Jahren gehörte harte körperliche Arbeit auf den Feldern und auch am Bau der Häuser zum Alltag der AHAWAH. Ein Teil der Kinder arbeitete vormittags und lernte nachmittags, bei anderen war es umgekehrt. Aber in den Kibbuzim kamen die Kinder der Jugend-Alijah oft überhaupt nicht zum Lernen, es war weitblickend von der Oberin, daß sie solchen Wert auf guten Unterricht legte und dafür die besten Lehrer holte. Aber abends um halb neun sollte Nachtruhe sein. Calvary war damit nicht einverstanden und gab den Kindern kleine Talglichter, damit sie heimlich lesen konnten. Natürlich war die Oberin empört, schließlich hätten die Holzhäuser abbrennen können. Aber die Kinder liebten Calvary, er war ihnen auch ein Freund, ein Berater, eine Art Seelsorger. Nur zwei- oder dreimal im Jahr, an höchsten Feiertagen, sah man Calvary in frisch gebügelten Kleidern, glänzend vor Sauberkeit.

Solch ein Tag war der Erste Mai. Dann trug er auch noch eine rote Nelke an seinem Russenkittel. Dieser Tag war ihm so wichtig wie der Jom Kippur, und er erklärte den Kindern voller Begeisterung, was der Erste Mai für die Arbeiter in aller Welt bedeutete. Darin stimmte er mit den anderen Erziehern der AHAWAH überein, auch mit Hanni und ihrem Mann, auch mit der Oberin Berger. Hermann Struck, der Vorsitzende des Kuratoriums der AHAWAH, war weniger begeistert von der roten Fahne am Ersten Mai. Dem Zionisten Georg Landauer dagegen, der auch zum Kuratorium gehörte, gefiel sie, und Beate Berger hielt an der roten Fahne fest.

Als eines der älteren Mädchen aus der ersten Gruppe, Leah Moses, viel zu früh schwanger geworden war, holte die Oberin noch eine junge Frau in die AHAWAH, Manja. Beate Berger spürte, daß sie selbst nicht fähig war, gerade zu den älteren Mädchen dieses schwesterliche Vertrauen herzustellen, das heranwachsende Mädchen brauchen. Manja aber war den Mädchen nicht nur Erzieherin, sie war Freundin und Schwester. Sie war ebenso von der Zukunft des Sozialismus überzeugt wie Calvary. Aber von dem, was in der Sowjetunion geschah, war sie, selbst Russin, abgestoßen. Auch war sie nicht religiös. Calvary und sie stritten viel miteinander, aber es war ein freundschaftlicher Streit zwischen zwei starken Persönlichkeiten, unerbittlich in der Sache, aber mit Achtung vor der Person. Die Kinder hörten zu und lernten daraus.

Noch einen herausragenden Lehrer hatte die Oberin in die AHAWAH nach Kiryat Bialik geholt: Sinai Ucko. Der hatte schon um 1930 in Jerusalem an der Hebräischen Universität bei Professor Hugo Bergman seine Doktorarbeit über die »Philosophie des Judentums« geschrieben. Dann war er Rabbiner in Süddeutschland gewesen und 1934 mit seiner jungen Frau Ruth und der eben geborenen Tochter für immer nach Palästina gekommen. Dort ging er als Erzieher in den Kibbuz Givat Brenner. Von da holte ihn die Oberin in die AHAWAH.

Diese Erzieher und die Erzieherinnen der AHAWAH, all die Kinder waren Hanni Ullmanns Lebenskreis, ihre Familie. Ihr Bruder Theo und Hannis Eltern waren ja auch nach Palästina gekommen. Theo hatte sein Jurastudium in Berlin abbrechen müssen, in Palästina verdiente er seinen Lebensunterhalt als Anstreicher. Er hatte es schwer, zumal er bald an Typhus erkrankte. Hanni sah ihn nicht oft. Auch für ihre im Land lebenden Tanten und Onkel, Cousinen und Cousins blieb wenig Zeit. Und die Begegnungen mit Ernst Ullmanns Eltern, die 1935 gezwungen worden waren, ihr Geschäft in Thüringen aufzugeben, und nun in Tel Aviv lebten, waren seltene Ereignisse. Hannis Vater Hermann Risch zog bald nach Kiryat Bialik, ihre Mutter Paula aber war in ihrer Künstlerpension beschäftigt und kam nicht oft zu Besuch. Sie und Hermann Risch ließen sich nie scheiden, aber sie lebten auch nie wieder als Ehepaar, und Paula hatte die Sorge für ihn ganz ihrer Tochter und deren Familie überlassen. Für Hanni und Ernst Ullmann war es selbstverständlich, den alten Vater aufzunehmen.

Dabei lebte Hanni ganz und gar in der AHAWAH. Als Wirtschaftsleiterin hatte sie sich um die Küche, um das Wäsche- und Kleidermagazin zu kümmern, um die Vorratshaltung, um die Ausbildung der älteren Mädchen in der Hauswirtschaft. Aber sie fühlte sich, wie jeder in der AHAWAH, für alles andere ebenso verantwortlich. Hanni war natürlich in alle Erziehungsfragen einbezogen und sie arbeitete auch in der Gemüsegärtnerei, der Hühnerfarm oder auf dem Feld. Nur die Tischlerei und die Schlosserei mied sie.

Wie in Berlin gab es einen Kinderrat, der bei allen Entscheidungen im Heim mitredete. Und wie in Berlin versuchten die Erzieherinnen und Erzieher der AHAWAH, sich durch Kurse und Vorträge weiterzubilden. Wenn die Kinder ins Bett gegangen waren, saßen die Erwachsenen noch zusammen. Es war üblich, daß sich alle an der körperlichen Arbeit beteiligten, auch Moses Calvary und Sinai Ucko, denen es nicht leichtfiel. Beide unterrichteten nicht nur im Heim, sondern auch an der Schule in Kiryat Motzkin, nicht weit von der AHAWAH. Die Erziehung zur Arbeit war schon in der Berliner AHAWAH ein Grundgedanke gewesen, darin stimmte die AHAWAH mit den Zielen der Jugend-Alijah überein. Jede Arbeit, ob geistig oder körperlich, sollte gleichwertig sein, obwohl es in jenen Jahren vor allem um schwere körperliche Aufbauarbeit ging. Der einzelne sollte sich freiwillig in die Gemeinschaft einordnen. Seine Persönlichkeit, seine Besonderheit sollte von den anderen respektiert werden, nicht Unterordnung war verlangt, sondern Teil eines Ganzen zu werden und dabei ein Einzelner zu bleiben. Die Jugendlichen, die die AHAWAH verließen, waren auf so ein Leben in der Gemeinschaft vorbereitet, und einige der wichtigsten Kibbuzim des Landes wurden von ehemaligen AHAWAH-Kindern mitgegründet: Revivim, Gevim, Sdeh Elijahu. Auch in dem berühmten sozialistischen Kibbuz Givat Brenner nahm man gern Jugendliche auf, die aus der AHAWAH kamen.

Was in Deutschland geschah, war so entsetzlich und so unvorstellbar, daß es in Kiryat Bialik in seinem ganzen Ausmaß zunächst gar nicht begriffen wurde. Nach 1935 setzte eine Einwanderungswelle aus Deutschland ein, nun kamen nicht mehr Menschen, deren Traum es war, am Aufbau von Erez Israel mitzuarbeiten, es kamen Menschen, die unter dem Schock standen, ihre Heimat verloren zu haben, und sich fremd fühlten, wie Hannis Vater. Die englische Mandatsregierung drosselte die Einwanderung. Seit 1936 nahmen die arabischen Überfälle auf jüdische Siedlungen zu. Die Engländer kamen den Arabern entgegen, indem sie die Einwanderung für Juden noch mehr begrenzen wollten. Der Mufti von Jerusalem, der sich offen auf die Seite der

Nationalsozialisten stellte, sich später sogar mit Adolf Hitler traf, meinte, es sei die Zeit gekommen, von den Engländern die Beendigung des zionistischen Experiments zu erzwingen. Immer mehr Schiffe mußten illegal an Land gehen, die Flüchtlinge fanden in Kibbuzim Aufnahme. Das alles war der Hintergrund des täglichen Lebens auch in der AHAWAH. Vor ihrer Haustür in Kiryat Bialik gab es immer wieder Unruhen, Schießereien. Einmal wurde eine Kindergruppe, die gerade am Hafen angekommen war, auf dem Weg in die AHAWAH von arabischen Heckenschützen beschossen. Immer öfter kamen Kinder, die eben noch in Europa in ihren Familien ein normales Leben geführt hatten und nun aus allem herausgerissen waren, unvorbereitet, verstört.

Der Krieg in Spanien wühlte die Gemüter auf, Hanna Ullmann und ihre Freunde hofften auf den Sieg der Republikaner und glaubten, dann würde auch das Ende des Faschismus in Deutschland gekommen sein. Aus Palästina gingen dreihundert junge Juden nach Spanien, um in den Internationalen Brigaden zu kämpfen, zwei davon waren ehemalige AHAWAH-Kinder, Abraham Rosenstrauch, genannt Dickus, und Lowe Mamuth. Abraham Rosenstrauch wurde schwer verwundet und kam nach der Niederlage der Republikaner nach Frankreich. Dort lebt er noch heute. Hanni steht mit ihm, der selbst schon ein alter Mann ist, in Verbindung.

Lowe Mamuth ist in Spanien gefallen.

Er war das erste AHAWAH-Kind, das nach Palästina gekommen war und so früh sterben mußte. Hanni bewahrt noch heute einen Brief von Lowe Mamuth auf, der ein tapferer, gerader Mensch war, einer, den man nicht vergessen kann. Die Geschwister Lowe, Gutschi und Schendel hatten zu den jüngsten Kindern einer Gruppe gehört, die etwa 1920 aus der Ukraine in die AHAWAH gekommen waren. Es waren Pogromwaisen, sie hatten mit angesehen, wie ihr Dorf verwüstet, ihre Eltern ermordet wurden. Die Erzieherin Lilly Winternitz schrieb später über diese Gruppe: »Für die an Freiheit gewöhnten Kinder war es unsagbar schwer, sich anzupassen. Sie wollten stets ihren Willen durchsetzen und hielten alle zusammen wie ein Mann. Glaubten sie, einem von ihnen sei ein Unrecht geschehen, empörten sich alle. Mit Geduld und großer Liebe wurde viel erreicht. Sie begannen sich wohlzufühlen und lebten sich ein.«

Lowes Tod war unbegreiflich.

Aber plötzlich kamen an jedem Tag unbegreifliche Nachrichten. Aus Wien und Berlin hörte man von erschlagenen Juden, von Lagern, Erschießungen. Die Kinder, die über die Jugend-Alijah gekommen waren, sorgten sich um ihre zurückgebliebenen Eltern und Geschwister.

1938 wurde Sinai Ucko von der Jugend-Alijah mit einem besonderen Auftrag nach Wien geschickt. Seit dem März 1938 war Österreich an Deutschland »angeschlossen«. Sofort begann hier, was in Deutschland erst mit dem Novemberpogrom geschah. Juden wurden wie wilde Tiere gejagt, alte Männer am Bart durch die Straßen geschleift, sie mußten vor den Augen amüsierter Zuschauer das Straßenpflaster mit Zahnbürsten säubern. Adolf Eichmann verkündete, er werde das »jüdische Problem in Österreich auf kürzestem Wege erledigen«. Im August richtete er im Wiener Rothschild-Palais eine »Zentralstelle für die Auswanderung der Juden in Österreich« ein. Mit dieser Dienststelle war ausgehandelt worden, daß fünfzig Kinder der Wiener Jüdischen Gemeinde nach Palästina geholt werden durften.

Eichmann erlaubte fünfzig, kein Kind mehr. Sinai Ucko sollte sie aussuchen. Sein Leben lang lag ihm dieser Auftrag auf der Seele.

Er fuhr nach Wien. Er suchte die Kinder aus. Fünfhundert waren gekommen, mit ihren Eltern, manche allein. Sinai Ucko wußte, daß er jedes Kind, das er ablehnte, dem Untergang preisgab.

Damals gab es noch keine Gaskammern, aber was Hitler mit den Juden vorhatte, war bekannt. Er hatte es laut gesagt. Sinai Ucko fragte sich, nach welchen Kriterien er die Kinder aussuchen sollte. Er entschloß sich, die zu nehmen, die aussahen, als würden sie unter den schweren Bedingungen im Land durchhalten. Er nahm, die ihm kräftig schienen und die ihm intelligent vorkamen. Einen schmächtigen, stillen Jungen nahm er, weil er ihn auf besondere Weise ansah. Vierhundertfünfzig nahm er nicht. Fünfzig und keinen mehr, hatten Eichmanns Leute verlangt. Man hätte ablehnen können. Dann wäre keines der Kinder davongekommen.

Als die Gruppe längst zusammengestellt war, am Morgen vor der Abreise, kam ein ostjüdischer Vater, Schneider oder Schuster, mit seinem abgelehnten Kind zu Sinai Ucko und sagte vorwurfsvoll: »Weil ich kein Doktor bin, hast du meinen Sohn nicht genommen. Aber vielleicht könnte mein Sohn Doktor werden. Vielleicht ist er ein Gerechter.«

Sinai Ucko versicherte dem Mann, daß er nicht auf die Herkunft der Kinder geachtet hatte. Die Hälfte der ausgesuchten Kinder, hatte sich herausgestellt, kam aus armen, ostjüdischen Einwandererfamilien. Dann sah er den abgelehnten Jungen, ein kränkliches Kerlchen, das kein Wort herausbrachte. Was sollte er tun, er hatte schon fünfzig Kinder bestimmt.

Von den fünfzig ist einer, Israel Katz, Minister geworden, das war der Schmächtige mit dem besonderen Blick. Manche wurden tatsächlich Professoren. Einige sind früh gestorben. An Krankheiten, in den Kriegen. Viele leben in Kibbuzim, alle sind gute Bürger Israels geworden, dankbar für ihre Rettung. Sinai Ucko hat bis an sein Lebensende an diesen einen Jungen gedacht, der vielleicht ein Gerechter war. Und an die anderen, die er nicht mitnehmen konnte. »Ich bin ein Mörder«, hat er manchmal zu seiner Frau gesagt, und wenn die ihm widersprach, konnte ihn das nicht trösten.

Für diese fünfzig Wiener Kinder mußte ein neues Haus gebaut werden. Beate Berger, zu deren Begabungen es ja schon in Berlin gehört hatte, Geld für ihre Kinder zu sammeln, bewegte den reichen Zementfabrikanten Pollak dazu, dieses Haus zu bezahlen und für fünf Jahre den Unterhalt zu übernehmen. Pollak war ein aus Polen eingewanderter Jude, er hatte gar nichts mit der AHAWAH oder den Wiener Kindern zu tun, aber er kannte das alte Gebot der Zedakah. Zedakah ist nicht einfach Wohltätigkeit, Zedakah ist die Pflicht, natürliches und soziales Unrecht auszugleichen.

Pollak also ließ das Haus bauen, und bis es fertig war, rückten die AHAWAH-Kinder zusammen. Aber als das Haus für die Wiener Kinder fertig war, kamen andere Kinder, es blieb eng in der AHAWAH, und jahrelang standen Zelte zwischen den Häusern, damit alle Platz fanden.

Und der Tod warf seine Schatten auch hierher.

Es war so, als ob selbst der gewöhnliche Tod in diesen Jahren sich häufiger in den Alltag schlich als in normalen Zeiten.

Hansel Kern, die junge Frau von Franz Hainebach, seit Jahren als Erzieherin der AHAWAH verbunden wie Hanni, starb plötzlich an einem Darmverschluß.

Die Wiener Kinder waren erst zwei Tage in Kiryat Bialik, als ein Telegramm kam; der Vater eines der Jungen war gestorben. Der Dreizehnjährige spielte draußen mit seinen Kameraden Völkerball. Man überlegte, wie man es ihm sagen sollte. Schließlich holte die Oberin ihn, zeigte ihm das Telegramm. Hanna Ullmann und Sinai Ucko waren auch dabei. Sie sprachen mit dem versteinerten Jungen, fragten ihn, ob er Schiwa sitzen wolle, das heißt, die siebentägige Trauerzeit einhalten. Er lehnte alles ab, wollte wieder raus, mit den anderen Ball spielen. Ihm war auch in den nächsten Tagen keine Trauer anzumerken, beinahe schien es, die Nachricht vom Tod des Vaters habe ihn nicht erreicht. Jahrzehnte später lud er Hanni zur Hochzeit seiner ältesten Tochter ein.

Während dieses Festes sprach er vom Tod seines Vaters. Er sagte zu Hanni: »Ich habe nach innen geweint. Es hat mich beinahe zerrissen, aber ihr konntet mir nicht helfen.«

Hanni glaubte damals, die Hilfe für diese Kinder war die Möglichkeit, in der AHAWAH unter Kameraden aufzuwachsen, die Hilfe war, geachtet und ernstgenommen zu werden, die eigenen Fähigkeiten auszubilden und für die Gemeinschaft einzusetzen. Die Hilfe war, daß sie die Möglichkeit hatten, in Palästina eine neue Heimat zu finden. Damals war kein Mann wie Siegfried Bernfeld in der Nähe, der die Kinder in Berlin therapeutisch begleitet hatte. Aber instinktiv sorgte die Oberin Berger dafür, daß die künstlerische Kreativität der Kinder gefördert wurde. Eine Kunsterzieherin, Käte Beer, ließ sie in Bildern ausdrücken, was sie bewegte. Ein begabter Musiker, Bernd Berger, führte sie an die Musik heran. Die Kinder und Jugendlichen studierten Theaterstücke und Opern ein. Der »Sommernachtstraum« und »Der kleine und der große Klaus« wurden oft vor Publikum aufgeführt. Henrietta Szold, Hermann Struck, Gerschom Scholem, Ernst und Toni Simon, Hugo Bergman und Martin Buber gehörten zu den Gästen. Sie kamen oft in die AHAWAH, Martin Buber und Ernst Simon hielten auch Vorträge. Theaterkünstler wie Hannah Robina und Schimon Finkel gaben Abende in der AHAWAH. Aber auch Mitarbeiter der AHAWAH selbst, wie Sinai Ucko und Moses Calvary, hielten Vorträge, und so wurde die AHAWAH ein kulturelles Zentrum, bekannt über Kiryat Bialik hinaus. Natürlich waren die Nachbarn aus dem Ort, unter denen viele deutsche Einwanderer lebten, zu solchen Anlässen eingeladen.

Der einzige, der all dies ignorierte, war Hannis Vater Hermann Risch. Er las in seinem Zimmer Goethe und Nietzsche und sprach nur deutsch. Wenn er sich doch einmal in der AHAWAH auf einen Stuhl setzte, wischte er ihn vorher ab. Sein Leben war ein Protest gegen die Verhältnisse, die ihn erst aus seinem Haus in Posen und nun aus der Berliner Winterfeldtstraße an diesen Ort verschlagen hatten, dessen Namen er nicht einmal aussprechen mochte. Seine Feindschaft mit der Mutter von Franz Hainebach tat ihm manchmal wohl selbst leid, aber niemand nahm sie ernst, am wenigsten Frau Hainebach selbst. Inzwischen waren auch die Mutter und die Schwiegermutter von Sinai Ucko eingetroffen, zwei gebildete, ältere Damen aus Beuthen und Mannheim, und die drei Frauen gehörten zur AHAWAH wie Großmütter. Zu Purim waren sie das »Drei-Mädle-Haus«.

Die Feste wurden immer noch so gefeiert wie schon in Berlin. Es war wichtig, Inseln der Freude und des Lachens in den schwierigen, immer bitterer werdenden Alltag zu bringen, und es schien den Frauen und Männern in der AHAWAH wichtig, gerade diesen Kindern, die so viel verloren hatten, Wurzeln im Judentum, in der Geschichte ihres Volkes zu geben.

1939 kam Beruria Weinryb in die AHAWAH, sie war damals einunddreißig Jahre alt und hatte am Rabbinerseminar in Breslau studiert, war Studienreferendarin in Berlin gewesen, früher hieß sie Beate Rosenfeld. Seit 1934 lebte sie in Palästina, sie arbeitete im Zionistischen Archiv und an der Hebräischen Universität in Jerusalem. In der AHAWAH wurde sie Sekretärin und Lehrerin für Englisch. Beruria Weinryb, blond und blauäugig, war wie damals alle Mitarbeiter der AHAWAH leidenschaftliche Zionistin. Hanni und die gleichaltrige Beruria mochten einander sehr.

1940 brachte Hanni ihr zweites Kind zur Welt, ihre Tochter Raja. Für Ernst Ullmann und sie war es ein großes Glück, sie hatten sich immer viele Kinder gewünscht. Diesmal verlief die Geburt ohne Schwierigkeiten, das kleine Mädchen war gesund und hübsch. Hannis Arbeit machte es oft auch nötig, abends oder nachts im Dienst zu sein, sie nahm eine Pflegerin für die kleine Raja. Dan, der Größere, war ja mit

Beginn seiner Schulzeit ein AHAWAH-Kind geworden und lebte in einer Gruppe Gleichaltriger.

Ein Familienleben, wie Ernst und Hanni Ullmann es sich vor ihrer Hochzeit gewünscht hatten, war nicht möglich. Trotzdem versuchte Hanni, ihre kleine Wohnung zu einem Nest der Geborgenheit zu machen. Dan und später auch Raja und noch später Jonathan brachten ihre Freunde mit, nie waren die Türen abgeschlossen. Die Kinder nahmen sich aus dem Kühlschrank, was sie wollten. Ernst Ullmann war ein liebevoller, unendlich geduldiger Vater. Als die Kinder noch klein waren, zog er sie auch an, badete und versorgte sie. Auch später war er der ruhende Pol in der Familie Ullmann. Hanni war nicht immer so geduldig, auch sie liebte selbstverständlich ihre Kinder, aber da waren nicht nur ihre eigenen, da waren zweihundertfünfzig Kinder, die Liebe und Geduld brauchten.

Bald schon kamen Kinder von den Schauplätzen des Krieges. Kinder, die den Untergang von Flüchtlingsschiffen überlebt hatten. Kinder aus Warschau, Kinder aus Deutschland, es kamen fromme Kinder aus Italien und Kinder, die bis vor kurzem gar nicht gewußt hatten, daß sie Juden waren. Und der Tod kam.

Nach Beginn des Krieges meldeten sich viele junge Juden zur Britischen Armee. Die Abneigung gegenüber der Mandatsmacht trat zurück hinter den Wunsch, gegen Hitler zu kämpfen. Auch Theo Risch und seine Frau traten in die Jüdische Brigade ein, die die Engländer in ihrer Armee gebildet hatten. Mehrere ehemalige AHAWAH-Kinder wurden Soldaten. Nicht alle kamen zurück.

1940, an dem Tag, an dem die Nazis Paris einnahmen, starb Beate Berger an Herzversagen. Sie war nur vierundfünfzig Jahre alt geworden. Zweiundzwanzig Jahre lang, vom ersten Tag an, hatte sie die AHAWAH geleitet. Zur Welt gekommen war sie am Rhein, am Ölberg in Jerusalem liegt sie begraben. Nach der Trauerfeier kam Georg Landauer, der schon in Berlin zu den führenden Persönlichkeiten der Zionistischen Vereinigung gehört hatte und der AHAWAH als Mitglied des Kuratoriums verbunden war, und bat Hanni um ein Glas Wasser. Er hatte Einblick in die Konten der AHAWAH genommen und mußte sich erst einmal setzen. Die AHAWAH war wohlhabender, als alle, außer der verstorbenen Beate Berger natürlich, geahnt hatten. Immer hatte die Oberin zu Sparsamkeit gemahnt, immer auf die finanziellen Probleme hingewiesen. Dabei hatte sie still dafür gesorgt, daß auch nach ihrem Tod das Heim weiterbestehen konnte. Sogar ihren Nachfolger hatte sie vorgeschlagen: Josef Jaschuwi, der schon einige Zeit als Erzieher in Kiryat Bialik arbeitete.

Josef Jaschuwi, der in Berlin Hugo Rosenthal hieß, war schon in den zwanziger Jahren mit seiner Familie nach Palästina gegangen. Aber seine Frau, eine Pianistin, vertrug das Klima nicht, und so war er für einige Jahre zurückgekehrt nach Berlin.

Seine drei Kinder kamen damals für ein paar Monate in die AHAWAH, und dort, in der Auguststraße, war Hanni die Erzieherin seines ältesten Sohnes Gabriel gewesen. Von 1929 bis 1933 war Hugo Rosenthal Lehrer an der Jüdischen Volksschule in der Rykestraße, dann leitete er bis 1939 das Landschulheim in Herrlingen und ging nach dieser Zeit wieder nach Palästina. Das Klima in Deutschland war auf andere Weise tödlich geworden, und auch seine Frau mußte sich nun mit Palästina abfinden. Das fiel ihr schwer. Hugo Rosenthal nannte sich nun Jaschuwi, das heißt »Rückkehrer«.

Er also wurde der neue Direktor der AHAWAH, blieb es bis 1956, bis Hanni ihn ablöste. Mit Jaschuwi, mit Moses Calvary, der Russin Manja, mit Franz Hainebach, der sich nun Perez Urieli nannte, mit Sinai Ucko, mit den Ullmanns, mit Beruria Weinryb und all den anderen hatte die Oberin außergewöhnliche Menschen um sich geschart, die ihr

Werk, die AHAWAH, weiterführen konnten. Und so schwer die Arbeit auch war, der Zusammenhalt unter diesen Menschen war für sie alle eine wunderbare Erfahrung, die ihnen selbst und vor allem den Kindern der AHAWAH zugute kam. Die AHAWAH bot nicht einfach Unterkunft und Ausbildung, sie war Familie und Heimat.

Jaschuwis Sohn Gabriel trat in die Britische Armee ein, er wurde Soldat auf einem Schiff, das von deutschen U-Booten versenkt wurde. Gabriel hatte zu Hanna Ullmann eine besondere Beziehung gehabt, ihr war der junge Mann, der als kleiner Junge in Berlin zu ihrer ersten Gruppe gehört hatte, nahe geblieben. Der Schmerz um Gabriels Tod brachte sie sogar der Frau Jaschuwis näher, die immer etwas außerhalb der AHAWAH lebte, anders als alle anderen Angehörigen der Erzieher. Mit Jaschuwi dagegen verband Hanni eine Freundschaft, die zu den wichtigsten ihres Lebens gehört.

Auch Leibl Bienenstock wurde Soldat. Mit dreihundert anderen Freiwilligen war er auf dem Weg nach Italien, und auch dieses Schiff wurde von deutschen U-Booten versenkt. Unter den 150 Toten waren zwei ehemalige AHAWAH-Kinder: Hermann Marcus und Leibl Bienenstock.

Leibl war vier Jahre alt gewesen, als er 1918 mit seiner Mutter Sarah und vier Geschwistern Aufnahme im Jüdischen Flüchtlingsheim in der Auguststraße gefunden hatte. Sie kamen aus Tomascow-Masowietzky in der Nähe von Łodz, sein Vater Mendel, ein armer Weber, hatte irgendwo bei Berlin Arbeit gefunden, aber keine Wohnung. Die Mutter Sarah, selbst noch ganz jung, hatte ihren Mann erst bei der Hochzeit kennengelernt. Die Ehe war durch einen Schadchen, einen jüdischen Heiratsvermittler, zustandegekommen. Als Sarah Bienenstock die glitzernde Stadt Berlin sah, als sie ihre Kinder von den Damen des Flüchtlingsheims so gut umsorgt wußte, packte sie die Sehnsucht, doch noch das Glück zu finden, und sie lief ihm nach, ohne ihre Kinder.

Was daraus geworden ist, weiß niemand, denn Sarah kam nicht zurück in die Auguststraße. Auch Mendel, der sich inzwischen ein Bein gebrochen hatte und arbeitslos war, konnte seine Kinder nicht versorgen. Sie wurden ins Auerbachsche und ins Reichenheimsche Waisenhaus gebracht, Leibl und Daniel blieben in der Auguststraße. So wurde Leibl ein Kind der AHAWAH, eines der Kinder Hannis. Sie hat später versucht, seinen Vater zu finden, aber von ihm weiß man nur, daß er 1938 als staatenloser Jude nach Polen ausgewiesen wurde und im Getto von Warschau umgekommen sein soll. Sein Sohn Leibl hätte als einer der ersten aus der Familie der Bienenstocks die Möglichkeit gehabt, ein Leben zu führen, in dem kein Getto vorkommt, ein stolzes Leben mit Arbeit und in Würde, aber ein deutsches U-Boot versenkte ihn an den Grund des Meeres. Im Archiv der AHAWAH von Kiryat Bialik gibt es noch heute ein kleines zerschlissenes Büchlein, Leibl Bienenstocks Fotoalbum.

Aber in Kiryat Bialik gibt es heute niemanden mehr, der die Gesichter auf diesen Fotos kennt, niemanden, der weiß, daß das Haus auf den Fotos in der Auguststraße in Berlin Mitte noch immer steht.

Die Nachrichten über den Tod kamen nun täglich. Im November 1940 geschah etwas, was bis heute schwer zu verstehen ist, die Tragödie der »Patria«. Wieder waren drei Flüchtlingsschiffe angekommen, abgetakelte Wracks mit tausendneunhundert Juden aus verschiedenen Ländern, darunter Alte, Kranke, viele Kinder, die schon eine monatelange Flucht hinter sich hatten. Die Engländer aber ließen die erschöpften Flüchtlinge nicht an Land gehen, sondern umsetzen auf die »Patria«, einen uralten Kahn, der aber noch seetüchtiger war als die drei Schiffe, mit denen die Flüchtlinge gekommen waren. Die »Patria« sollte mit ihrer Menschenfracht das englische Hoheitsgebiet wieder verlassen und nach Mauritius auslaufen, wo es schon Lager für jüdische

Flüchtlinge gab, die nirgendwo anders geduldet wurden. An der Mole in Haifa standen Angehörige und Freunde der Flüchtlinge, auch Mitglieder der geheimen Selbstverteidigungsgruppe Haganah, und protestierten. Tagelang lag die »Patria« im Hafen. Die Engländer waren unerbittlich. Die Stunde der Abfahrt stand schon fest. Plötzlich explodierte auf dem Schiff eine Bombe. Es hieß, radikale Mitglieder der Haganah hätten die Bombe auf die »Patria« gebracht, damit das Schiff nicht auslaufen könne. Man hatte, hieß es, die Toten in Kauf genommen, damit wenigstens die anderen als »Schiffbrüchige« an Land gehen könnten, denn nach internationalem Recht durften Schiffbrüchige nicht abgewiesen werden. Zweihundertundsechzig Juden kamen um ihr Leben, ein paar Meter vor ihrem Ziel, im Hafen Haifas. Hitlers Leuten eben noch entkommen, abgewiesen von den Engländern, war ihr Tod verursacht worden von anderen Juden, die meinten, ein Zeichen zu setzen. Nur die Starken und Gesunden konnten an Land schwimmen. Viele der Überlebenden wurden doch nach Mauritius gebracht und dort interniert, unter ihnen waren auch Kinder, die später in die AHAWAH kamen.

Zu den Toten der »Patria« gehörte auch der Lehrer Dr. Cohen, der bis 1938 an der AHAWAH in der Auguststraße gearbeitet hatte. Er war verheiratet mit Meta Gutmann, die von Anfang an zu den Erzieherinnen der AHAWAH gehört hatte. Meta Gutmann war nicht mit der Oberin Berger nach Palästina gekommen, weil sie als Lehrerin an der Schule Rykestraße in Berlin bleiben wollte. Spät entschloß sie sich mit ihrem Mann doch zur Ausreise. Sie überlebte den Untergang der »Patria« und leitete in Palästina noch viele Jahre die Ausbildung von Kindergärtnerinnen.

Auch Ernst Ullmann gehörte zur Haganah. Diese schon 1920 gegründete illegale Verteidigungsorganisation stützte sich auf die Kibbuzim. Von dort kamen die meisten Mitglieder, dort gab es auch geheime Waffenlager. Natürlich wurde die Haganah von der Besatzungsmacht verfolgt. Das erschwerte eine Verständigung ihrer Anhänger über Ziele und Methoden des Kampfes. Äußerste Disziplin war notwendig. Ihre Anweisungen empfing sie vom Arbeiterverband Histadrut, dessen Generalsekretär David Ben Gurion war. In die Haganah konnte man nicht einfach so eintreten, es galt als Ehre, dort mitarbeiten zu dürfen. Hanni fragte ihren Mann nicht und wußte auch nicht, was genau seine Aufgaben waren. Sie wußte, daß in den Besenschränken der AHAWAH Hohlräume eingearbeitet waren, in denen manchmal Waffen versteckt waren. Sie fragte nichts. Aber auch sie selbst hatte mit der Haganah zu tun. Man bat sie, für Kämpfer der Haganah zu kochen. Einige Male fuhr sie nachts nach Haifa, ging dort in ein Haus, wo sie auf primitiven Kochern mit einfachen Zutaten Essen für viele Menschen kochte. Im Morgengrauen brachte man sie zurück. Sie stellte keine Fragen und sprach auch nicht über die nächtlichen Einsätze.

Bald lernte Hanna Ullmann auch Bombennächte kennen. Italienische Flugzeuge bombardierten zuerst Tel Aviv und dann Haifa und die Erdölraffinerien in der Nähe von Kiryat Bialik. In der AHAWAH gab es keinen Luftschutzkeller. Die Oberin Berger hatte sich nicht vorgestellt, daß Palästina Ziel von Bombenflugzeugen sein würde. Man grub im Garten Schutzgräben, die aber keinen wirklichen Schutz boten. Bei Bombenalarm krochen die, die gerade in der Küche arbeiteten, unter die Küchentische, die anderen hockten sich in die Gräben. Es fiel keine Bombe auf die AHAWAH, aber die Angst davor war groß und verstörte die Kinder noch mehr.

Ein kleines Mädchen, das mit seiner Mutter und dem Bruder in der AHAWAH lebte, sprang in Panik aus dem Fenster der ersten Etage und brach sich ein Bein. Dieses Kind hatte bereits Bombennächte erlebt, in Berlin. Mit gefälschten Pässen waren die drei aus Deutschland herausgekommen und hatten sich nach Palästina durchgeschlagen. Die Kinder sollten in die AHAWAH eingewiesen werden, aber die Frau, sie hieß Edith Hirsch, wollte sich um keinen Preis von ihnen trennen und fand eine Anstellung im Heim.

Als Raja anderthalb Jahre alt war, zogen Hanni und Ernst Ullmann in eine Wohnung innerhalb der AHAWAH, ihrem Vater mieteten sie eine kleine Wohnung nicht weit von ihnen. Raja war ein zartes Kind, das seine Mutter sehr brauchte. Jahrelang war Hanni hin- und hergerissen zwischen ihrer Sorge um dieses eigene Kind und der Not der anderen, die keine Eltern mehr hatten.

Einmal kam eine Gruppe deutscher Kinder, die aus holländischen Lagern ausgetauscht worden waren. Ihre Eltern waren noch in den Lagern oder schon tot. Diese Kinder waren sehr still, bedrückt. Sie sprachen nicht über ihre Erlebnisse, und Hanni begriff erst lange nach dieser Zeit, daß es auch keine Worte gab für das, was hinter den Kindern lag.

Als Raja noch keine drei Jahre alt war, kam ein Transport sogenannter Teheran-Kinder. Das waren polnische Kinder aus jüdischen Familien, die irgendwie dem Getto und den Lagern entkommen waren, die mit Partisanen durch die Wälder gestreift waren und schließlich über die Sowjetunion und Teheran nach Palästina gebracht wurden. Der Zustand dieser Kinder war erschütternd. Krank, verlaust, voller Krätze, vor allem aber ohne Vertrauen und Hoffnung kamen sie in der AHAWAH an. Ein Mädchen war dabei, das schien so alt wie Raja zu sein. Ein winziges Geschöpf ohne Sprache, mißtrauisch wie ein kleines Tier, krank und liebesbedürftig. Man meinte, dieses Kind könnte die AHAWAH nicht behalten. Aber es gab keinen geeigneten Platz. Hanni nahm die kleine Dwora wie eine Tochter an, widmete sich ihr besonders, ließ sie an ihrem Familienleben teilnehmen, das ihr Mann und sie trotz aller Belastungen aufrechtzuerhalten versuchten. Für Raja sollte Dwora eine Schwester sein, aber Raja wollte nicht so eine Schwester, die ihr noch mehr Aufmerksamkeit von der Mutter fortnahm. Bald stellte sich heraus, daß Dwora einige Jahre älter war als angenommen. Hanni und Ernst Ullmann wollten dieses Kind adoptieren, aber Henrietta Szold, deren Jugend-Alijah die Teheran-Kinder ins Land geholt hatte, war dagegen. Man wußte ja nicht, ob noch Verwandte auftauchen würden.

Henrietta Szold hatte recht. Dworas Mutter war an Typhus gestorben, der Vater aber, ein polnischer Jude, meldete sich nach Jahren. Er lebte in Südamerika. Dwora ging zu ihm und wurde gegen ihren Willen von ihm an einen alten Mann verheiratet. Hanni half ihr, sich aus dieser Ehe zu lösen, zurückzukommen nach Israel. Heute lebt Dwora in Eilat. »Wie ein Mensch«, sagt Hanni zufrieden.

Sie hat jahrelang dafür gekämpft, daß Dwora und all die anderen Teheran-Kinder wenigstens eine finanzielle »Wiedergutmachung« bekommen.

Es kam oft vor, daß Kinder, die ihre Eltern verloren hatten, diese auch nicht wiederfinden konnten, wenn die Eltern zu den Überlebenden zählten. Bei der Teheran-Gruppe waren auch Adam und Juchevet, zwei hübsche kleine Kinder in gutem Zustand.

Wahrscheinlich waren sie bei Nichtjuden aufgehoben gewesen, sie schienen nicht so gelitten zu haben wie all die anderen. Adam und Juchevet waren unzertrennlich wie Geschwister. Man ließ sie zusammen aufwachsen, sie gingen auch zusammen zur Schule, beide konnten, das war schon nach dem Krieg, das Abitur machen. Juchevet war ein schönes junges Mädchen. Man wußte, daß ihre Mutter und ihre Geschwister umgekommen waren. Vom Vater wußte man nichts. Eines Tages hieß es, ihr Vater sei gefunden worden. Tatsächlich war ihr Vater, der verschiedene Lager überlebt hatte, mit seiner neuen Frau in Israel. Juchevet wurde fast wahnsinnig vor Freude und konnte es nicht erwarten, zu ihrem Vater und seiner Frau zu kommen. Doch es stellte sich heraus, daß sie sich in den Jahren eine genaue Vorstellung von ihrem Vater gemacht hatte. Die Begegnung wurde für sie eine Enttäuschung. Der Vater, der lange nach seinem

Kind gesucht hatte, tat alles, um Juchevet näherzukommen, auch die Frau gab sich Mühe, aber Juchevet hatte sich in vielen Stunden einen anderen Vater erschaffen, mit dem dieser hier keine Ähnlichkeit hatte.

Das war in den schweren Nachkriegsjahren, in der AHAWAH fehlte es an allem. Aber man ließ Juchevet eine Psychoanalyse machen, die Analytikerin versuchte, Juchevet ihre verschütteten Erinnerungen an den wirklichen Vater wiederfinden zu lassen. Das Mädchen gab sich auch Mühe und lebte eine Zeitlang bei dem unglücklichen Mann, der seine Tochter wiedergefunden und doch verloren hatte. Heute ist Juchevet selbst Großmutter, die Verbindung zu ihrem Vater und seiner Frau hat sie aufgegeben, nicht die zu Adam, dem Gefährten ihrer dunklen Jahre und ihrer Kindheit in der AHAWAH. Adam lebt als Arzt in Beer-Shewa, in einem der Kriege hat er eine Hand verloren, aber er arbeitet in seinem Beruf und hat lange schon eine Familie gegründet.

Hannis Herz wird froh, wenn sie an die vielen Kinder denkt, denen sie helfen konnte, und das Herz wird ihr gleichzeitig schwer, denn da sind auch die anderen, denen keiner helfen konnte.

Bei den polnischen Kindern war ein größeres Mädchen, Wanda, das wohl auch versteckt gewesen war, bei einem Bauern. Sie schwieg tagsüber über ihre Erlebnisse. Aber nachts rannte dieses Mädchen immer wieder auf den Hof der AHAWAH und brüllte in die Nacht: »Das Schwein soll tot sein.«

Auf den Fotografien dieser Jahre sieht man Hanni trotz allem meistens lachend, eine zierliche und doch kräftig wirkende junge Frau. Sie versuchte, bei ihrer schweren und belastenden Arbeit, die sie liebte und keinen Moment lang aufgeben wollte, jeden Zipfel Freude festzuhalten. Nachts, bevor ihr die Augen zufielen, las sie ein paar Seiten, oft

Gedichte von Goethe, die seit der Kindheit zu ihrer liebsten Lektüre gehörten. Sie las deutsch, spät erst hat sie gelernt, hebräische Bücher zu lesen. In der AHAWAH wurde Iwrith gesprochen. Deutsch konnte man in diesen Jahren in Palästina nicht öffentlich sprechen, deutsch galt als die Sprache Hitlers.

Auch in diesen schweren Jahren versuchte die AHAWAH, den Sinn der Kinder für das Schöne auch an kleinen Dingen zu schulen.

Das Geschirr war einfach, aber gut gestaltet, die Wände waren von den Kindern selbst bemalt, die Möbel von Tischlern nach guten Vorlagen gebaut und bunt gestrichen, die Vorhänge dazu passend ausgesucht. Hanna Ullmann achtete darauf, daß beim gemeinsamen Essen im Speisesaal die Tische schön gedeckt waren, wie sie es in der Winterfeldtstraße bei ihrer Mutter gelernt hatte.

Die Feiertage und den Schabbes bereiteten alle zusammen voller Freude vor.

Nach dem Tod der Oberin Berger hatte Hanni von ihr Möbel und fünfzig Dollar geerbt. Für das Geld kaufte sie sich ein grünes Kostüm und ein Paar Lederschuhe. Noch heute spürt sie die Freude über diese schönen Sachen. Es gelang ihr, inmitten des Leids, das über sie alle gekommen war, sich an so etwas wie einem grünen Kostüm, aber auch einem Lied, an einem Gedicht, an einer Kinderzeichnung so zu freuen, daß diese Freude ihr die Kraft gab durchzuhalten und noch auf andere strahlte.

Manchmal fuhr sie mit größeren Mädchen in einen Kibbuz, um bei der Gurkenernte zu helfen. Dann standen sie mitten in der Nacht auf und fuhren mit dem Bus, um vor der Sonne auf den Feldern zu sein. Zum Schutz vor den Fliegen mußte man Gesichtsschleier tragen. Aber das wechselnde Licht über den Feldern war so wunderbar, die Fahrt vorbei an arabischen Dörfern und Apfelsinenhainen und Pinienwäldern so schön, daß Hanni sich auf solche Erntetage, nach denen ihr alle Knochen wehtaten, freute wie auf ein besonderes Erlebnis.

So gesund und fröhlich, wie sie auf den Fotos aussieht, war sie nicht immer in Wirklichkeit. Einmal litt sie wochenlang an einer schweren Lungenentzündung und wurde danach in ein Erholungsheim der Gewerkschaft geschickt. Das war mitten im Krieg, Hanni wollte nicht zu dieser Kur fahren, aber ihr Mann und ihre Kollegen bestanden darauf. Sie schlief in einem großen Saal, in dem man nicht sprechen durfte. Auch beim Essen sollte man schweigen. Aber dort standen Sachen auf dem Tisch, die man in der AHAWAH lange nicht gesehen hatte. Hanni nahm während dieser Kur zu und merkte erst jetzt, wie anstrengend und karg ihr Leben war.

Sie nutzte diese Zeit, um viel zu lesen. Manchmal dachte sie über die Kinder nach und erschrak, wenn ihr klar wurde, was über die Seelen dieser Kinder hergefallen war. Wie sollten diese Wunden je wieder heilen?

Bei der Arbeit in der AHAWAH selbst kamen solche Gedanken nicht auf. Jeder Tag verlangte Entscheidungen und Tätigsein. Man konnte sich nicht in das Schicksal jedes Kindes einfühlen, man konnte ihm nur den Weg zeigen, aus dem Schmerz und der Verzweiflung herauszufinden.

Nach dieser Kur bekam Hanni noch einmal eine Lungenentzündung. Als die einigermaßen ausgeheilt war, sie aber noch nicht arbeiten konnte, ging sie für zehn Tage nach Jerusalem zu ihrer Freundin Toni Simon, um sich in deren Haus zu erholen. Am zweiten Mai 1945 meldete Radio Moskau die Einnahme Berlins. Und am achten Mai meldete Radio London das Kriegsende. Am nächsten Tag gab auch Radio Moskau den Sieg über die Hitlerarmeen bekannt. Auf den Straßen Jerusalems war es wie an einem Feiertag. Man tanzte und sang, und wieder einmal galt der 124. Psalm, Davids Lied:

ES GINGEN WASSER WILD ÜBER UNSERE SEELE.

UNSRE SEELE IST ENTRONNEN WIE EIN VOGEL DEM STRICKE DES VOGLERS; DER STRICK IST ZERRISSEN, UND WIR SIND LOS.

Von dem großen Fest in der AHAWAH hat Hanna Ullmann nur gehört. Sie war nicht dabei, weil sie noch bei Toni bleiben sollte, um gesund zu werden. Henrietta Szold war in die AHAWAH gekommen. Man hatte den Speisesaal geschmückt, Lieder wurden gesungen, Reden gehalten. Alle waren froh und glaubten: Das Schlimmste ist vorbei. UNSRE SEELE IST ENTRONNEN.

Da entstand Unruhe, ein Mädchen, eines aus der Teheran-Gruppe, fehlte. Während der Reden hatte sie sich die Ohren zugehalten und war weggelaufen.

Man suchte sie und fand sie, als es schon dunkel war, auf den Bahngleisen vor Kiryat Bialik. Sie hatte sterben wollen wie ihre Eltern, die diesen Tag nicht mehr erlebten.

# An der Klagemauer

Am zwölften August sagt Hanni, heute sei der neunte Tag des Monats Aw, und wenn man an einem solchen Tag in Jerusalem ist, muß man unbedingt zur Klagemauer gehen. Der neunte Aw, der Tisch'a b'Aw, ist ein nationaler Trauertag, an dem der Zerstörung des ersten Tempels durch Nebukadnezar und des zweiten Tempels durch Titus in Jerusalem gedacht wird, der Niederschlagung des Bar-Kochba-Aufstandes und der Vertreibung der Juden 1492 aus Spanien. Es ist ein Fastentag, und er steht am Ende einer dreiwöchigen Trauerzeit, die beginnt am siebzehnten Tammus, dem Tag, an dem das babylonische Heer 586 v. u. Z. unter Nebukadnezar die Mauern von Jerusalem durchbrach.

Die frommen Juden begehen diesen Tag mit strengem Fasten, Sand in den Schuhen und anderen Ritualen, aber auch den weniger Frommen bedeutet dieser Tag etwas. An diesem Tag, sagt Hanna Ullmann, fühle sie sich besonders mit der Geschichte ihres Volkes, mit seinen Tragödien und seiner Trauer verbunden.

Am Nachmittag gehen wir in die Altstadt und durch das Jaffator, vorbei an arabischen Händlern, für die der Tisch'a b'Aw natürlich kein Gedenktag ist, laut preisen sie ihre Waren an. Hanni ist ein bißchen unruhig, sie zieht mich weiter, und ich spüre ihr Unbehagen, hier im arabischen Viertel. Ich bin mit Hanna Ullmann in einem arabischen Dorf gewesen, weiß, daß sie seit Jahren arabische Kinder nach NEVE HANNA einlädt, damit sie zusammen mit den jüdischen Kindern spielen und die uralte Angst voreinander verlieren. Ich weiß, daß Hanni seit ihrer Einwanderung vor fast siebzig

Jahren von einem friedlichen Nebeneinander der Juden und Araber träumt, darum befremdet mich die Eile, mit der sie die arabische Umgebung hinter sich bringen will.

Wir gehen an der Zitadelle vorbei, die einst Festung der Makkabäer war und Palast Herodes des Großen, römische Garnison und Kreuzfahrerburg, später Bollwerk der Türken. Endlich geht Hanni langsamer, wir sind auf jüdischem Gebiet. Die engen Gassen sind voller Menschen. Einige Läden haben geöffnet, der Tisch'a b'Aw ist ein Gedenktag, kein Feiertag.

Aber das kleine Keramikgeschäft in der Seitengasse, in der ich 1990, bei meinem ersten Besuch in Israel, schon einmal war, ist verschlossen. Die Einzelheiten dieses Besuchs stehen mir plötzlich wieder deutlich vor Augen. Damals habe ich hier eine Frau besucht, die ich aus Berlin kannte. Sie ist Keramikerin, an der Wupper geboren wie die Dichterin Else Lasker-Schüler und als Kind schon aus Deutschland vertrieben worden. Nach Jahren des Exils in verschiedenen Ländern war sie mit ihren Eltern und Geschwistern nach Deutschland zurückgekommen, nach Ostdeutschland, weil dort, wie sie glaubten, eine sozialistische Gesellschaft aufgebaut würde. Ich war noch Schülerin, als ich diese Frau in Berlin kennenlernte. Damals war sie beinahe krank von der Einsicht, daß das, was in der DDR geschah, weit entfernt war von den sozialistischen Idealen ihrer Jugend. Für mich waren die Begegnungen mit der warmherzigen, klugen Frau damals wichtig, weil sie mir geistige Türen öffnete, die ich, ummauert von festgefügten Dogmen, noch gar nicht wahrgenommen hatte. Später verlor sich unsere Nähe. Ihre beiden Kinder wuchsen heran und besannen sich auf die jüdische Tradition der Familie, die auch sie in sich wiedergefunden hatte. Der Sohn wollte ein Rabbinerseminar besuchen, das es in der DDR nicht gab, auch seine Mutter und seine Schwester wollten fort aus dem Land ihrer enttäuschten Hoffnungen. Auf Umwegen gelangten sie nach Jerusalem, und dort hatte ich 1990 die Keramikerin wiedergetroffen. Hier, ein paar Schritte von der Klagemauer entfernt, hatte sie sich in einem uralten Gewölbe die kleine Werkstatt eingerichtet, vor der ich nun wieder stand. Dort verkaufte sie ihre Keramiken, sie schlief und lebte dort, sogar eine Dusche gab es in dem 1300 Jahre alten Gemäuer. Sie zeigte mir Fotos von der Hochzeit ihrer Tochter mit einem Israeli, von ihrem Sohn, der Mathematik studierte, ich streichelte ihre Katze und betrachtete ihre Gefäße, Duftbüchsen, Wandteller und kleinen Figuren, die die Touristen kauften, und wir gingen zusammen an die Klagemauer.

Es war kein besonderer Tag, und die wenigen schwarzgekleideten Frommen, von denen einige, ihre Oberkörper hin- und herwiegend, beteten und die grünlich schimmernde Mauer küßten, erschienen mir nicht fremder als alles, was ich sah.

Mehr noch als die von Touristen umlagerte Klagemauer interessierte mich, wie meine Bekannte hier lebte, wie sie, eine Frau an der Schwelle des Alters, mit diesem Neuanfang zurechtkam. Aber vielleicht war es gar kein Neuanfang, sondern eine Art Rückkehr, sie sprach und bewegte sich so, als sei sie immer hier gewesen, in Jerusalem. Wir gingen in ein Straßencafé im jüdischen Viertel, und sie erzählte mir von dem schwierigen Weg hierher, von den Gemeinheiten und Erpressungsversuchen des Staatssicherheitsdienstes der DDR. Aber eigentlich hatte sie damit abgeschlossen; für das damals gerade in Auflösung begriffene Land, in dem sie Jahrzehnte gelebt hatte, schien sie sich nicht mehr besonders zu interessieren.

Plötzlich kam ein kleiner Junge an unseren Tisch, vielleicht zehn Jahre alt. Er hatte mich als Ausländerin erkannt und bot mir eine Kette mit türkisfarbenen Steinen an, einen Schekel sollte sie kosten. Ich nahm sie in die Hand, die Kette gefiel mir, mehr noch das Kind, das mich mit großen Augen ansah. Die Keramikerin sagte in Iwrith etwas zu dem Jungen, es klang wie »Hau ab, mach daß du wegkommst!« Das Kind reagierte nicht, es beobachtete mein Gesicht. Meine Bekannte wiederholte mit plötzlich schriller Stimme ihre Aufforderung. Sie beschimpfte den Jungen, dann sagte sie zu mir in unbegreiflicher Erregung: »Das ist ein Araber, siehst du nicht, ein Araber«. Ich konnte das nicht erkennen, für mich sehen arabische und jüdische Kinder nicht verschieden aus, und ich sagte das auch. Demonstrativ kaufte ich die Kette, der Junge ging, nicht ohne eine obszöne Geste zu meiner Begleiterin.

Zwischen uns gab es plötzlich kein Gespräch mehr.

Ohnehin war die verabredete Zeit unserer Begegnung um, wir gingen zurück zu ihrem Gewölbe, in dem noch meine Tasche lag. Ein paar Schritte hätten wir durch das arabische Viertel gehen müssen, ich bemerkte, daß sie einen Umweg machte, um nur durch die jüdischen Gassen zu gehen. In ihrer Werkstatt zeigte sie mir das Fenster über ihrem Bett. Die vergitterte Scheibe hinter der metertiefen Nische schien neu eingesetzt zu sein. Da waren schwarze Rauchspuren auf dem gekalkten Mauerwerk. Zweimal, sagte sie, hätten arabische Kinder, solche wie der Junge vorhin, ihr Sprengstoffcocktails durch die Fenster geworfen. Einmal wurde sie verletzt. Beim zweiten nächtlichen Angriff hatte sie Glück, daß sie zufällig nicht im Bett lag. Diese Kinder, sagte sie, wachsen mit Haß auf und lernen von ihren großen Brüdern, wie man solche Sprengkörper herstellt.

Jetzt verstand ich, woher der Haß in ihrer Stimme gekommen war, und plötzlich schien mir, es war Angst, verzweifelte Angst, daß ihr dieser Platz hier im jüdischen Viertel der Altstadt von Jerusalem auch noch genommen werden sollte.

Mit diesen Erinnerungen stehe ich vor ihrer verschlossenen Werkstatt, und mir ist gar nicht so, als wären sieben Jahre vergangen. Aber Hanni zählt die Anschläge auf, die Toten, die es in diesen sieben Jahren gegeben hat, hier ganz in der Nähe und anderswo in Jerusalem.

Wir gehen durch die Gassen der Klagemauer entgegen, vorbei an Ausgrabungen, Mauerresten, Säulen und Stufen aus der Römerzeit, die mit Plexiglas abgedeckt sind, vorbei an Gruppen festlich gestimmter Juden, ganzer Familien, die an diesem Tag die Gemeinschaft der anderen an der Klagemauer suchen.

Eine am Wegrand kauernde Bettlerin mit ausgestreckten Händen sieht mir fordernd ins Gesicht und ruft uns Schmähworte nach, als wir nichts geben. Es ist eine Alte, vielleicht Uralte, in Lumpen gekleidet, in Tücher gewickelt, mit wachen Augen im dunklen Gesicht.

Damals, als sie nach Palästina gekommen war, erzählt Hanni, hatte sie sich ja keinen Judenstaat vorgestellt. Eine Heimstatt, aber kein Staatswesen. In ihrer Vorstellung von Erez Israel, der Heimstatt der Juden, hätten keine Bettler Platz gehabt, keine Schnorrer, wie sie sie aus ihrer Kindheit in Posen kannte. Jeder sollte arbeiten, so gut er konnte, wo er gebraucht würde. Die Kinder und Alten, die Schwachen sollten in der Gemeinschaft aufgehoben sein. Betteln hätten sie und ihre jungen zionistischen Freunde als eine Verletzung der Menschenwürde angesehen. Niemand sollte so bedürftig sein. Lachend, mit einem leisen Schmerz über die verlorenen Illusionen, erzählt Hanni mir das. Das uralte Gebot der Zedakah, der Barmherzigkeit, bedeutet für sie nicht, einer zerlumpten Alten ein Almosen zu geben, sondern Kinder aufzuziehen, die durch Arbeit und in Würde leben können.

Hanni erklärt mir den Tisch'a b'Aw. Die Vorschriften sind strenger als für andere Fastentage. Wie am Jom Kippur, dem Versöhnungstag, ist es untersagt, sich zu waschen oder zu salben. Schon am Vorabend bestand die Mahlzeit nur aus Brot und einem harten Ei. Bis zum Mittag des Tisch'a b'Aw darf man nicht auf einem Stuhl sitzen, sondern nur auf dem

Fußboden oder einem Schemel, darin gleicht die Vorschrift denen in der Trauerwoche nach dem Tod eines nahen Menschen. Auch die Synagoge ist am Tisch'a b'Aw kahl und ohne jeden Schmuck, beinahe dunkel. Ein Trauerhaus.

Das Gäßchen erweitert sich zu einem kleinen Platz, von dem aus die Stufen zum Platz vor der Klagemauer hinuntergehen. Dichtgedrängt stehen hier schon Menschen, die auf die Abenddämmerung warten. Hanni erspäht seitlich der Treppe einen leeren Stuhl und setzt sich erfreut darauf. Wenn wir so lange gehen, machen sich ihre fast neunzig Jahre doch bemerkbar. Das alte, halbzerfallene Gebäude neben der Treppe ist eine Jeschiwe, eine religiöse Lehranstalt, wie ich auf einem Schild entziffere. Ich setze mich auf einen Stein neben die Jeschiwe und beobachte die Leute. Jetzt ist es nicht mehr weit bis zur Abenddämmerung, und inzwischen sind auch viele der schwarzgekleideten Frommen zu sehen, die dem Platz vor der Klagemauer zustreben. Manche führen kleine Kinder an der Hand. Wahrscheinlich waren sie vorher zum Nachmittagsgottesdienst in der Synagoge. Der neunte Aw, hatte mir Hanni erklärt, ist der einzige Tag des Jahres, an dem das Nachmittagsgebet mit Gebetsriemen, den Tefillin, stattfindet. Hanni erinnert sich, wie sie als junge Frau an die Klagemauer gegangen war, gemeinsam mit ihrer Freundin Toni Simon, die noch heute in Jerusalem lebt. Damals gab es hier noch nicht den freien Platz, sondern ein Gewirr von Gäßchen und uralten Häusern. Die Klagemauer war für die zionistischen Einwanderer in den dreißiger Jahren ein Treffpunkt, an dem gebetet, aber auch getanzt und gesungen wurde. Damals waren die schwarzgekleideten Orthodoxen in der Minderzahl. Viele der Juden, die sich hier trafen, waren vielleicht nicht einmal religiös, bestimmt nicht die Chawerim aus den Kibbuzim, die in Scharen nach Jerusalem kamen und ausgelassen, fröhlich an der Klagemauer den Feiertag begingen. Hier, an der Westmauer des Tempelvorhofes, spürte man wie an keinem anderen Ort die Verbundenheit mit den anderen, die Verwurzelung in einer gemeinsamen Geschichte.

Ich höre Hannis Erinnerungen zu. Bald nach der Einwanderung wohnte sie ein paar Monate lang in Jerusalem, das war, als sie bei einem Professor der Hebräischen Universität als Haushilfe arbeitete. Zu den Feiertagen kam ihr Mann Ernst aus Haifa, und gemeinsam mit den Simons oder anderen Freunden gingen sie dann hierher, auch am Tisch'a b'Aw, den sie gar nicht als Trauertag empfanden, sondern damals eher als Tag, an dem eines überwundenen Schmerzes gedacht wird. Damals gehörten alle Tage der Zukunft, der Hoffnung.

Und heute? Hanni blickt einer Gruppe junger Männer nach, die aus der Jeschiwe gekommen sind, schwarzgekleidet wie im Mittelalter, blasse Gesichter zwischen den Schläfenlocken. Hanni erzählt mir, daß am letzten Schabbes eine Frau in Jerusalem von solchen Jeschiwe-Schülern aus dem Auto gezerrt und geschlagen wurde, weil sie die Gebote nicht einhielt.

Hanna Ullmann hält die Gebote ein. Sie fährt nicht am Schabbes, aber das ist ihre eigene Entscheidung, die sie vor keinem Menschen verantworten will. Daß Juden andere Juden nötigen, die Gebote einzuhalten, gefällt ihr nicht.

Ich sehe die unfertigen Gesichter der Jeschiwe-Schüler, die zerfurchten der alten Männer, ich sehe junge Frauen mit Kindern, sehe Soldatinnen, Mädchen, schön wie aus dem Hohelied Salomo, amerikanisch gekleidete Touristen, Frauen in Tücher gehüllt, und all diese Gesichter, die hellen und dunklen, alten und jungen, auch Hannis, verschmelzen mit meiner Erinnerung an Fotografien von Roman Vishniac, an Bilder von Marc Chagall, an die Mädchenköpfe der Keramikerin und an die Figuren auf einem blassen Wandteller, der zu Hause in Berlin in meinem Regal liegt. Hier, am Tisch'a b'Aw in Jerusalem vor der Klagemauer, ein paar Schritte entfernt von dem uralten Gewölbe der Keramikerin, drängt sich mir die Erinnerung an eine Begegnung in Berlin auf, die mit ihr und, wie mir scheint, auch mit diesem Ort zu tun hat.

Vor sieben Jahren war ich in der Keramikwerkstatt, drei Jahre danach rief mich in Berlin ein mir unbekannter Mann an, er schrieb mir auch und bat mich, ihn zu besuchen. Er hatte Artikel von mir in der »Weltbühne« gelesen, und er würde mir etwas schenken wollen. Seine Frau sei gestorben, er selbst nicht gesund, er räume seine Wohnung auf, und da sei ein Wandteller, vielleicht gar nicht besonders wertvoll, aber ihm bedeute das Stück etwas, und er habe lange überlegt, wem er es anvertrauen solle. Es sei ein besonderer Teller, und ihn bei mir zu wissen, sagte der Fremde, würde ihn beruhigen.

Ich traf ihn in einem Haus am Stadtrand in einer ehemals schönen Wohnung, die verstaubt und verlassen wirkte wie der alte Mann selbst. Nervös ging er zwischen seinen Bücherschränken hin und her, zeigte mir dies und das, sprach von seiner verstorbenen Frau, die Sängerin gewesen war, er selbst war Lehrer gewesen. Literatur interessierte ihn, Tucholsky, Theodor Lessing, Arnold Zweig. Er sprang von einem Thema zum anderen, und ich hatte das Gefühl, daß er immerzu über das eine sprach: seine Einsamkeit. Meine Artikel hatte er gelesen, mein Buch über die AHAWAH, ihn interessierte das Judentum, der Nationalsozialismus, die Schuld der Deutschen, wie er mehrfach betonte. Wir tranken Kaffee an einem Tisch mit einem verwelkten Blumentopf, aber seine Tasse rührte er kaum an, weil er fahrig immerzu sprach. Endlich fiel ihm der Teller ein, er sprang auf und holte ihn aus einem Schrank im Nebenzimmer. Ich nahm den Wandteller aus Keramik in die Hand, er war schwer. Sofort erkannte ich den Stil meiner Bekannten aus Jerusalem, und da sah ich auch ihr Signum. Es handelte sich um ein Relief, um eine kleine Szene mit

Menschen und Häusern. Der Staub von Jahren bedeckte den Teller, man konnte kaum die Farben erkennen. Als wir ihn unter dem Wasserhahn gesäubert hatten, sah ich, daß die Farben merkwürdig blaß waren. Vielleicht hatte die Künstlerin diese grauen Töne gewählt, dieses verblichene Blau, das fahle Braun. Vielleicht auch waren die Farben im Dunkel dieser Wohnung verblaßt. Ich sah, daß es sich um die Darstellung eines Pogroms handelte. Ein bärtiger Alter mit klagend erhobenen Händen beugte sich aus einem Fenster, eine Frau stürzte aus dem Fenster eines anderen Hauses, vor dem ein Mann eine Truhe zerschlug. Eine Mutter umklammerte ihr starres Kind, im Hintergrund lagen Menschen vor ihren Hütten, andere beteten. Am Rande lag im Staub eine Menorah, der siebenarmige Leuchter, das älteste Symbol des Judentums. Dies alles, naiv wiedergegeben, wie man es seit dem Alten Testament immer wieder beschrieben kennt, kann irgendwo in Osteuropa geschehen sein, irgendwann im Mittelalter oder 1917 oder 1940 oder 1947. Die Keramikerin wird den Teller wohl in den Jahren geschaffen haben, als sie in der DDR auf ihre Ausreisegenehmigung wartete und tief in ihre eigene Geschichte und in die ihres Volkes eintauchte, um für die Gegenwart stark zu sein.

Die Frau des Lehrers hatte den Teller für ihren Mann im Kunsthandel gekauft, jetzt wollte er ihn nicht mehr haben. Er bat mich, dieses Geschenk seiner Frau mitzunehmen, er könne nicht mehr damit leben. Ganz verstand ich nicht, warum der alte Lehrer unbedingt diesen Teller weggeben wollte.

Wir kehrten an den Kaffeetisch zurück. Er redete, redete. Von den Konzerten seiner Frau, von seinem Neulehrerstudium nach der Kriegsgefangenenschaft bei den Russen, die ihn, das betonte er, zum Antifaschisten umerzogen hätten, von den Jahrzehnten als Musiklehrer, wieder von Tucholsky, Heine. Ich spürte seine Traurigkeit, und ich spürte, daß da neben der Einsamkeit und den Verlusten des Alters noch etwas war, eine Unruhe, die ich nicht deuten konnte und nicht deuten wollte. Ich wollte gehen und am liebsten wollte ich auch diesen Teller nicht nehmen, der zwischen uns auf dem Tisch lag, aber der Moment, ihn zurückzuweisen, war schon vorüber. Ich hatte ihm nicht gesagt, daß ich die Künstlerin kannte.

Plötzlich, beinahe unvermittelt, erzählte er von einer Grube. Der Ton war kein anderer als der, in dem er die ganze Zeit gesprochen hatte, es verging ein Moment, bis ich begriff, wovon er sprach. Von einer Grube. Vom August des Jahres 1941 in der Nähe der Stadt Kowno. Irgendwie verwirrten sich seine Sätze, aber immer wieder kam diese Grube vor. Die sie selbst gegraben hatten. Sie, die anderen. Vor der sie dann nackt standen, die anderen. Vor den Soldaten, den deutschen. Keine Sondereinheit, einfache Wehrmachtssoldaten. Von denen er einer war. Und er hatte schießen müssen wie die neben ihm. Was sollte er tun. Die Toten, die sie vorgefunden hatten bei ihrem Einmarsch, Juden, Kommissare, hatten die Litauer erschlagen. Nicht die Deutschen. Erschlagen hatte er niemanden. Nur erschossen. Aus seinen Satzfetzen erfuhr ich, daß die Soldaten besoffen waren von der Sonderzuteilung Schnaps, die sie schon beim Einmarsch bekommen hatten. Auch er, der, sagte er, ohnehin betäubt war von allem, was geschah in diesem Sommer 1941. Erst auf der Antifa-Schule bei Smolensk kam er zu sich. Und daß er ein anderer geworden ist seitdem, ein anderer, das habe sein Leben gezeigt, und er habe nie darüber sprechen können. Aber nun müsse er fortwährend an diese Grube denken, an die, die zwischen dieser Grube und seinem Gewehrlauf standen, an den, der er damals war.

Er hatte nicht gesagt: Die Juden. Er hatte einfach gesagt: sie. Sie fielen in die Grube, die sie selbst gegraben hatten. Sie waren viele. Sie waren nackt. Sie waren die anderen. Aber auch von sich sprach er als von einem anderen.

In meinem Kopf begann es sich zu drehen. Ich wollte nichts mehr hören. Und gleichzeitig begriff ich klar, daß mir hier ein deutscher Mann erzählte, was sein Anteil war, sein eigener Anteil an dem, was man Holocaust nennt
oder Shoah
oder Judenmord
oder Endlösung
oder Vernichtungsfeldzug,
ohne daß es ein Wort gibt, das ausdrückt, was geschah.

Mit so vielen Männern dieser Generation hatte ich gesprochen, noch nie hatte mir jemand davon aus eigenem Erleben erzählt, es sei denn, er war selbst ein Jude. Die anderen hatten so etwas nicht erlebt, nicht gesehen, nur davon gehört, als alles vorbei war. Manchmal habe ich mir Fotos angesehen, auf denen zusammengetriebene Juden zu sehen sind und deutsche Soldaten. Und ich habe in den Gesichtern der Soldaten gesucht, und sie sahen so aus wie meine Lehrer, wie die Straßenbahnschaffner und der Hausmeister und der Gemüsehändler, und sie sahen ganz anders aus in ihren Uniformen, und solche Menschen gab es gar nicht dort, wo ich aufwuchs.

Aber der hier war einer von ihnen.

Ich hörte mich sagen, daß ich seine Erinnerung gern bei einem nächsten Besuch aufs Tonband aufnehmen würde. Er saß erschöpft da und war einverstanden. Deswegen, begriff ich, hatte er mich eingeladen. Er wollte es erzählen. Er wollte es loswerden wie den Teller.

In den Tagen darauf dachte ich, ich müßte ihn genau fragen nach dem Datum, dem Ort, der Einheit. Ich müßte in Archiven recherchieren. Meine Chronistenpflicht sei es, dachte ich, zu dokumentieren, was dieser Mann erlebt hat, wie er damit weiterlebte, was für ein Lehrer er war mit dem Wissen um die Grube bei Kowno, um die Mörder, die nicht die anderen waren.

Ich dachte an die Männer seiner Generation, die ich in

Bierkneipen und auf Bänken im Kurpark beobachtet hatte, wo sie früher oder später immer wieder auf den Krieg zu sprechen kamen, der das große Ereignis ihrer Jugend gewesen war, das Abenteuer ihres Lebens. Aber in deren Erzählungen kamen keine Gruben bei Kowno vor, da begann die Sauerei erst in Workuta oder in Smolensk im Kriegsgefangenenlager.

Der unglückliche alte Lehrer schien wirklich anders zu sein. Aber ich habe ihn nicht mehr besucht. Ich spürte, daß ich ihm seine Geschichte nicht abnehmen konnte. Und daß sie dem, was man weiß, nichts hinzufügen könnte.

Den Teller bewahre ich auf, mal in diesem, mal in jenem Regal meiner Wohnung. An die Wand hängen will ich ihn nicht. Manchmal blase ich den Staub von dem Relief und versuche in den winzigen, undeutlichen Gesichtern etwas zu erkennen. Sie bleiben so namenlos, schemenhaft wie die Menschen, auf die der Lehrer sein Gewehr anlegte, als er noch kein Lehrer war. Wenn ich den Wandteller wieder weglege und die Augen schließe, kann ich die Gesichter der Toten sehen, spüre ich die verlorene Wärme dieser Menschen.


Und hier, auf dem Stein vor der Jeschiwe sitzend, kann ich die verblaßten, verlorenen Gesichter immer deutlicher erkennen, wenn ich denen zusehe, die durch die engen Gassen auf den Platz vor der Klagemauer strömen.

Plötzlich steht die alte Bettlerin, der Hanni vor einer Stunde ein Almosen verweigert hatte, vor uns. Wie eine Furie wedelt sie mit ihren Armen vor Hannis Gesicht herum, schimpft, stößt, wenn ich richtig höre, Verwünschungen aus. Das Tuch ist ihr vom Kopf auf die Schultern gerutscht, so alt scheint sie doch nicht zu sein, gewiß jünger als Hanni. Das Haar der Bettlerin ist noch dunkel, im Nacken zum Zopf geflochten. Ihre dunklen Augen blitzen vor Empörung. Der Stuhl, verstehe ich, der Stuhl, auf dem Hanni sitzt, gehöre ihr. Das sei doch ein städtischer Stuhl, versucht Hanni sich zu verteidigen und weist auf ebensolche Stühle, die vor der Klagemauer, hinter der Absperrung aufgestellt sind. Die Bettlerin schäumt vor Wut. Dies sei ihr Stuhl, sie brauche ihn für ihre Arbeit. Sie sei hier bekannt, Hanni solle die Soldaten dort fragen. Sie schickt sich tatsächlich an, die Soldaten zu Hilfe zu holen, die an der Absperrung die Taschen derjenigen kontrollieren, die an die Klagemauer gehen wollen. Was für eine Arbeit sie denn ausübe, fragt Hanni leicht amüsiert. Sie sammle Geld, erklärt die Bettlerin stolz und greift nach dem Stuhl. Nicht ohne professionelles Interesse, denn aufs Geldsammeln für ihre Kinder versteht sie sich, fragt Hanni zurück, für wen sie denn das Geld sammle. Aber die Frage ist der Bettlerin zu dumm, energisch reißt sie mit einem Ruck die Lehne des Stuhls an sich, wenn Hanni nicht im selben Moment ohnehin aufgestanden wäre, wäre sie hingefallen. Lachend gehen wir weiter. Hanni erzählt mir von dem Verbot, bis zum Nachmittag des Tisch'a b'Aw auf einem Stuhl zu sitzen. Wahrscheinlich hat die Frau ihre Bettelarbeit schon früher begonnen und deshalb auf ihren gewohnten Stuhl verzichtet.

Inzwischen hat der Platz sich gefüllt. In der Abenddämmerung sieht man immer noch Gruppen und einzelne herbeiströmen, darunter wunderliche Gestalten, die aber in der Menge kaum auffallen. Eine anscheinend im religiösen Wahn versunkene Frau unbestimmbaren Alters, gekleidet wie eine morgenländische Prinzessin, geschmückt mit Perlen und Schleiern, steht an der Treppe oberhalb des Platzes, murmelt Gebete und macht immerzu Bewegungen mit den ausgestreckten Händen, als zerbreche sie einen unsichtbaren Stab. Eine andere bricht beim Anblick der Mauer in Tränen aus, schreit und zuckt, kaum beachtet von denen neben ihr. Es gibt das unter Psychiatern bekannte Jerusalem-Syndrom. Wer davon befallen ist, zittert, beginnt mit gründlichen Reinigungsritualen, kleidet sich in lange weiße Gewänder und identifiziert sich meist mit einer biblischen Gestalt. Seit 1979 wurden in der Psychiatrischen Klinik Kfar Schaul über fünfhundert Personen behandelt, die von dieser seltsamen Krankheit befallen waren, unter ihnen auch Christen. Die meisten der zur Klagemauer Gekommenen aber sind Menschen, wie sie in Israel an jeder Bushaltestelle stehen, nicht anders gekleidet, mit beinahe alltäglicher Selbstverständlichkeit suchen sie ihren Platz an der Mauer oder, weil vorne schon alle Plätze besetzt sind, irgendwo dahinter. Wir gehen auf die Frauenseite, auch dort stehen Stühle. Manche Frauen haben Matten mitgebracht, auf denen sie betend hocken. Manche küssen die schimmernden Steine, zwischen deren Spalten hier und da Pflanzen wachsen. In manchen Ritzen und Spalten stecken Briefe, die die Gläubigen ihrem Herrgott schrieben. Viertausend Jahre alt sind diese Steine der alten Westmauer des Tempelvorhofs. Der obere Teil jedoch ist neu, Hanni erzählt mir, daß die Mauer vor drei Jahrzehnten erhöht wurde, damit die Araber keine Steine von dort oben auf die Betenden werfen können.

Plötzlich sehen wir unsere Bettlerin. Sie hat ihren Stuhl verlassen und steht ein paar Meter von uns entfernt im Bereich der Klagemauer. Wer vorbeigeht, legt etwas in ihre ausgestreckten Hände. Sie macht ein gutes Geschäft, stellt Hanni nicht ohne Respekt fest. Als habe sie das gehört, dreht die Alte sich um und lacht uns verschmitzt an. Wieder erscheint sie mir jünger als auf den ersten Blick. Wo wird sie herkommen? Aus Rumänien, Rußland, Polen? Vielleicht auch aus dem Jemen, ihr verwittertes Gesicht gibt keinen Aufschluß. Vielleicht ist sie auch hier im Lande geboren. Ihre Kleidung erinnert an die Tracht alter Bäuerinnen in Osteuropa. Ein Stuhl in ihrer Nähe wird frei. Sofort steht sie davor, hebt ihre Röcke – für einen Moment sehen wir ihren prallen Hintern in einem überraschend feinen Schlüpfer aus rosa Spitze – und läßt sich niederplumpsen. Wir können nicht anders als loszulachen, aus Hanni gluckert es laut heraus.

Sie wird erst ruhig, als von der Klagemauer her die murmelnden Gebete zu einem lauten Singsang anschwellen. Ich sehe Frauen und kleine Mädchen, die so tief in ihr Gebet versunken sind, daß ich das Gefühl habe, einer sehr intimen Handlung beizuwohnen. Auch Hanni hat jetzt Platz genommen, ihr Gesichtsausdruck ist still, nach innen gerichtet. Leise schleiche ich mich wieder aus dem Bereich der Klagemauer hinter die Absperrung. Inzwischen ist der überfüllte Platz erleuchtet durch Flammen in Glasschalen und einzelne Scheinwerfer. Hinter den umliegenden Mauerzinnen ahnt man die Scharfschützen. Und der Singsang der Gebete schwillt an, geht über in die Klagelieder des Jeremias. Uralte Gesänge, so alt wie manche Steine an diesem Platz, steigen wie aus einer unergründlichen Tiefe auf. Ich sehe mich um, sehe wieder in die so unterschiedlichen Gesichter, sehe biedere europäische Hausfrauen, fromme Mädchen in züchtigen Kleidern, verschleierte Frauen, Männer, die aussehen wie Bankangestellte, Soldaten, alte und junge Orthodoxe, dazwischen Touristen mit Fotoapparaten.

Ich versuche, nicht die Menschen zu beobachten, sondern mich von den Klageliedern des Jeremias forttragen zu lassen, dieser aus Urgründen kommenden Trauer. Alle diese unterschiedlichen Menschen haben plötzlich einen gemeinsamen Gesichtsausdruck, eine Entrücktheit, die durch den Klang der Psalmen unterstrichen wird. Aber im Dunkeln verschwimmen die Einzelheiten, was bleibt, sind die Klagelieder, die Figuren und Gesichter werden so undeutlich wie auf dem Wandteller zu Hause in meinem Regal.

Plötzlich geschieht etwas vor meinem inneren Auge. Die Figuren auf dem Wandteller, die Frau, die ihr totes Kind hält, der aus dem Fenster stürzende Mann, die Geschlagenen und Gequälten werden deutlich, verlieren ihre blassen Farben und bekommen die Gesichter der Menschen, unter denen ich stehe.

Ich weiß nicht, wie viele Stunden vergangen sind, als Hanni zu mir kommt und wir zusammen den Platz überqueren, um wieder die Treppe hochzusteigen. In dem Gewühl der Menschen gibt es plötzlich so etwas wie einen Auflauf. Wir schlängeln uns durch und stehen plötzlich vor einer seltsamen Szene. Ein junger Mann mit roten Haaren unter dem schwarzen Hut, die Schläfenlocken fromm geringelt, hat vor sich einen Campingtisch aufgebaut. Der ist mit einem weißen Tuch bedeckt, ein Schemel vor dem Tisch ist auch da. Der Mann im schwarzen Kaftan holt aus einem Korb einen Teller, Besteck, ein Weinglas. Einen Korb mit Challe, weißem Brot, holt er, über das er ein gesticktes Tuch breitet. Eine Flasche Wein, einen duftenden Fisch in Aluminiumfolie. Er tut dies mit einem ernsten, konzentrierten Gesichtsausdruck. Umringt ist er von aufgebrachten Männern, die meisten orthodox gekleidet wie er, die erregt debattieren, auf ihn einreden, ihn von etwas zu überzeugen versuchen, einander ins Wort fallen. Ein Polizist drängt sich durch die Menge und stellt den Rothaarigen zur Rede. Der läßt sich nicht beirren und gibt dem Polizisten ruhig Auskunft. Hanni übersetzt mir, daß der Fromme meint, der Messias könne kommen, vielleicht heute. Einmal würden all die Leiden des jüdischen Volkes ein Ende haben, dann würde der Messias erscheinen und auch das Fasten hätte dann ein Ende. Er wolle dem Messias ein Mahl anbieten. Wütend reden ein paar alte Männer durcheinander. Hanni übersetzt mir, daß sie meinen, der Rothaarige habe alles falsch verstanden. Der Messias komme gewiß nicht am Tisch'a b'Aw. Und er sei nicht angewiesen auf das Mahl des Rothaarigen. Aber sie sind sich auch untereinander nicht ganz einig und streiten. Der Polizist guckt irritiert und spricht etwas in sein Funktelefon. Sofort sind ein paar andere Polizisten da, schwer bewaffnet, und fordern den Rothaarigen barsch auf, sein Gastmahl einzupacken. Nun wird auch der wütend. Und einige der umstehenden Männer stehen ihm bei. Hanni zieht mich fort. Mir kommt das Ganze vor wie eine surrealistische Inszenierung, aber Hanni meint achselzuckend, daß diese Männer jedes Wort ernst meinen. Oberhalb der Treppe steht noch immer die verschleierte, perlengeschmückte Frau, die mit ausgestreckten Händen noch immer einen unsichtbaren Stab zerbricht. Eine Wahnsinnige? Eine Seherin? Vielleicht ist sie von weither gekommen, vielleicht lebt sie auch hier in Jerusalem, wo neben Gläubigen und Propheten, neben Verkündern aller Art auch Entwurzelte und Entrückte sich angezogen fühlen von der stummen Botschaft der viertausendjährigen Steine.

Während wir durch die engen Gassen zum Jaffator gehen, begleitet uns der an- und abschwellende Gesang der Klagelieder und der Elegien für den Tisch'a b'Aw, die, erklärt Hanni mir, in einem besonderen Gebetbuch versammelt sind und nicht nur von den Tempelzerstörungen handeln, sondern von all den Verfolgungen im Verlauf der Geschichte.

Als sie 1930 zum erstenmal den neunten Aw in Jerusalem verbrachte, erinnert sich Hanni, als sie mit Toni Simon zur Klagemauer ging, da glaubten sie, das Ende der Zeit der Verfolgungen wäre gekommen. Sie glaubten an Erez Israel als die friedliche Heimstatt aller Juden und an eine gute Nachbarschaft mit den Arabern, noch immer, trotz der Unruhen von 1929. Sie waren jung und überzeugt, das Land würde so werden, wie sie es wollten. Und wenn sie in den späteren Jahren wiederkamen zur Klagemauer, mit ihren Kindern an der Hand, dann waren die Klagelieder des Jeremias, all diese Gesänge von Schmerz und Leid immer noch für sie Botschaften aus der Vergangenheit und sie, die jüdischen Frauen, fühlten sich wie Vermittlerinnen zwischen dieser Vergangenheit und der Zukunft ihrer Kinder. Aber mit jedem Jahr spüre sie deutlicher, sagt Hanni, daß die alten Trauerrituale, die uralten Gesänge auch das ausdrückten, was in ihrer Zeit geschah, geschieht bis heute.

Sie bleibt stehen und blickt einer Gruppe junger Leute nach, die trotz der späten Stunde mit ihren kleinen Kindern im Arm der Klagemauer zustreben, dorthin, woher die Gesänge kommen. Und immer noch mehr Menschen kommen uns entgegen.

# Toni

An einem der Jerusalemer Tage schlägt Hanna Ullmann vor, ihre Freundin Toni zu besuchen. Ich freue mich, denn obwohl ich inzwischen in Berlin, in Kiryat Gat und in Kfar Saba ungezählte Stunden mit Hanni geredet habe, obwohl der Stapel der Tonbandkassetten wächst, erfahre ich doch mehr über Hanni, wenn ich sie bei ihrer Arbeit oder mit anderen Menschen sehe.

Toni Simon, das weiß ich, ist ihre beste Freundin. Sie ist vier Jahre älter als Hanni und war mit ihrem Mann Ernst Simon schon 1928 ins Land gekommen. Ernst Simon, ein Studienfreund von Erich Fromm, war Schüler von Franz Rosenzweig, Martin Buber und Nehemia Anton Nobel, bevor er selbst ein Lehrer wurde. Er war schon als junger Mann in Deutschland ein bekannter Publizist, Pädagoge und Erziehungswissenschaftler. Sein lebenslanger Freund war der Religionsphilosoph und Kabbalaforscher Gerschom Scholem, der wie Ernst Simon aus Berlin stammte, sich wie Ernst Simon aus seinem weitgehend assimilierten Elternhaus löste und auf schwierigem Weg zurückfand zu einem Judentum, das Traditionsbewußtsein und die Fragen des Jahrhunderts miteinander verband. Gerschom Scholem, den Simon einen »gottesgläubigen, religiösen Anarchisten« genannt hatte, ging schon 1923 nach Palästina, ernüchtert und enttäuscht von Europa und den Erfahrungen des Weltkrieges. Er wurde Professor an der Hebräischen Universität von Jerusalem, und sein Name, der von Hugo Bergman, von Martin Buber und anderen, die nach den Wurzeln ihres Daseins suchten und in Palästina ihren Anteil an einer Erneuerung des Judentums leisten wollten, geben dieser Universität noch heute ihren Glanz, obwohl diese Männer nicht mehr leben.

Zu dieser geistigen Strömung gehörte auch Ernst Simon, gehörte auch seine Toni genannte Frau Tatjana. Sie war 1922 mit achtzehn Jahren dem jungen Gelehrten Ernst Simon begegnet, und die beiden blieben für immer zusammen. 1925 heirateten sie, 1928 gingen sie zusammen nach Palästina, wo ihre Kinder Uriel und Hanna geboren wurden. Ernst Simon starb 1989, Toni lebt noch immer in dem Haus, das sie, die immer die praktischere von beiden war und sich in ihrem Zusammenleben den alltäglichen Dingen widmete, in den dreißiger Jahren in Jerusalem für die Familie bauen ließ. Ganz nahe übrigens von dem Haus, das Gerschom Scholem und Hugo Bergman, der lange Zeit Direktor der Hebräischen Universität war, sich gemeinsam in der Rambanstraße errichteten.

Hanni hatte mir erzählt, wie sie und Toni sich kennengelernt hatten. Das war bald nach Hannis Ankunft im Land. Ihr, die an den gepflegten, bürgerlichen Haushalt in der Winterfeldtstraße gewöhnt war, fiel das Zusammenleben in der kleinen Wohnung und die gemeinsame Benutzung der Küche mit den beiden anderen Familien schwer. Die anderen führten keinen koscheren Haushalt, sie hielten kaum den Sabbat ein. Obwohl Ernst Ullmann recht gut verdiente, reichte das Geld nicht für eine eigene Wohnung. Als sich Hanni die Möglichkeit bot, bei einer reichen russischen Familie als Haushilfe zu arbeiten, nahm sie an. In Palästina herrschte damals Arbeitslosigkeit, und sie mußte froh sein, die Stelle bei den arroganten Leuten gefunden zu haben. Die Arbeit fiel ihr auch nicht schwer, schließlich hatte sie schon als Sechzehnjährige unter Beate Bergers Anleitung in der AHAWAH die Fußböden scheuern müssen. Aber in dieser Zeit kam Beate Berger aus Berlin zu Besuch, um sich nach einem geeigneten Ort für die neue AHAWAH umzusehen.

Für Hanni, die ihr Heimweh tapfer unterdrückte, war Beate Bergers Besuch ein großes Ereignis, eine Begegnung mit dem, was sie zurückgelassen hatte, ohne es wirklich zu verlassen. Sie wollte alles über die Kinder aus der Auguststraße wissen, jede Kleinigkeit. Der alte Traum von der AHAWAH in Palästina, der unter den Alltagssorgen schon ein bißchen weggerückt war, begann wieder in ihr zu leben. Die Schwester Oberin lud sie ein, mit ihr für zwei Tage in den Kibbuz Albaron zu fahren. Damals war es schwierig, im Land hin- und herzufahren, es gab noch kein Busnetz, wenig Autos. Hanni wollte sehr gern diesen Kibbuz kennenlernen, unbedingt mit der Oberin Berger zusammensein. Sie bat ihre russische Arbeitgeberin um Urlaub. Die aber war nicht bereit, für zwei Tage auf ihre Putzfrau zu verzichten. Hanni könne gehen, gewiß, aber dann sei die Stelle für sie verloren. Es sei denn, sie besorge Ersatz. Hanni aber kannte in Haifa niemanden, der sie vertreten hätte. Weinend vor Enttäuschung stand sie im Treppenhaus, als Toni Simon, die mit ihrem Mann und dem einjährigen Uriel dort wohnte, die Treppen hochkam. Sie hatten einander schon gesehen, aber noch nie miteinander gesprochen, die schöne Frau des Professors und Hanna Ullmann. Warum sie weinte, wollte Toni wissen. Als sie gehört hatte, worum es ging, bot sie sofort an, für Hanni bei ihren Nachbarn zu putzen. So kam es. Und so begann ihre Freundschaft, die auch die beiden Männer einschloß. Ernst Simon war bald nach seiner Ankunft in Palästina Mitglied des Friedensbunds Brith Schalom geworden, wie auch Gerschom Scholem, wie Hugo Bergman, Robert Weltsch, Werner Senator, David Ben Gurion, Chaim Weizmann, Siegfried Lehmann und andere Juden, die sich einen binationalen Staat in Palästina vorstellten. Die Unruhen von August 1929, die in Hebron, Sefad und Mozah hundertachtunddreißig Juden und zweihundert Araber das Leben kosteten, hatten die Anhänger des Brith Schalom bestärkt, daß die Voraussetzungen für einen dauerhaften

Frieden zwischen Arabern und Juden geschaffen werden müßten und daß eine Hauptvoraussetzung das Verständnis für die arabische Welt unter den Juden sein müßte. Ernst Simon also gehörte zu den öffentlichen Stimmen des Brith Schalom, und Ernst Ullmann teilte diese Überzeugungen, wie auch Hanni, wie auch Toni.

Ein paar Monate, nachdem Hanni und Toni einander kennengelernt hatten, zogen die Simons nach Jerusalem, und Toni fand heraus, daß eine Putzfrau dort viel mehr verdienen könnte als in Haifa. Hanni würde schneller zu ihrer eigenen Wohnung kommen, wenn sie für einige Zeit in Jerusalem arbeiten könnte. Toni vermittelte ihr eine Stelle im Haushalt eines Universitätsprofessors. Die Aussicht auf eine eigene Wohnung bewog Hanni und Ernst Ullmann, sich für ein paar Monate zu trennen. Manchmal fuhr Hanni an den Wochenenden nach Haifa, manchmal kam ihr Mann nach Jerusalem. Dann trafen sie sich mit den Simons, debattierten, gingen gemeinsam zum Gottesdienst. Es gab Hunderte Synagogen in Jerusalem, orientalischer und osteuropäischer Prägung, es gab bucharische und jemenitische Betstätten, uralte Synagogen in den Kellergewölben der Altstadt, die später von den Jordaniern zerstört und erst nach 1967 wieder aufgebaut wurden, es gab die orthodoxen Betstuben in Meah Schearim, aber keine Synagogen für westeuropäische Einwanderer. Eine solche Synagogengemeinschaft wurde erst 1936 von dem Braunschweiger liberalen Rabbiner Dr. Kurt Wilhelm in Jerusalem gegründet. Auch Simons gingen dorthin, auch Hanni, wenn sie in Jerusalem war, auch Martin Buber und Else Lasker-Schüler und überhaupt fast alle der aus Berlin, Prag und Wien nach Palästina gekommenen Intellektuellen. Aber das war schon in einer anderen Zeit. Wenn Hanni von den dreißiger Jahren erzählt, gehen ihr die Zeiten manchmal durcheinander.

Als sie nach Palästina kam, lebten dort höchstens zweitausend deutsche Juden. Die meisten waren Zionisten und hatten sich der Kibbuzbewegung angeschlossen. Auch Hannis Mann wäre gern in einen Kibbuz gegangen, als leidenschaftlicher Zionist war für ihn das Leben in der Gemeinschaft das, wovon er geträumt hatte. Sie wußten, wie schwer das Leben im Kibbuz war. Nachts kamen die Hyänen, Malaria und Typhus waren nicht selten. Ernst Ullmann wäre trotzdem gegangen, auch Hanni fürchtete sich nicht vor den Schwierigkeiten. Auch sie war bereit, für die Gemeinschaft zu leben, aber sie wollte auch eine Familie, eine Wohnung für sich allein. Und für diese Wohnung arbeitete sie nun ein paar Monate in Jerusalem in der Prophetenstraße im Haus der Familie Kliegler. Er war Professor für Hygiene, sie war Krankenschwester. Klieglers, die aus Amerika eingewandert waren und später dorthin zurückgingen, waren nicht so arrogant wie die Russen in Haifa, Hanni wurde von ihnen mit Respekt behandelt. Manchmal, wenn Klieglers viele Gäste gehabt hatten, kam Toni noch spät abends, um ihrer Freundin zu helfen, das Geschirr abzuwaschen. Es machte ihr nichts aus, daß der Professor sie und ihren Mann kannte. Zu denen, die regelmäßig in diesem Haus verkehrten, gehörte auch die seit siebzehn Jahren im Land lebende Amerikanerin Henrietta Szold. Die war eine beeindruckende, elegante Erscheinung, die Leiterin der Sozialfürsorge der Jewish Agency. Hanni hätte sich gern mit ihr unterhalten, aber damals war sie die Putzfrau, die Küchenhilfe, die den Tisch deckte und den Mund zu halten hatte. Keiner ahnte, daß Hanni mit dieser Frau nur wenige Jahre später eng zusammenarbeiten würde. Henrietta Szold übernahm 1933 in Palästina die Jugend-Alijah, die 1932 von Recha Freier in Berlin gegründete Einwanderungsorganisation für jüdische Jugendliche. Hanni hat auch Recha Freier gekannt, die in Berlin in der Alten Schönhauser Straße wohnte, wenige Minuten von der Auguststraße entfernt, in dem selben Haus Nr. 10, in dem einst mit der Jüdischen Volksküche der Anfang des Volksheims und der AHAWAH gemacht wurde und wo Hanna Ullmann selbst als junges Mädchen Essen ausgegeben hatte. Recha, die Frau eines Rabbiners, schrieb Gedichte. Sie wirkte immer verträumt, leicht verwirrt, manchmal sogar chaotisch, aber sie war wunderbar kreativ und machte ihre Träume auf ungewöhnliche Weise wahr, hartnäckig wie nur wenige Menschen. Eines ihrer vier Kinder arbeitete später auch in der AHAWAH. Aber die Arbeit der Jugend-Alijah in Palästina war verbunden mit Henrietta Szolds Namen. Systematisch, mit ungeheurer Tatkraft und Willensstärke leitete Henrietta Szold die Organisation, die schließlich Tausenden jüdischer Kinder das Leben rettete. Das war aber am Anfang der dreißiger Jahre noch nicht abzusehen, außer der Seherin Recha Freier verband niemand den Gedanken der Alijah mit der Ahnung vom drohenden Tod in Deutschland. Es ging um die religiöse Erziehung der Jugendlichen in der zionistischen Gemeinschaft, es ging um den Aufbau von Erez Israel. Auch Ernst Simon war der Jugend-Alijah als pädagogischer Berater verbunden. Hannis Zusammenarbeit mit Henrietta Szold begann erst, als 1934 angesichts der jüdischen Not in Europa auch die AHAWAH ein Aufnahmeheim der Jugend-Alija geworden war und Kinder aus Deutschland, Österreich, Polen, aus Frankreich und allen besetzten Ländern Europas in die AHAWAH kamen.

Damals, als Putzfrau in Jerusalem, ahnte Hanni noch nicht, daß es so kommen würde. Sie wartete auf die Ankunft der AHAWAH, träumte von ihrer Wohnung und eigenen Kindern und war froh, in Palästina zu sein. Trotz des braunen Wassers, das niemals kalt aus der Leitung floß, trotz der Fliegen, die manchmal so dicht auf den Klinken saßen, daß Hanni die Tür nicht öffnen mochte. Hanni lief, wenn sie einkaufen wollte, durch die halbe Stadt in die deutsche Kolonie, weil dort die Fliegen nicht ganz so dicht auf den Lebensmitteln saßen. Aber das alles wog leicht gegen die große Hoffnung, ein Land aufzubauen, in dem die alten Träume von Gerechtigkeit, ZEDAKAH, und Liebe, AHAWAH, leben würden.

Ich verstehe, warum sie mir unbedingt ihre alte Freundin Toni zeigen will. Toni ist eine Gefährtin jener Anfangsjahre, sie hat diese Träume geteilt, und sie teilt sie noch immer.

Das irdische Jerusalem, das sie damals vorfanden, hatte wenig Ähnlichkeit mit dem Jerusalem, dem sie von Kind an in der Synagoge begegnet waren, Toni in Moskau, Hanni in Posen und in Berlin. Jerusalem um 1930 schien nicht mehr als eine Provinzstadt zu sein, aber der steinige Boden, die Hügel und der Himmel über Jerusalem waren schwer von Geschichte, von einer Vergangenheit, die sich mit der Zukunft zu verbinden schien, wenn abends die Mauern aus dem Jerusalemstein zu leuchten schienen. Jerusalem ist eine Stadt, in der man zusammenkommen soll, heißt es in den Psalmen. Mit anderen zusammenkommen, gemeinsam mit anderen etwas wollen, sich aufgehoben in der Gemeinschaft fühlen und doch ein einzelner Mensch bleiben, das war damals Hannis Lebensgefühl, und es war auch das ihrer Freundin Toni.

Wir fahren zu dritt nach Rehavja, dem Jerusalemer Stadtbezirk, in dem viele Jeckes, deutsche Einwanderer, seit den dreißiger und vierziger Jahren leben. Die dritte ist Eva, die auch aus Berlin gekommen ist, um Hanni zu besuchen. Eva erzählt oft mit Stolz, daß ihre Familie auf Moses vom Fließ zurückgeht, einen Nachfahren der Juden, die nach 1671 aus dem Burgenland nach Berlin kamen und dort die Jüdische Gemeinde neu begründeten. Eva, selbst erst nach dem Krieg geboren, ist sich dieser Herkunft sehr bewußt, und es schmerzt sie, immer wieder gefragt zu werden, warum sie, eine Jüdin, in Berlin lebt. Dann erzählt sie von ihrer Mutter, die versteckt durch die Hilfe nichtjüdischer Berliner überlebte, von den alten Berliner Familien Sussmann und Süssmann, von den Scholems und Löwenthals, mit denen sie verwandt ist, von dem alten Haus in Berlin Mitte, das ihrem Urgroßvater gehörte und in dem sie heute lebt, weil es ihre Aufgabe ist, zu bewahren, zu erhalten. Eva arbeitet seit einigen Jahren bei der Jüdischen Gemeinde in Berlin. Hanni hat das ihrer Freundin Toni erzählt und vor allem hat sie ihr erzählt, daß Eva mit den Scholems verwandt ist – Gerschom Scholem war ja bis zum Tod ein naher Freund der Simons. Toni sei besonders neugierig auf die Verwandte Gerschom Scholems, hatte Hanni uns angekündigt.

Wir gehen an Häusern vorbei, die aus dem für Jerusalem typischen Stein gebaut wurden. In den dreißiger Jahren war dies hier der Stadtrand, kein Bus fuhr, es gab nur Sand und dürre Sträucher. Heute duften Orangenblüten aus den Gärten, roter Hibiskus leuchtet aus sattem Grün, kleine blaue Blüten hängen in Trauben über die Mauern.

Noch immer ist das Gelände hügelig, Tonis Haus liegt in einer ordentlichen Straße mit zwei-und mehrstöckigen Häusern, es liegt am Fuße eines Berges, hier war damals das Land billiger als oben, wo Scholem und Bergman bauten.

Wir müssen nach unserem Klingeln lange warten, bis die Tür des geräumigen Hauses geöffnet wird. Die Zweiundneunzigjährige wirkt auf den ersten Blick zart und gebrechlich, aber dann sehe ich ihr Gesicht, das die Spuren vergangener Anmut trägt, einer großen Schönheit, die nicht verloren ist, nur verwandelt, ich sehe in das energische Gesicht einer Frau, die weiß, was sie will und mit Widerspruch gar nicht rechnet. Toni mustert Eva und mich und will sofort wissen, welche die Verwandte von Gerschom Scholem ist.

Sie geht uns voran in ein Zimmer, das im Dämmerlicht liegt, in der Erinnerung erscheint es mir bräunlich wie vergilbte Fotografien. Toni trägt ein kariertes Kittelkleid, das schief geknöpft ist, oben ist ein Knopfloch frei geblieben, unten ein Knopf. Ihre weißen Lederschuhe sind bequem und ausgetreten, auf der Straße könnte sie damit nicht mehr gehen. Aber vielleicht geht Toni Simon gar nicht mehr auf die

Straße. Hanni hatte mir erzählt, daß täglich eine Pflegerin nach ihr sieht, aber im Haus duldet Toni keine Hilfe, sie will sich die Verantwortung für ihr Leben nicht aus der Hand nehmen lassen. Die schöne Greisin dirigiert uns auf unsere Sitzplätze, sie selbst hat würdevoll auf einem einfachen Stuhl Platz genommen. Eva und ich sitzen ihr gegenüber wie bei einer Audienz, Hanni hat sich etwas seitlich in einen Sessel gesetzt. Es gibt keine zwei gleichen Sitzgelegenheiten in diesem Zimmer, aber sechs verschiedene Stühle und diesen Sessel.

Auf welche Weise Eva mit Gerschom Scholem verwandt sei, will Toni wissen, und Eva beginnt etwas mühsam zu erklären – Georg, der Bruder von Gerschoms Vater, hat Sophie geheiratet, eine geborene Sussmann und Schwester von Evas Großmutter. Toni hält das offenbar für eine ausreichend nahe Verwandtschaft und ist sehr zufrieden, eine Angehörige ihres verstorbenen Freundes als Gast zu begrüßen.

Da meine Familie, nach der sie beiläufig auch fragt, keinen Bezug zu ihrem Leben hat, widmet sie sich fortan Eva, und ich kann mich im Zimmer mit den wandhohen Bücherregalen umsehen, während Toni von Gerschom Scholem erzählt, von Ernst Simon, die nun beide, wie sie nicht ohne Ironie bemerkt, Engel im siebenten Himmel sind. Dort, im siebenten Himmel, stand nach frühjüdischer Mystik der Thron Gottes. Ich erinnere mich, im Briefwechsel zwischen Gerschom Scholem und seiner Mutter Betty gelesen zu haben, daß Scholem schon 1919 als Student sich fragte: »Was wird Gerhard Scholem? Nu? Zuerst wird er: Gerschom Scholem. Na? Dann wird er Dr. phil. (hoffentlich). Dann wird er jüdischer Philosoph. Dann wird er Engel im 7. Himmel.«

Diesem Lebensplan ist ja auch Ernst Simon gefolgt, obwohl er seinen deutschen Vornamen nie ablegte. Toni spricht über das Leben ihres Mannes, als hätte sie kein eigenes gelebt. Sie erzählt eine Anekdote nach der anderen, sie selbst kommt kaum darin vor. Berühmte Namen fallen. Ernst

Simon ist in Berlin aufgewachsen, im Grunewald. Dietrich Bonhoeffer war sein Mitschüler. Daß er selbst Jude war, erfuhr der siebenjährige Ernst erst, als ein Mitschüler ihn von seiner Geburtstagsfeier ausschloß, weil Juden sein Vaterhaus nicht betreten sollten. Später einmal fragte sich Ernst Simons Vater Gotthold Ephraim Simon, der ein erfolgreicher, assimilierter Kaufmann war, wer seine Söhne Ernst und Fritz zu Zionisten gemacht hätte. Ernst antwortete ihm: »Du! ... Du hast uns zu anständigen Menschen erzogen, und so mußte die erste anständige Sache, der wir begegneten, uns packen. Zufällig war es der Zionismus, es hätte auch der Sozialismus sein können«.

Natürlich war der Weg Ernst Simons und seiner Gefährten nicht so einfach, wie es sich in den Anekdoten anhört. »Am Anfang meines jüdischen Nationalbewußtseins stand der Trotz«, zitiert Toni einen Satz, den ihr Mann irgendwo geschrieben hat. Und sie spricht von seinen Studienfreunden Erich Fromm und Netty Reiling, spätere Anna Seghers, die einen anderen Weg gingen, der nicht nach Palästina führte, aber vielleicht gar nicht so ein anderer Weg war. Diese beiden, sagt Toni, hätten ihren Mann in seinem religiösen Judentum bestärkt, damals während des Studiums. Toni spricht von Ernst Simon, von Gerschom Scholem, im Dämmerlicht sieht sie gar nicht greisinnenhaft aus, wie sie da auf ihrem Stuhl thront, sondern wie ein sehr schönes Mädchen, das sie gewesen sein muß, als sie Ernst Simon 1922 in Frankfurt traf. Damals hieß sie Tatjana Rappaport, war aus Moskau gekommen, um ihren alten Vater zu deutschen Ärzten zu begleiten. Kein Wort deutsch sprach die Achtzehnjährige und doch begriff sie, als sie Ernst Simon traf, daß sie ihr Leben mit ihm teilen würde. Sie kehrte nicht nach Moskau zurück, niemals. Irgendwie gehen die Zeiten durcheinander, eben noch war sie in Frankfurt, jetzt spricht sie von den letzten Büchern ihres Mannes. Ein Sammelband heißt: »Sind wir noch Juden?« Diese Frage gab er an seine Kinder und Enkel weiter, denen das Buch gewidmet ist. Der andere Sammelband aber, der sich mit Fragen der Erziehung befaßt, der das Ringen um die eigene Existenz und um die des Staates Israel beschreibt, ist ihr zugeeignet. Toni zeigt uns die Widmung und übersetzt: »Toni, meiner Freundin, meinem Gegenpart«.

Meine Freundin, »ra'ajati«, ist ein Zitat aus dem Hohelied Salomos, dem Gesang der Gesänge. Mein Gegenpart, meine Hilfe, »eser kenegdi«, ist auch ein Zitat aus der hebräischen Bibel, aus dem zweiten Schöpfungsbericht, von Buber und Rosenzweig übersetzt. Luther übersetzte diese Stelle mit: eine Gehilfin, die um ihn sei. Toni erläutert uns das. Sie redet fast allein, vor allem an Eva gewandt, Hanni blickt von ihrer Seite zu uns herüber, sie hört ihrer Freundin zu mit einem stolzen, etwas nachsichtigen Lächeln auf den Lippen. Toni hat ihr weißes Haar nachlässig zu einem Knoten gebunden, einzelne Strähnen umflirren ihr Gesicht und unterstreichen das Zarte, Weibliche. Nie würde Hanni sich so nachlässig frisieren, denke ich und sehe die disziplinierte, zurückhaltend elegant gekleidete Hanni sich im Zimmer umsehen, den Staub bemerken, der über allem liegt, mißbilligend die herumliegenden Papiere betrachten, unter denen manche Briefe noch ungeöffnet sind. Schließlich richtet sie ihren Blick, den zärtlichen und kritischen Blick einer älteren Schwester, wieder auf Toni, die, fortgerissen von ihren Erinnerungen, berühmte Namen beschwört, beinahe wahllos nach Büchern greift und uns die Widmungen zeigt: Hier eine von Theodor Heuss, dort eine von Walter Benjamin. Und von Arnold Zweig.

Arnold Zweig hat Hanni auch gekannt. Das war zum Anfang der dreißiger Jahre, als sie schon nicht mehr in Jerusalem war, sondern wieder in Haifa. So bunt und anregend die Zeit in der Nähe der Simons gewesen war, Hanni war doch froh, mit ihrem Mann in einer eigenen kleinen Wohnung zusammen leben zu können. Nun kamen auch die aus Deutschland mitgebrachten, von Paula Risch liebevoll eingepackten Chippendalemöbel und gestickten Tischdecken zur Geltung.

Die Kinder der AHAWAH mit der Oberin Berger waren damals noch in Berlin. Eine Freundin von Hannis Mutter, die in Berlin am Kurfürstendamm gelebt hatte, bat Hanni, in ihrer neuen Pension auf dem Hadar Carmel als Wirtschafterin zu arbeiten. In dieser Pension der Frau Polak lebte auch Arnold Zweig, dessen Bücher Hanni natürlich schon in Berlin gekannt hatte. Sie sah, wie unglücklich der damals schon fast blinde Schriftsteller in Palästina war. Sie erlebte die Unruhe seiner Frau Beatrice, die auch nicht heimisch wurde, obwohl sie es war, die eigentlich nicht nach Deutschland zurückgehen wollte, als die Zweigs nach Kriegsende, kurz vor der Gründung des Staates Israel, das Land wieder verließen. Die junge Hanni hatte damals in der Begegnung mit Arnold Zweig begriffen, daß nicht alle, die Deutschland verlassen hatten, es mit einer so großen Freude auf das Kommende getan hatten wie sie selbst und ihr Mann, für den es gar keinen anderen Weg gegeben hätte.

Später, als ihr Vater aus Berlin nach Kiryat Bialik kam, als die vielen Flüchtlinge in Haifa ankamen, zu Tausenden, abgehetzt, erschöpft, froh, das nackte Leben gerettet zu haben, traf Hanni noch oft Menschen, die nicht freiwillig nach Erez Israel gekommen waren wie sie und ihre Freunde.

Ich frage Toni, ob sie noch Verwandte in Moskau hat.

Ihr Gesichtsausdruck verändert sich schmerzhaft, als sie von der Familie spricht, aus der sie kommt. Es war eine große Familie, allein ihre Mutter hatte achtzehn Geschwister. Die lebten in Moskau, in Petersburg, in Minsk. Toni, als sie noch Tatjana hieß, war aber nie aus Moskau herausgekommen. Aus Deutschland schickte sie dann Geld an ihre Eltern, auch aus Palästina. Aber ihre Mutter ließ sie wissen, daß das nicht gut sei, sie habe sich öffentlich von der in den Westen gegangenen Tochter lossagen müssen. Irgendwann schickte sie ihr durch jemanden ein altes Gebetbuch. Das ist alles, was Toni von ihren Angehörigen blieb. Sie sind tot, erschossen und verhungert in Stalins Lagern, erschlagen, vergast und verbrannt von Hitlers Leuten. Eine einzige Cousine, Manja, ist nach Israel gekommen und die zweite Frau von Franz Heinemann, Hannis altem Erzieherkollegen aus der AHAWAH, geworden. Einer ihrer Cousins war der berühmte Maler Chaim Soutin, sagt sie noch. Nein, sie war nicht wieder in Moskau.

Unvermittelt beginnt sie wieder von den dreißiger Jahren zu sprechen. Wie sie das Haus hier gebaut hat. Esel transportierten die Steine. Wie empört Hanni damals war und ihrer Freundin vorwarf, kleinbürgerlichem Luxus anzuhängen, als diese in der Toilette ein richtiges Waschbecken anbringen ließ. Ich blicke zu Hanni herüber, die eingenickt zu sein scheint. Ohne die Augen zu öffnen, wirft sie ein: »Das hat sich aber inzwischen geändert.«

Das glaube ich auch, denn ich kenne das schöne, mit Sorgfalt eingerichtete Badezimmer von Hanni Ullmann im Vera-Salomons-Center, und ich weiß, welche fast kindliche Freude es bei Hanni auslöst, wenn sie, die jahrzehntelang unter höchst einfachen Bedingungen lebte, auf ihren Deutschlandreisen nicht in spartanischen Pfarrhäusern untergebracht wird, sondern in Hotelzimmern mit eigenem Bad, das sie sofort in Besitz nimmt, als sei es für immer. Damals aber, als gerade die ersten einfachen Kinderhäuser der AHAWAH in Kiryat Bialik fertig waren, konnte Hanni ihre Freundin nicht verstehen, die so viel Aufwand um das Badezimmer betrieb. Trotzdem kam sie gern und sooft sie konnte in dieses Haus, schickte auch immer wieder eines ihrer Kinder zu den Simons, die hier einen familiären Schabbesabend erlebten, wie das Heim ihn bei aller Mühe nicht bieten konnte. Besonders ihr Vater Hermann Risch fuhr gern zu den Simons, wo er etwas von dem wiederfand, was er verloren hatte.

Damals hatte der Rabbiner Kurt Wilhelm schon die undogmatisch traditionelle Synagogengemeinde Emeth we Emuna, Wahrheit und Glaube, in Jerusalem gegründet, die bald ein Zentrum der deutschen Juden wurde. Martin Buber hielt dort Vorträge, Else Lasker-Schüler in ihrem wunderlichen Aufzug saß dort und rief seltsame, tiefgründige Zwischenworte. Einmal, mitten in einem religiösen Vortrag Martin Bubers, unterbrach sie ihn mit der Behauptung, sie habe ständig Offenbarungen, der König David selbst habe sie im Hotel Koschel in Berlin am Nollendorfplatz aufgesucht. Und Buber ging auf die stets verstört und verloren wirkende Dichterin ohne jeden Spott ein. Auch die Simons gehörten über die Jahrzehnte dieser Gemeinde an.

Aus den Briefen und Gedichten weiß ich, daß Else Lasker-Schüler in ihren letzten Lebensjahren heftig in Ernst Simon verliebt war, in seine Stimme, in seine Gedanken, in seine Erscheinung. Diese Liebe hatte nichts mit der Realität zu tun, man lachte in Jerusalem über die alte Frau, die sich die Haare bunt färbte, um schön zu sein, die murmelnd durch die Straßen irrte und in der Synagoge nicht den Blick von Ernst Simon wandte. Schon bei ihrem ersten Palästina-Besuch 1934 hatte Gerschom Scholem über sie an seinen Freund Walter Benjamin geschrieben: »Eine Ruine, in der der Wahnsinn weniger haust als gespenstert.«

Diese Ruine schrieb einige der schönsten Gedichte deutscher Sprache.

In ihrem letzten Band »Mein blaues Klavier« sind mehrere Gedichte für Ernst Simon geschrieben. Der antwortete ihr 1941: »Sie machen den heroischen wie tragischen Versuch, Ihr Dichtertum zu leben ...« Und: »... wir leben in verschiedenen Zeiten. Sie in der Ihren, eigenen ... aber ich lebe ... auch, und nach außen vor allem, in der kühlen Hautoberfläche der Berührung mit fremden Leben. Bei Ihnen aber ist Herz und Haut eines – das macht Sie so groß und Ihr Leben, heute, so schwer.«

Als Toni Simon wieder ein Buch vor uns hinlegt, damit wir es anschauen und bewundern, es ist »Deutschland – Ein Wintermärchen« in einem Faksimiledruck nach der Handschrift Heinrich Heines aus dem Nachlaß der Kaiserin Elisabeth von Österreich, frage ich sie nach der Erstausgabe des 1943 erschienenen Gedichtbandes »Mein blaues Klavier«. Den habe sie nicht, sagt sie heftiger, als man von der Zweiundneunzigjährigen erwartet hätte. Im Gegenteil, sie habe damals so viele der dreihundertunddreißig Exemplare wie möglich aufgekauft und vernichtet.

Plötzlich ist es still in dem bräunlichen Raum.

Das war dumm, fügt Toni, weniger heftig, hinzu. Schließlich sei das Buch heute wertvoll.

Es war auch damals wertvoll, sagt Hanni schlicht.

Else Lasker-Schüler war Ernst Simon durch seine Nachdichtungen Chaim Nachman Bialiks schon in Zürich begegnet. Durch diese Gedichte hatte sie Iwrith gelernt. Aber den Mann selbst traf sie erst in Jerusalem, in Kurt Wilhelms Synagoge, in die viele kamen, die damals und später wichtige Impulse für den Aufbau Israels geben konnten.

Auch der aus München gekommene spätere Religionsphilosoph Schalom Ben-Chorin, damals erst dreiundzwanzig Jahre alt, wurde durch die Anfänge dieser Gemeinde auf seinen eigenen Weg gebracht. 1958 gründete er die erste Reformgemeinde in Israel, die Religiosität mit einer tiefen Verantwortung für die Fragen der Gegenwart, für den Frieden, verband. Seine Frau Avital gehört zu den Jugendlichen, die über die Jugend-Alijah nach Palästina kamen. 1936 hatte sie als Dreizehnjährige einige Wochen lang in der Berliner Auguststraße gelebt, dann war sie nach Kiryat Bialik in die AHAWAH gekommen. Damals hieß sie noch Erika Fackenheim, ihren jüdischen Namen Avital fand sie mit Moses Calvarys Hilfe.

Sie gehörte zu den Auserwählten, die über die Jugend-Alijah ein winziges Stipendium bekamen und studieren konnten. Als Studentin heiratete sie in Jerusalem Schalom Ben-Chorin. Der Sohn seines Sohnes Tovia, Golan, der selbst Reformrabbiner wurde, ist es, in dessen Händen heute die religiöse Erziehung der Kinder in NEVE HANNA liegt. Als Hanni Ullmann das Heim NEVE HANNA gründete, das so etwas wie die Nachfolge der AHAWAH wurde, war ihr die religiöse Erziehung der Kinder sehr wichtig. Bei ihrer ehemaligen Schülerin Avital und deren Mann holte sie sich Rat, beide gehörten mit zu den Gründern der NEVE HANNA, sind ihr bis heute verbunden. Immer wieder wird die Reformbewegung, wird auch die religiöse Erziehung in NEVE HANNA von orthodoxen Eiferern angegriffen. Einen Verstoß gegen die Gebote des Judentums können sie dem Heim jedoch nicht nachweisen. Ebenso wurde in den dreißiger Jahren der Rabbiner Wilhelm angegriffen. Weniger denn je wird die jüdische Reformbewegung in Israel, die eng mit der Friedensbewegung verbunden ist, von der Mehrheit vertreten. Aber für Menschen wie Hanni ist es normal, zur Minderheit zu gehören. Und es ist, als ob alles miteinander zu tun hat, als ob bestimmte Menschen einander immer wieder finden, in diesem Land und in der Welt.

Für Hanni war die über sechs Jahrzehnte zurückliegende Begegnung im Treppenhaus mit der jungen Toni Simon eine der wichtigsten ihres Lebens. Im Kreise der Simons fand sie ausgesprochen und durchdacht, was sie vom Gefühl her tat. Instinktiv war sie Erzieherin geworden, instinktiv hatte sie sich zum Sozialismus, zum Zionismus bekannt, war sie nach Palästina gekommen. Erst später in ihrem Leben beschäftigte sie sich mit den theoretischen Grundlagen ihrer Arbeit, begriff sie, auch durch Ernst Simons Aufsätze, durch Gerschom Scholems und Martin Bubers Gedanken, daß ihre tägliche Arbeit mit den Kindern, das Bemühen, ihre verletzten Seelen zu heilen, das Bemühen, uralte, immer wieder zertretene Werte des menschlichen Zusammenlebens zu bewahren, eine Antwort auf die tiefsten ungelösten Fragen ist.

War es Zufall, daß Toni Simon ihre Freundin wurde? Daß Hannis Schülerin Avital die Frau Schalom Ben-Chorins wurde? Daß dessen Enkel Golan in Hannis Kinderheim den Gottesdienst leitet?

Toni sagt, Ernst Simon habe oft seinen Lehrer Franz Rosenzweig zitiert, der in den Zufällen das sah, was die Alten Engel nannten.

Uriel, der Sohn von Toni und Ernst Simon, ist Professor für Hebräische Bibel geworden. Er gründete 1976 eine politische Gruppe, die innerhalb des gesetzestreuen Judentums für Völkerverständigung eintritt. Sie heißt Os we Schalom, Kraft und Frieden, und versteht sich als Antwort auf die Siedlungsbewegung Gusch Emunim, für die das Westjordanland Bestandteil von Israel ist. Os we Schalom begegnet dem Gebietsanspruch bewußt mit dem Friedensgebot aus der jüdischen Religion. Die Gruppe setzt fort, wofür schon der Friedensbund Brith Schalom eingetreten war und wofür Menschen wie die Simons und die Ullmanns sich ein Leben lang eingesetzt haben. Auch Hanni ist Mitglied des Os we Schalom.

Wahrheit, Glauben, Kraft und Frieden – diese Worte, wende ich vorsichtig ein, klingen heute so abgegriffen. Aber für Toni und Hanni sind sie nicht abgegriffen. Energisch erklärt Toni, daß die Organisation ihres Sohnes Uriel ihren Namen im Sinne des Spinoza-Wortes gewählt habe, der Frieden sei mehr als Waffenruhe, nämlich eine große Tapferkeit der Seele.

Ich betrachte die beiden alten Frauen, Toni, die vor Energie sprüht, so daß man ihre Gebrechlichkeit beinahe vergißt, und Hanni, die die Augen geschlossen hält, aber, das spüre ich, mit jeder Faser an unserem Gespräch teilnimmt. Jetzt am Abend sieht man, daß sie bald neunzig Jahre alt ist und daß der Tag, den wir in Museen und auf den Hügeln Jerusalems umherstreifend verbrachten, sie angestrengt hat. Toni erklärt, was sie unter Tapferkeit der Seele versteht, als bedürfe dieses Wort aus ihrem Munde in diesem Zimmer einer Erklärung.

Ich möchte noch mehr über Else Lasker-Schüler wissen und frage Hanni, ob auch sie damals die Dichterin kannte. Hanni schaut mich an, als hätte ich eine besonders dumme Frage gestellt. Aber ich weiß doch, daß in den dreißiger und vierziger Jahren ständig neue Kinder in die AHAWAH kamen, traumatisierte, gestörte, verzweifelte Kinder. Nie lag Hanni, das hatte sie mir erzählt, vor den Morgenstunden im Bett. Aber so müde sie auch war, ein paar Seiten las sie immer, sagt sie nun. Natürlich kannte sie die Gedichte der Lasker-Schüler.

Und sie kannte auch die Dichterin selbst.

Manchmal, wenn sie bei den Simons zum Schabbes war, gab Toni ihr ein paar Töpfe mit selbstgekochten Speisen, damit sie sie zu der kranken Else bringen sollte, die gleich um die Ecke bei einer mürrischen Wirtin wohnte und nicht selbst kommen wollte in das Haus, in dem der Herr ihrer Träume mit Toni lebte. Hanni ging dann in das ärmliche, von Büchern und allerlei verstaubtem Zeug vollgestopfte Zimmer, in dem die Dichterin mit ein paar Katzen hauste. Meist lag sie hustend auf einem seltsamen Lager und bedeutete Hanni hoheitsvoll, wo sie die Töpfe abzustellen hätte. Einmal zeigte sie sich verärgert, weil ihr das Gericht nicht zusagte. Sie sei überzeugt, sagt Hanni lachend, Else habe das meiste ohnehin ihren Katzen gegeben.

Auch Toni nimmt das an, trotzdem, beteuert sie, habe sie sich um die Dichterin gekümmert.

Sie hat die Briefe, die die Lasker-Schüler ihrem Mann schrieb, nie gelesen. Ernst Simon hat sie niemandem gezeigt. Am Ende seines Lebens gab er sie in ein Archiv, aber er verfügte, daß sie erst nach Tonis Tod zu veröffentlichen wären. Ich ahne, wie leidenschaftlich eifersüchtig Toni sein konnte, und sehe, daß es ihr immer noch unbehaglich ist, darüber zu sprechen.

Plötzlich wechselt sie das Thema, spricht von den Enttäuschungen, von den Kriegen. Ernst war furchtbar traurig nach dem Sechstagekrieg, sagt sie, als sei ihre eigene Traurigkeit nicht der Erwähnung wert. Für einen Moment öffnet Hanni, die wieder eingenickt zu sein scheint, ihre Augen. »Der war unser Unglück«, sagt sie leise.

Wieder wendet Toni sich an Eva, spricht von Gerschom Scholem, zeigt den Platz, auf dem er gesessen hat, wenn er zum Sederabend Gast bei den Simons war. Ob sie schon bei Fanja gewesen sei, fragt sie plötzlich. Fanja ist die Witwe Scholems, seine zweite Frau, die er geheiratet hatte, nachdem Escha, seine erste Frau, ihn wegen Hugo Bergman verlassen hatte, mit dem gemeinsam sie ein Haus gebaut hatten. Fanja war damals Studentin, sie kam aus Rußland wie Toni, aber das war auch schon alles, was die Frauen verband. Eva weiß, daß Toni und Fanja sich nicht leiden können, deshalb zögerte sie einen Moment mit der Antwort. Nein, auf dieser Reise hat sie Fanja noch nicht besucht. Toni ist es zufrieden. Zu ihr kommen die Besucher, sagt sie stolz. Nicht zu Fanja. Fanja hat kein gutes Herz und eine spitze Zunge. Nun aber ist sie alt, einsam, liegt nur noch im Bett und ist auf Hilfe angewiesen.

Beinahe triumphierend klingt das.

Als sei sie, Toni, noch nicht alt, als sei sie nicht auf Hilfe angewiesen. Wieder öffnet Hanni ihre Augen und mustert ihre Freundin, teils besorgt, teils amüsiert. Ich stelle mir vor, wie Fanja Scholem nur wenige hundert Meter von hier in ihrem Haus zwischen ebensolchen Bücherregalen, mit ebensolchen Erinnerungen lebt wie Toni. Von Eva weiß ich, daß auch sie die Besucher fragt, ob sie schon bei Toni Simon gewesen wären.

Plötzlich greift Toni nach Fotos, die auf einem Tischchen liegen. Stolz und bekümmert zeigt sie sie herum. Das ist ihre Tochter Hanna, die lebt in den USA. Das sind die Enkel, die sprechen kein Wort deutsch. Hanni gibt ihre Schlafhaltung auf und betrachtet aufmerksam die Bilder. Ich spüre, daß sie an ihren eigenen Sohn in Amerika denkt, an ihre Enkel. Sie respektiert die Entscheidung ihres Sohnes Jonathan, der Israel verlassen hat, weil er mit dem immer aggressiver werdenden Nationalismus nicht leben wollte, so wie Toni die Entscheidung ihrer Tochter Hanna akzeptieren mußte. Aber daß ihre jüngsten Kinder das Land verließen, in das sie selbst, alles hinter sich lassend, gegangen sind, ist den beiden alten Freundinnen ein großer Schmerz, den sie nicht teilen, den jede für sich trägt.

Toni spricht von der schwierigen Beziehung zu ihrer Tochter, man spürt aus ihren Worten eine ungewöhnlich enge Bindung und die lebenslange mütterliche Sorge. Wohl nicht ohne Grund erzählt sie, wie sie einem Freund gegenüber geklagt habe, sie würde gern wissen, was ihre Kinder hinter ihrem Rücken über sie reden. Er wolle das gar nicht wissen, habe der Freund geantwortet. Ihm genüge, was sie ihm ins Gesicht sagen. Hanni lacht, und es ist ein wissendes Lachen, Kummer klingt mit. Ich frage, ob Toni Simons amerikanische Enkel Juden geblieben sind. Wortlos reicht sie mir das Foto eines jungen Orthodoxen, der im mittelalterlichen Kaftan, mit Hut und Schläfenlocken, entrückt in die Kamera schaut. Dann zeigt sie Eva und mir ein Foto desselben jungen Mannes ein paar Jahre früher, in Wanderkleidung bei einem Ausflug, mit modischem Kurzhaarschnitt, ein offenes, lachendes Gesicht. »Verstehen Sie das?« fragt sie ratlos. »Es gibt Schlimmeres«, sagt Hanni nur.

Jetzt hat Toni eine Lampe eingeschaltet, im elektrischen Licht sieht man doch ihre zweiundneunzig Jahre, plötzlich erinnert sie nicht mehr an die schöne Tatjana Rappaport, sie ist Toni, eine einsame, alte, israelische Mutter, die auf die papiernen Gesichter ihrer Kinder schaut, die nicht da sind. Aber das Zimmer wirkt auch im Licht so bräunlich und vergilbt wie ein altes Foto. Tonis Haarknoten hat sich fast aufgelöst.

Abrupt beendet Hanni unseren Besuch.

So, Toni, das ist genug für heute, sagt sie streng und besorgt, als sie bemerkt, daß Toni sich wiederholt, ein Foto sucht, das sie längst in der Hand hält, hebräische Wörter unter die deutschen mischt, unvermittelt von Gerschom Scholem spricht.

Aber Toni will uns nicht gehen lassen. Sie spricht und hört nicht auf zu sprechen, als könnte sie so unseren Besuch verlängern, als hätte sie Angst vor der Stille, in der wir sie zurücklassen werden mit all den Büchern, Bildern und Briefen.

Hanni schiebt uns zum Ausgang. Toni steht klein und zerbrechlich im Rahmen der Tür ihres schönen Hauses. Draußen ist es fast kühl geworden. Im Garten duftet es betäubend. Toni, die im Halblicht wieder aussieht wie Tatjana, weist auf einen der Büsche, direkt unter dem Fenster. Darin habe abendelang die Else Lasker-Schüler gehockt, um einen Blick auf Ernst Simon werfen zu können.

Ich betrachte den Busch, aus dem dieser fremde Duft aufsteigt und denke an den Brief, den Ernst Simon der Dichterin schrieb, an die kühle Hautoberfläche der Berührung mit fremdem Leben.

Toni hält Evas Hand fest. »Werden Sie zu Fanja gehen? Besuchen Sie sie, es geht ihr nicht gut. Sagen Sie ihr, ich grüße sie. Ich denke oft an Fanja.«

Als ich mich an der Gartenmauer umdrehe, ist Toni Simon schon wieder zurückgegangen in die Dämmerung ihres Hauses, das wie alle aus dem Jerusalemstein gebauten Häuser zu leuchten scheint. Eine Katze schleicht durch den Garten, mager und mißtrauisch wie die Katzen, die vor einem halben Jahrhundert einer trostlosen Dichterin Wärme gaben.

# Der Sturz der Tänzerin

Manchmal taucht während unserer Gespräche aus Hannis Erinnerung ein Gesicht, ein Schicksal auf, über das sie wenig sagt, und ich spüre, daß die Erinnerung sie schmerzt. Nicht alle der ehemaligen AHAWAH-Kinder sind froh über ihre Jahre im Heim.

Hanni sagt, Heimkindern fehle immer etwas Wichtiges. Das, was sie so früh verletzt hat, bleibt in ihnen als ein manchmal ganz unbestimmter Schmerz. Das verlorene Elternhaus erscheint oft in einem milden Licht, das nie Besessene wird zu etwas, was ihnen genommen wurde.

Aber die Erzieherinnen der AHAWAH haben auch Fehler gemacht. Hanni sieht diese Fehler heute und spricht nicht gern darüber. Aber sie weicht meinen Fragen nicht aus, und bei fast all unseren Begegnungen, in meiner Berliner Wohnung, auf ihrem Balkon in Kfar Saba, vor dem Israel-Museum in Jerusalem, in einem Restaurant von Beer-Shewa, immer wieder stößt Hannis Erinnerung auch an das Bittere, Ungelöste.

Wenn sie sich an die ersten Jahre der AHAWAH in Berlin erinnert, erschrickt sie über ihre damalige Unwissenheit. Unter den ersten Kindern waren psychisch gestörte, Bettnässer. Siegfried Bernfeld, der der AHAWAH eng verbundene Psychoanalytiker, therapierte einige der Kinder, beriet die Erzieherinnen und Erzieher in der Auguststraße. Das war zu der Zeit in keinem anderen Berliner Kinderheim üblich, vielleicht in ganz Deutschland nicht. Und dennoch wurden die Bettnässer bestraft, mußten an einem eigenen Tisch im Speisesaal sitzen. Hanni versteht, wenn sie sich daran erinnert, selbst nicht mehr, warum keiner die Oberin Berger von dieser Regelung abbrachte. Alle fanden das in Ordnung. Einige dieser Kinder waren Pogromwaisen. Sie wurden gesund, und von ihnen kamen auch später keine Vorwürfe gegen das Heim. Eher von den Kindern, die Eltern hatten. Die meisten Kinder, die zwischen 1920 und 1934 in die AHAWAH gebracht wurden, kamen aus bitterarmen Verhältnissen, ihre Väter waren im Krieg gefallen oder saßen im Gefängnis, die Mütter schlugen sich mit Näharbeiten, Fabrikarbeit, auch Prostitution durch, waren oft selbst krank und unfähig, den Kindern das Nötigste zu geben. Zudem wohnten sie meist in feuchten Wohnungen, in denen es nicht genug Betten gab. Aber gerade diese Kinder hingen an ihren Eltern.

Hanni erzählt mir von Gerda, die heute in den USA lebt. In die AHAWAH kam sie in den zwanziger Jahren als ein kleines Mädchen. Sie kannte die Armut ihrer Mutter, und das Heim erschien ihr paradiesisch. Dort gab es alles, sogar Seife.

Bei den Besuchen steckte sie ihrer Mutter heimlich größere Stücken Seife zu, die sie unter den Kleidern verborgen hatte. Die Frau nahm die Seife, vielleicht verkaufte sie sie. Die Waschfrau der AHAWAH entdeckte das und meldete es der Oberin. Die lud die Mutter vor, bezichtigte sie der Anstiftung zum Diebstahl und verbot die Besuche der Frau im Heim. Nun sah Gerda ihre Mutter nur noch, wenn sie sie auf dem Schulweg heimlich besuchte. Später kam sie mit den anderen nach Kiryat Bialik. Gerda, die Kommunistin wurde, stritt sich viel mit der eher sozialdemokratisch eingestellten Oberin und verließ, kaum herangewachsen, die AHAWAH. Sie gehört zu den wenigen AHAWAH-Kindern, die es nach Amerika verschlug. Heute hat sie ein eigenes Haus, gute, längst erwachsene Kinder, es geht ihr nicht schlecht. Aber wenn Hanni nach Amerika zu Jonathan und Ana kommt und sich mit ehemaligen AHAWAH-Kindern trifft, bleibt Gerda zurückhaltend. Mit ihrer Erinnerung an die AHAWAH ist ein nie aufgelöster Schmerz verbunden. Einmal fragte sie, warum Hanni zugelassen hätte, daß Beate Berger ihre Mutter von ihr fernhielt. Hanni hat ihr die Seifengeschichte nicht erzählt. Sie wagte nach so vielen Jahren nicht, das Idealbild zu zerstören, das Gerda von ihrer Mutter hat. Als sei der Diebstahl der Seife, wenn es denn ein Diebstahl war, moralisch verwerflich.

Gerda ist erwachsen, wende ich ein, soll sie doch wissen, was damals war. Und was blieb denn denen aus dem Scheunenviertel übrig, als sich zu nehmen, was sie brauchten?

Um 1930, das hatte ich in alten Polizeiakten gelesen, überfielen brave Hausfrauen, Arbeiterfrauen, in der Schönhauser Allee Lebensmittelläden, und ihre Söhne hielten bewaffnet Wache, während die Butter verteilt wurde. Lag die Unmoral nicht in den Verhältnissen?

Hanni seufzt.

Damals, sagt sie, konnte sie das nicht so sehen. Damals prallten zwei Welten aufeinander, ihre vom Zionismus geprägte, aber doch auf deutsche Art wohlgeordnete Bürgerwelt und die Welt des Scheunenviertels, aus der die meisten Kinder der AHAWAH kamen. Eine Frau, die beide Welten zu verbinden suchte und ohne jeden Hochmut auf die Elternhäuser der Kinder sah, war Minna Mühsam, eine der Gründerinnen der AHAWAH. Sie kam aus der Rabbinerfamilie Carlebach und hatte einen Bruder von Erich Mühsam geheiratet. Sie selbst hatte keine Kinder, oft lud sie AHAWAH-Kinder in ihre Wohnung am Kurfürstendamm ein, ließ sie Musik hören, unterhielt sich mit ihnen, aber das war nicht die Herablassung einer Wohltätigkeitsdame, das war ein natürliches Interesse, Repekt vor jedem Kind. Wenn Becky Engel kam, die Schwester des berühmten Hermann Struck, die ebenfalls zu den Gründerinnen der AHAWAH gehörte, wurden die Kinder vor Ehrfurcht still. Im herrlichen Pelzmantel schwebte sie herein, ganz der Inbegriff vornehmer frommer Bürgerlichkeit. Damals, sagt Hanni nachdenklich, konnte sie das nicht so unterscheiden, aber im Rückblick erkennt sie die Warmherzigkeit der Minna Mühsam und die Unerbittlichkeit anderer Damen gegen das, was sie als unmoralisch empfanden.

Sie selbst war auch schockiert über das Elend, das ihr aus den Elternhäusern der Kinder entgegenkam. Zwar war ihre Ausbildung im Pestalozzi-Fröbel-Haus sehr wirklichkeitsnahe gewesen, aber nie zuvor hatte sie von den Formen der Gewalt und sexuellen Ausbeutung gehört, die einige ihrer Kinder erfahren hatten. Für Hanna Ullmann schien die Lösung in Erez Israel zu liegen, im Aufbau eines Landes, in dem es keine wirkliche Armut geben würde, so glaubte sie, in dem auch keiner nach persönlichem Reichtum streben würde und die Beziehungen zwischen den Menschen von Aufrichtigkeit, Freundschaft und Hilfsbereitschaft geprägt sein würden. Sie selbst versuchte schon in Berlin, diesem Ideal zu leben, auch die Oberin Berger versuchte es, Franz Hainebach und die anderen jungen Erzieherinnen der AHAWAH. Erna, die Schwester ihres Mannes, die damals schon in Palästina war, schrieb Briefe aus dem Kibbuz Givat Brenner, sie beschönigte nichts, sie schrieb, wie schwer das Leben war, und doch wurde sie von den noch Zurückgebliebenen beneidet um die große Aufgabe, an die sie ihr Leben gebunden hatte.

Als die AHAWAH dann mit den ersten Kindern nach Palästina kam, erstickte die Begeisterung manchmal im sorgenvollen Alltag. Aber jedes der Kinder, das aus dem Scheunenviertel oder von anderen Berliner Hinterhöfen gekommen war, hatte die Möglichkeit, meint Hanni noch heute, seinem Leben einen Sinn zu geben, konnte das Glück der Gemeinschaft erfahren und wurde um seiner selbst willen geachtet und gebraucht.

Und wer die Gemeinschaft nicht als Glück erlebte?

Auf diese Frage wird Hanni jedesmal still. Natürlich weiß

sie, daß manche aus den Kibbuzim wieder wegliefen, daß es einzelne gab, die sich schwer in Palästina einlebten. Aber das waren nur wenige. Und was wäre ihr Schicksal in Deutschland gewesen?

In den dreißiger und vierziger Jahren kamen vor allem größere Kinder mit der Jugend-Alijah, viele hatten eben noch geborgen in ihren Familien gelebt, für sie war es ohnehin schwer, den Bruch mit ihrer behüteten Kindheit zu verarbeiten. Die Jugend-Alijah brachte die Kinder in Kibbuzim, nur wenige konnten dort eine Ausbildung bekommen. Die meisten arbeiteten in der Landwirtschaft. Das werfen manche der Jugend-Alijah noch heute vor.

Aber sie sind am Leben geblieben.

In der AHAWAH konnten die Kinder bei ausgezeichneten Lehrern lernen. Aber nicht jeder durfte das Abitur machen oder studieren. Und in den Kriegsjahren, als immer neue Kindergruppen kamen, war es fast unmöglich, auf die Verletzungen und traumatischen Erlebnisse jedes einzelnen Kindes einzugehen. Natürlich gab es keinen Katzentisch mehr für Bettnässer, natürlich wußte man inzwischen auffällige Verhaltensweisen der Kinder besser zu deuten, aber oft reichte die Kraft und die Zeit der Erzieher nicht aus, sich jedem Kind so zu widmen, wie es nötig gewesen wäre. Und von allen wurde verlangt, daß sie die Regeln der Gruppe einhielten.

Es war so schwer, sagt Hanni in Erinnerung an die AHAWAH in Kiryat Bialik, daß es beinahe unmöglich war, keine Fehler zu machen. Sie sieht heute auch, daß man manchmal für ein Kind das Beste wollte und dabei sein Leid vergrößerte. Eine, die noch heute bitteren Groll gegen die Jugend-Alijah im Herzen trägt, ist Malka.

Als Dreizehnjährige kam das rumänische Mädchen allein mit sieben jüngeren Geschwistern an der Küste Palästinas an. Sie waren monatelang auf einem Flüchtlingsschiff über die Meere geirrt. Hanni weiß nicht mehr, ob diese Kinder einen Schiffsuntergang überlebt hatten oder ob die Eltern auf einem anderen Schiff gewesen waren – jedenfalls waren die Eltern mit ihrem Schiff untergegangen. Die Kinder waren vor Hunger apathisch, monatelang hatten sie nicht gewußt, ob sie irgendwo Zuflucht finden würden. Malka war nicht wie ein Kind, als sie ankamen, sie war eine kleine, erschöpfte Mutter, die nicht lachen konnte. Henrietta Szold, die die Flüchtlingskinder abholte und auf die Kibbuzim verteilte, ordnete an, die Kleinen sollten von Malka getrennt werden. Sie war der Meinung, das Mädchen müßte wieder werden wie eine Dreizehnjährige. Die Verantwortung für die Jüngeren müßte sie in die Hände von Erwachsenen legen. Malka tobte und schrie, es half nichts. Sie kam als einzige von den Geschwistern in die AHAWAH. Später hatte sie ein sehr gutes Verhältnis zu Hanni, war ihr wie eine Tochter. Aber bis heute, und Malka ist schon Großmutter, hat sie die Trennung von ihren Geschwistern nicht verziehen.

Die meisten ehemaligen AHAWAH-Kinder, das hatte ich auch bei verschiedenen Begegnungen gespürt, sind der Jugend-Alijah dankbar, haben ihren Platz in der israelischen Gesellschaft gefunden, und wenn sie traurig sind, dann darüber, daß diese Gesellschaft so anders geworden ist als die Ideale von damals.

In den Kriegsjahren kamen Kinder mit Wunden, die konnte die AHAWAH gar nicht heilen. Jedes Kind hat sein Schicksal. Hanni hat keines vergessen. ES GINGEN WASSER WILD ÜBER UNSRE SEELE. Aber im 124. Psalm heißt es auch: UNSRE SEELE IST ENTRONNEN WIE EIN VOGEL DEM STRICKE DES VOGLERS; DER STRICK IST ZERRISSEN, UND WIR SIND LOS.

Immer wieder nennt Hanni Namen von Kindern, heute längst selbst Eltern und Großeltern, die das, was sie sind, geworden sind durch die AHAWAH: Ruti Sitton und Arie Becker, Esther Singer, Gideon Nassau, Pnina Weichselbaum, Eli Rosenzweig, Chawa Schwarcz, Mira Falkenstein,

Chana Engel, Rachel Seidenstadt, Abraham Philosoph, Benjamin Toledo ... An die tausend solcher Namen kennt sie, tausend Gesichter, tausend Leben ... Tausend Seelen ENTRONNEN WIE EIN VOGEL DEM STRICKE DES VOGLERS.

Und doch gab es andere Netze, andere Fallen, in die die Seelen mancher Kinder sich verstrickten. Auch die hat sie nicht vergessen.

Leah Moses.

Sie hat im Kinderbuch der AHAWAH in Kiryat Bialik die Nummer sechsundzwanzig, das heißt, sie gehörte zur ersten Gruppe, die am neunten April 1934 ins Land kam. Da war sie dreizehn Jahre alt. 1922 waren sie und ihr Bruder in die AHAWAH gebracht worden, zwei rachitische, elende Kinder.

Der Bruder litt an Knochentuberkulose und starb bald in einem Sanatorium. Ihre Mutter war eine polnische Jüdin, eine Prostituierte. Aus dem Scheunenviertel, erinnert Hanni sich.

Sie lernte Leah erst kennen, als sie selbst 1926 in die Auguststraße kam. Da war Leah schon fünf, auf den Gruppenbildern dieser Jahre ist sie zu sehen, Schleifchen im blonden Haar, große Augen. Die sollen blau gewesen sein. Der Vater, hieß es, war vielleicht gar kein Jude. Aber das war egal, diesen Vater gab es nicht, es gab nur die Mutter, die kam sie manchmal besuchen, bezahlte aber nichts für ihr Kind. Wahrscheinlich hatte sie kaum Geld. Hanni weiß noch, mit welchem Hochmut sie selbst und die anderen Erzieherinnen der AHAWAH und auch die Damen des Kuratoriums diesen Prostituierten begegneten. Dabei gab es für viele der ostjüdischen Frauen, die nach dem Krieg nach Berlin gekommen waren, oft aus kleinen Städtchen in Galizien oder der Bukowina, auf der Flucht vor Pogromen, entwurzelt und mittellos in der fremden Großstadt, gar keinen anderen Broterwerb. Und es gab keinen Raum, in dem eine

Mutter wie die von Leah Moses ihr Kind hätte aufziehen können. Im sogenannten Scheunenviertel war die Wohndichte fünfmal höher als im Durchschnitt der Stadt, nicht einmal die Hälfte aller Wohnungen hatte eine eigene Toilette. Auf einigen alten Fotografien kann man Prostituierte aus dem Scheunenviertel sehen: geradezu biedere, ärmliche Frauen, die sich ihren Beruf, der sie zwang, bei Wind und Wetter auf der Straße zu stehen, bestimmt nicht ausgesucht hatten. Die Tochter des Bäckermeisters Hahn aus der Dragonerstraße 22, Gertie, wurde 1925 geboren. Sie hat mir von den Nutten aus ihrer Straße erzählt, die hießen Resi und Lotte, und eine Dicke wurde Preßwurst genannt. Wenn die Freier wegblieben, hütete die Preßwurst für ein paar Groschen die kleine Gertie, damit deren Mutter in der Backstube helfen konnte. Keiner aus der Dragonerstraße, sagte mir Gertie, wäre auf die Idee gekommen, den Nutten ihr Gewerbe vorzuwerfen.

Aber die Erzieherinnen der AHAWAH und die Damen des Kuratoriums kamen ja nicht aus der Dragonerstraße, sie wohnten im vornehmeren Berliner Westen, und die Dragonerstraße kannten sie höchstens aus der Zeit des Jüdischen Volksheims nach 1916, als Gerschom Scholem und Gustav Landauer hier Vorträge hielten über die Erneuerung des Judentums und gute Töchter aus alteingesessenen jüdischen Familien pädagogische Programme für die verwahrlosten Kinder dieser Gegend entwarfen. Aus diesen Anfängen entstand die AHAWAH in der Auguststraße.

Die jungen Erzieherinnen unter Beate Bergers Leitung gaben den Kindern wirklich alles, was sie besaßen, ihre Arbeitskraft, ihre Ideen von einer gerechten Welt, ihren Traum von Erez Israel, ihre Liebe, ihr gerade erworbenes Wissen über Pädagogik und Psychologie, aber die Vorurteile ihrer bürgerlichen Herkunft saßen tiefer, als sie damals selbst wahrnahmen. Am Anfang, nach dem Weltkrieg, war die AHAWAH in Berlin ein Flüchtlingsheim gewesen, in dem junge Mütter mit ihren Kindern Zuflucht fanden. Aber diesen ostjüdischen Müttern waren die Helferinnen mit ihrer preußischen Sauberkeit und ihrer deutschen Kultur ungeheuer fremd. Manchmal lagen Haarnadeln und Brotkrümel in den Bettchen der Kinder. Die jungen Mütter, selbst fast noch Kinder, zankten sich um eine saubere Windel, statt die alten auszuwaschen. Sie sahen erstaunt zu, wie die deutschen Damen Fenster putzten, die in ihren Augen sauber waren.

Man warf die Mütter hinaus, behielt die Kinder und zog sie auf. Hanni hat mir dies alles erzählt, und sie erzählte, wie viele Jahre es dauerte, bis sie und ihre Kolleginnen begriffen, daß man das Elternhaus eines Kindes, wie immer es sei, achten muß, will man das Kind nicht verletzen. Schon in der AHAWAH in Kiryat Bialik hatte sich die Haltung der Erwachsenen zu den oft schwierigen Elternhäusern der Kinder verändert, die Erzieherinnen hatten verstanden, daß hinter jedem Schicksal eine Tragödie steht, über die zu richten ihnen nicht zukam. Aber in Kiryat Bialik waren die Elternhäuser weit, und die Kinder, die dann bald kamen, hatten ihr Elternhaus und oft auch die Eltern längst verloren. In NEVE HANNA, dem Heim, das Hanni später aufbaute, tun die Erzieher alles, um die Beziehung zwischen den Kindern und ihren Eltern, so beschädigt sie sein mag, nicht zu zerstören. Auch dort gibt es unter den Müttern Prostituierte, Drogenabhängige, Strafgefangene auf Urlaub. Wenn sie zu Besuch kommen, behandeln die Hausmütter sie mit der Ehre, die einem Gast zukommt. Die Mütter können in die Zimmer ihrer Kinder gehen, sie werden bewirtet und ihnen werden die Schulsachen der Kinder gezeigt. Es wurde ein öffentliches Telefon installiert, damit die Kinder ihre Eltern, wann immer sie wollen, anrufen können.

In der Berliner AHAWAH durfte eine Mutter, wenn sie überhaupt kam, nur im Besuchszimmer mit ihrem Kind zusammen sein. Nie sah sie das Bett, in dem ihr Kind schlief, nie das Spielzeug. Die meisten Mütter verloren die ohnehin brüchige Bindung an ihr Kind.

Dies, sagt Hanni heute, war ein Fehler der AHAWAH in Berlin.

Auch Leahs Mutter verlor allmählich das Interesse an ihrer Tochter. Sie kam immer seltener, obwohl sie doch gleich nebenan im Scheunenviertel wohnte und arbeitete. Wer weiß, vielleicht war sie die Preßwurst genannte Frau, von der Gertie Hahn mir erzählte, daß sie fremde Kinder gehütet hatte. Vielleicht auch war Leahs Mutter die Nutte, über die mir der kommunistische Widerstandskämpfer Gustav Buttgereit erzählt hatte, daß sie vor dem Weißen Elefanten, einer Kneipe an der Mulackstraße, stand und ihn leise warnte, als an einem Märztag 1936 seine Häscher von der Gestapo darin auf ihn warteten.

Wer immer sie war, ihre Tochter wuchs in der AHAWAH auf.

Leah war ein verträumtes Kind, schmal, phantasievoll und musikalisch. Sie sang und tanzte gern, und begierig hörte sie den Geschichten über Erez Israel zu, die besonders Franz Hainebach auf eine Weise erzählte, die alle Kinder ergriff. Auch Leahs Traum war, nach Palästina zu gehen. Man wollte in der ersten Gruppe nur die Besten nehmen, Leah gehörte nicht zu den Besten. In der Schule war sie eher mittelmäßig, außerdem lustlos bei der Haus- und Gartenarbeit. Aber sie lernte sehr leicht hebräisch, und schließlich gehörte sie zu den Kindern, die fast ihr ganzes Leben in der AHAWAH verbracht hatten. Die anderen »Alten«, Ottchen Weiß, David Marcus, Lenchen Reis, Leibl Bienenstock, Lowe und Schendel Mamuth, Eva Grünspan, sah sie als ihre Brüder und Schwestern an. Also wurde Leah mitgenommen. Mit den anderen wohnte sie zuerst in den primitiven Hütten in Neve Shanaan. Vormittags mußte gearbeitet werden, nachmittags gelernt. Das war nicht nur pädagogisches Prinzip, das war Notwendigkeit. Die größeren Jungen halfen bei den Bauarbeiten in Kiryat Bialik, die anderen mußten die Gemüsefelder bestellen, die Mädchen außerdem in der Küche, der Nähstube und der Waschküche arbeiten. So modern die AHAWAH war, an der traditionellen Arbeitsteilung für Jungen und Mädchen wurde lange festgehalten. Es gibt ein Foto, auf dem Leah mit anderen Mädchen Wäsche aufhängt. Der Trockenplatz hatte einen Boden aus Kistenbrettern, die Lifts, mit denen die AHAWAH nach Palästina gekommen war, wurden nun nicht mehr gebraucht. Man war angekommen. Leah ging nicht mit, als ihre Freunde David und Ottchen und dann auch die anderen aus der älteren Gruppe im Unfrieden die AHAWAH verließen. Sie fühlten sich jüdisch, aber die religiöse Bindung erschien ihnen unwichtig. So lange hatten sie sich auf Erez Israel vorbereitet, dieses Land war ihnen als Verheißung der Freiheit erschienen, und jetzt wollten sie sich auch nicht mehr an die Regeln eines Kinderheims halten.

Die Geschwister zerstreuten sich.

Leah blieb.

Mit den anderen zog sie 1936 nach Kiryat Bialik in die neuen Kinderhäuser. Aber sie war kein Kind mehr. Sie suchte Zärtlichkeit, hatte einen Freund, dann einen anderen. Erst als Leahs Freunde keine Juden mehr waren, sondern englische Soldaten, geriet die Oberin Berger in Panik. Leah mußte gehen. Hanni war damals Wirtschaftsleiterin, es war nicht ihre Entscheidung. Aber noch heute wirft sie sich vor, daß keiner den richtigen Platz für Leah suchte. Das Mädchen wollte in keinen Kibbuz, das Leben dort war ihr zu anstrengend und zu eintönig. Sie wollte ein schönes Leben haben, sich gut anziehen, tanzen, fröhlich sein. Niemand wußte, wohin Leah ging. Sie treibt sich mit den Soldaten herum, hieß es, und man dachte an ihre Mutter. Die war übrigens auch nach Palästina gekommen. Die AHAWAH hat ihr und einer anderen armen Jüdin, der Mutter von Otto

Weiß, bescheinigt, daß ihre Kinder im Land lebten, damit sie einreisen konnten. Leahs Mutter kam also aus dem Scheunenviertel nach Palästina, was sie dort tat und wie sie lebte, fragte keiner. Wenigstens war sie am Leben. Zu Leah hatte sie wohl keinen Kontakt mehr.

Leah war siebzehn, als sie in die AHAWAH zurückkam. Sie war schwanger. Hanni war dafür, sie zu behalten. Schließlich war die AHAWAH ihr Zuhause. Aber Beate Berger war völlig dagegen. Sie ließ nicht mit sich reden, fürchtete Leahs Einfluß auf die jüngeren Mädchen und schickte sie weg. Ihr Kind bekam Leah in Jerusalem bei christlichen Schwestern. Sie kam und zeigte das Kind, ein Mädchen, aber in der AHAWAH war für sie kein Platz mehr.

Irgendwie schlug sie sich durch. In diesen Jahren herrschte in Palästina Arbeitslosigkeit, das Leben war schwer. Vielleicht ernährte einer der englischen Soldaten Leah und ihr Kind, vielleicht fand sie ab und zu Arbeit bei den Engländern, wahrscheinlich wurde sie in dieser Zeit wirklich zur Prostituierten. Als die Engländer in den Krieg eintraten, wollte Leah mit den Truppen nach Ägypten gehen. Da lebte die Oberin Berger nicht mehr. Leah kam in die AHAWAH zu Hanni. Sie sagte ihr, sie habe ihr Kind bei einer Familie untergebracht und Geld zurückgelassen. Aber wenn ihr etwas zustoßen würde, sollte die AHAWAH sich des Mädchens annehmen. Sie bat Hanni, ein wenig auf ihr Kind zu achten, es solle ihm nicht so gehen wie ihr selbst. Hanni solle immer so entscheiden, wie es für das Kind am besten sein würde. Das war in den schlimmen Jahren, die AHAWAH war überfüllt mit Kindern aus allen Ländern Europas, die Unvorstellbares erlebt hatten. Und immer noch kamen andere Kinder, irgendwie der Verfolgung und Lagern entkommen, verstört, verstummt, in den Kleidern den Geruch der Verbrennungsöfen. Manchmal lebten zweihundertundfünfzig Kinder im Heim. Hanni versprach, auf Leahs Tochter etwas zu achten, mehr konnte sie nicht tun.

Das kleine Mädchen wuchs bei den Pflegeeltern auf, die arm waren, dem Kind aber ein Zuhause gaben. Leah schrieb ihrer Tochter, schickte Geld, dann seltener, dann gar nicht mehr. Wenn die Kleine Schuhe brauchte oder ein besonderes Kleid, kamen die Leute in die AHAWAH, und Hanni gab ihnen, was sie benötigten. Auch die Fürsorgestellen von Haifa unterstützten die Pflegeeltern. Leahs Tochter wuchs heran, lernte gut und war so hübsch wie ihre Mutter, die sie nicht kannte.

Jahre vergingen.

Leah meldete sich auch nach dem Kriegsende nicht. Jemand wollte sie in Schweden gesehen haben. Aber nicht aus Schweden, sondern aus Zürich bekam Hanni Ullmann in der AHAWAH im Jahre 1956 einen Anruf. Ein Offizier der Heilsarmee von Zürich war am Apparat und erzählte, daß in ihrer Obhut eine völlig heruntergekommene Trinkerin sei, Leah Moses, die immer von ihrer einzigen Angehörigen, einer verlorenen Tochter, rede. Hanna Ullmann von der AHAWAH in Kiryat Bialik würde wissen, wo diese Tochter sei.

Damals lebte Leahs Tochter als Krankenschwester in Haifa, sie wollte heiraten und dachte nicht mehr an ihre leibliche Mutter. Hanni zögerte, der jungen Frau von diesem Anruf zu erzählen.

Zufällig plante sie eine Reise nach Bern und fuhr wenige Wochen später von Bern nach Zürich. Dort in der Bahnhofsgaststätte war sie mit Leah verabredet. Bei Hanni war ihr Sohn Jonathan, damals acht Jahre alt. Mit ihm an der Hand betrat sie die Gaststätte und erkannte Leah sofort.

Als Hanni Ullmann mir von dieser Begegnung erzählte, fragte ich sie, wie alt Leah damals war. Hanni merkt sich nie Jahreszahlen, aber sie erinnerte sich, daß Leah damals zwischen vierzig und fünfzig Jahre alt gewesen sein muß. Später, als ich im Kinderbuch Leahs Eintragung fand, sah ich ihr Geburtsdatum. Sie war bei der Begegnung in Zürich fünfunddreißig Jahre alt.

Krank sah sie aus, verbraucht, sagte Hanni. Aber es war Leah, ihre kleine Leah, die als Fünfjährige Tänzerin werden wollte, als Zehnjährige zionistische Lieder sang und mit fünfzehn keine Lust hatte, Gurken zu ernten, weil sie von etwas ganz anderem träumte, von irgend etwas Schönem, Besonderem, was sie aus dem Alltag herausheben würde.

Nun saß sie hier, flehte Hanni an, ihr die Adresse der Tochter zu geben, und sprach von Enkeln, die sie sich wünschte. Hanni dachte an die junge Krankenschwester, an das Versprechen, immer im Sinne dieses Mädchens zu entscheiden, und zögerte noch immer. Aber dann fiel ihr ein, wie Leah schon einmal gefleht hatte, damals, als sie schwanger war und ihr Kind in der AHAWAH aufziehen wollte, und Hanni brachte es nicht fertig, Leahs Bitte abzuschlagen. Sie wollte nachdenken und am Nachmittag wiederkommen. Am Nachmittag wartete sie mit Jonathan lange auf Leah. Dann kam sie, eine alte, besoffene Vettel, die mit Biergläsern warf und wüste Beschimpfungen ausstieß. Keiner konnte die Tobende beruhigen, bis eine Soldatin der Heilsarmee, die sie kannte, geholt wurde.

Hanni blieb in ihrem Konflikt. Wem sollte sie sich näher fühlen, der Leah, ihrer Leah, oder der Krankenschwester, die ein Recht hatte auf eine unbelastete Familie. Hanni kehrte nach Israel zurück. Leah schrieb Briefe, bat, drohte, verlangte nach der Tochter. Die hatte geheiratet, Kinder bekommen. Hanni beriet sich mit der Leiterin der Sozialbehörde, mit einem Anwalt.

Schließlich suchte sie mit der Sozialbeamtin Leahs Tochter auf und sagte ihr, was sie über ihre Mutter wußte. Die junge Frau war tief erschüttert. Sie hatte nichts über ihre Herkunft gewußt. Aber nun wollte sie ihre Mutter unbedingt kennenlernen, wollte sie bei sich haben, mit ihr leben. Hanni und die Sozialbeamtin waren skeptisch. Aber Hanni hatte schon begriffen, daß sie nicht Schicksal spielen durfte. Leahs Tochter war Leahs Tochter, sie hatte ein Recht auf eigene Entscheidungen. Hanni sagte ihr noch, sie müsse ihren Mann einbeziehen, es würde nicht leicht werden mit der kranken Mutter. Aber der Mann meinte, er würde die Mutter seiner Frau akzeptieren.

Die Tochter schickte Geld nach Zürich, und Leah kam. Hanni hatte beschlossen, sich überhaupt nicht einzumischen. Sie spürte etwas wie Schuld, wenn sie daran dachte, wie die schwangere Leah aus der AHAWAH weggeschickt worden war, aber sie wußte auch, daß es keine Möglichkeit gab, diese Schuld abzutragen.

Anfangs ging es gut. Leah lebte in einer heilen Familie, wohl das erstemal in ihrem Leben. Die Tochter tat alles für die Mutter, plötzlich schien ihr, sie habe sie ein Leben lang vermißt. Die Kinder freuten sich über die Großmutter. Aber nach ein paar Monaten fing Leah wieder zu trinken an, sie schlug die Enkelkinder, die Wut über ihr verpfuschtes Leben brach aus ihr heraus. Es dauerte nicht lange, bis der Mann von Leahs Tochter sagte: Entweder sie geht oder ich gehe.

Die junge Frau entschied sich für ihren Mann.

Leah blieb nicht in Israel. Irgendwie gelangte sie wieder nach Europa, zur Heilsarmee, diesmal nach Frankfurt am Main. Dort kümmerte man sich mit besonderer Hingabe um die Jüdin, die nur Bruchstücke aus ihrem bewegten Leben preisgab. Hanni schrieb ab und zu an die Heilsarmee, erfuhr, wie es Leah ging. Ein- oder zweimal, wenn sie wegen des Vereins Kinderhilfe in Deutschland war, besuchte sie sie, traf aber nur eine zerstörte, bittere Frau ohne Gedächtnis. Vor etwa zwanzig Jahren erhielt sie die Nachricht, Leah Moses sei gestorben, sie wolle das bitte den Angehörigen mitteilen. Das tat sie. Die Tochter weinte und sagte, es sei gut für sie, ihre Mutter gesehen, sie kennengelernt zu haben, es versucht zu haben, mit ihr zu leben.

Sie hatte auch versucht, ihren Vater zu finden, den Engländer, aber das war unmöglich. Ihre nun schon erwachsenen Kinder sind gesund, sie sind Israelis und wollen nichts wissen von englischen Soldaten, dem Scheunenviertel und der Heilsarmee. Leah ist ihnen nur undeutlich in Erinnerung als eine gespenstische Großmutter, die zum Glück bald verschwand. In Hannis Erinnerung bleibt sie die verträumte Tänzerin, die verstörte junge Schwangere, die keinen Ort für sich fand.

# Das Kinderbuch

Das Kinderbuch der AHAWAH haben Hanni und Beruria, die Sekretärin, mitgenommen, als sie 1971 aus Kiryat Bialik weggingen. Man kann sagen, sie haben es geklaut. Sie brachten es nicht fertig, dieses Buch mit den Namen aller Kinder der Ungewißheit zu überlassen, in der die AHAWAH damals steckte. Die neuen Erzieher kannten die Kinder aus diesem alten Buch nicht, sie konnten nicht einmal die deutschen Eintragungen lesen. Jetzt liegt es in Hanna Ullmanns Wohnung. Vorsichtig holt sie es aus einem der hellen Schränke aus Birkenholz. Auch diese Schränke sind aus der AHAWAH. Beate Berger hatte sie sich von einem Tischler für ihr Zimmer anfertigen lassen, und Hanni hat die schlichten Möbel geerbt. Ihre eigenen, die Chippendalemöbel aus Berlin, sind längst kaputt oder an Hannis Kinder verschenkt. Wie auch die bestickten Decken, die Silberbecher und Schabbesleuchter, Hanni hat nur das Wichtigste behalten, als sie mit ihrem Mann 1976, drei Jahre vor seinem Tod, in dieses Altenheim nach Kfar Saba zog.

Zu dem Wichtigsten gehört das Kinderbuch. Eine schwarze, abgegriffene Kladde: Die Eintragungen beginnen 1934 mit Paula Adler aus Berlin, und die letzte Eintragung ist vom sechsundzwanzigsten April 1955. Nurith Wander-Scholzky aus Haifa, zehn Jahre alt, war das Kind mit der Nummer 1400 in diesem Buch. Für Kinder, die danach in die AHAWAH kamen, gab es ein anderes Buch, das haben Hanni und Beruria nicht mitgenommen.

Hanni legt das Kinderbuch vor uns hin. Wir sitzen auf ihrem Balkon, es ist ein Sonnabendvormittag. Gegenüber dem Vera-Salomons-Center, in dem Hanni wohnt, ist eine riesige Baustelle. Irgendein Hochhaus wird dort gebaut, auf den Gerüsten sieht man Männer bei der Arbeit, ihre Rufe und die Geräusche ihrer Maschinen übertönen jedes Gespräch. Verärgert blickt Hanni ihnen eine Weile zu. Nicht der Lärm allein ist es, der sie stört, auch daß das Hochhaus ihr die Sicht auf die weite Landschaft versperren wird, ist nicht der Hauptgrund ihres Ärgers. Heute ist Schabbes, da soll nicht gearbeitet werden. Aber diese Arbeiter sind keine Juden, sie sind billige Gastarbeiter aus Rumänien, von den Philippinen oder sonstwoher. Die Bauunternehmer haben sie der niedrigen Löhne wegen angeheuert, aber vor allem, weil diese Männer durchgehend arbeiten können, kein religiöses Gebot hindert sie. Hanni empfindet diese Art, den Schabbes zu ehren, als Heuchelei, und es wurmt sie, daß solche Gastarbeit in Israel üblich geworden ist. Sogar in den Kibbuzim läßt man Fremde, oft Araber, die ungeliebten Arbeiten machen.

Sie nimmt das Kinderbuch, und wir gehen ins Zimmer zurück, Hanni schließt die Balkontür und zieht die Vorhänge vor, vielleicht wegen der Sonne, vielleicht auch, um das da draußen nicht sehen zu müssen. Dann blättert sie in dem Buch, zeigt mir Namen, liest die spärlichen Angaben über die Herkunft der Kinder und weiß zu jedem eine Geschichte. Anfangs sind die Namen mit einem Federhalter in Schönschrift eingetragen, in späteren Jahren sind die Eintragungen oft flüchtig, wie in Eile vorgenommen worden. Und seit dem Ende der dreißiger Jahre sind nur noch die Namen in lateinischen Buchstaben geschrieben, die Anmerkungen sind schon hebräisch. Noch später, in den fünfziger Jahren, überwiegen orientalische Namen in hebräischen Buchstaben.

Zu der Zeit waren viele der Mitarbeiter aus der Zeit Beate Bergers nicht mehr in der AHAWAH.

Moses Calvary, der wunderbare, etwas schrullige Lehrer und Gelehrte, war schon 1944 gestorben. Seine Freundin und Widersacherin, die leidenschaftliche Manja, die sich immer aufgeführt hatte wie eine Schwester Rosa Luxemburgs und ständig mit Calvary im Streit lag, war nach seinem Tod so traurig, daß sie fortging. Franz Hainebach, der nun Perez Urieli hieß, war nach Deutschland zurückgekehrt. Dort arbeitete er als Erzieher für jüdische Kinder in einem sogenannten DP-Lager, einem Lager für Displaced Persons. So nannte man die entwurzelten Menschen, die aus Konzentrationslagern befreit worden waren und nicht in ihre alten Heimatorte zurückkehren konnten oder wollten. Die Engländer blockierten immer noch die Einwanderung nach Palästina, und so lebte Urieli mit einer Gruppe jüdischer Kinder, die er aus Deutschland herausgeholt hatte, noch lange in einem zypriotischen Lager, bis er sie 1949 endlich nach Israel bringen konnte, aber nicht in die AHAWAH, sondern in ein anderes Heim der Jugend-Alijah bei Tivon, das er für einige Jahre leitete. In Deutschland, in dem DP-Lager, hatte er seine zweite Frau kennengelernt, auch eine Manja, eine Cousine Toni Simons, die ihr sehr ähnlich sieht. Manja und Perez Urieli adoptierten elternlose Zwillinge. Mit vielen AHAWAH-Kindern, denen er in den zwanziger und dreißiger Jahren Erzieher war, verband ihn eine lebenslange Freundschaft, aber in die AHAWAH kehrte er zu Hannis Bedauern nicht zurück.

Auch Sinai Ucko hatte 1946 die AHAWAH verlassen. Die Wiener Kinder, die ihm besonders am Herzen gelegen hatten, waren herangewachsen und die meisten in Kibbuzim gegangen. Einige wollten gemeinsam mit italienischen Kameraden, die in der AHAWAH gewesen waren, einen Kibbuz gründen. Sie versuchten es auch, aber die Italiener waren orthodox, die Wiener aber liberal oder gar nicht religiös, und so ging es nicht gut. Der Kibbuz teilte sich, aber noch heute gibt es enge Verbindungen zwischen den beiden Kibbuzim mit ehemaligen AHAWAH-Kindern. Sinai Ucko wurde Leiter des Lehrerseminars in Givat Hashlosha, nach der Gründung der Universität Tel Aviv Direktor der Pädagogischen Fakultät. Von den »Alten« waren Hanni, Beruria Weinryb und Josef Jaschuwi in der AHAWAH geblieben. Schon während der Kriegsjahre waren junge rumänische Erzieher gekommen, ausgezeichnete Lehrer, die den Kindern nahe waren und die Begabung hatten, ihre Seele zu gewinnen. Aber sie lehnten die rote Fahne ab, die so viele Jahre lang am Ersten Mai in der AHAWAH wehte. Die rumänischen Erzieher wollten auch keinen Festumzug am Ersten Mai. Für sie war die rote Fahne ein ganz anderes Symbol, sie verbanden Tod und Terror mit diesem Zeichen, keine Hoffnung. Und das Wort Sozialismus hatte für sie, die in ihrer Heimat die sowjetische Besetzung erlebt hatten, einen ganz anderen Klang als für die alten Mitarbeiter Beate Bergers. Hanni und Ernst Ullmann hielten an ihren Überzeugungen fest, auch Jaschuwi und Beruria, aber die Zeit war nicht danach, große theoretische Diskussionen zu führen. In der Arbeit mit den Kindern trafen sich die Mitarbeiter der AHAWAH, so unterschiedlich ihre Herkunft war. Sie hatten geglaubt, mit dem Kriegsende wäre all das Schlimme vorbei.

UNSERE SEELE IST ENTRONNEN WIE EIN VOGEL DEM STRICKE DES VOGLERS.

Aber jetzt erst zeigte sich, welche unheilbaren Wunden das Vergangene in den Kinderseelen hinterlassen hatte. Jetzt erst kam die Gewißheit, daß die in Europa zurückgebliebenen Eltern, die Geschwister der geretteten Kinder ermordet worden waren.

Unter den Wiener Kindern gab es einen Jungen, der die Nachricht bekam, daß seine Eltern lebten. Sie waren nach Amerika emigriert. Sie schickten ihm ein Ticket, er solle zu ihnen kommen. Aber das wurde von vielen in Palästina wie Fahnenflucht angesehen. Der Junge geriet in einen Konflikt. Erez Israel hatte ihn aufgenommen, die AHAWAH ihm ein Zuhause gegeben. Sollte er seine Kameraden verlassen, weglaufen vor dem Aufbau des Landes, das auf ihn zählte? Denn so war er von der Jugend-Alijah erzogen worden. Hanni meinte, der Junge gehöre zu seinen Eltern. Sie und Ernst Ullmann, die freiwillig nach Palästina gegangen waren, haben nie geglaubt, daß alle Juden in Israel leben sollten. Andere dachten anders. Der Junge fuhr trotz der Vorwürfe seiner Freunde nach Jerusalem, um die Reise vorzubereiten. Dort bekam er eine Blinddarmentzündung, ging nicht zum Arzt, weil er den Flug nicht verpassen wollte, und starb innerhalb weniger Tage noch vor dem Abflug. Am Ölberg liegt er begraben.

Manchmal ging es auch nicht gut, wenn die aus den Lagern befreiten Eltern und ihre Kinder zusammenkamen. Manchmal waren ihre Seelen noch immer im Konzentrationslager gefangen. Innerlich und äußerlich waren sie so verändert, daß sie ihren Kindern fremd bleiben mußten und die sich zurücksehnten in die AHAWAH.

Hanni hat mir oft von diesen Jahren erzählt, heute noch liegt sie manchmal wach und denkt an das, was damals über sie alle hergegangen ist, und sie begreift es nicht, wie sie damals lachen konnten und spielen und singen und von den Kindern verlangen, sich dem Tag zuzuwenden, daß sie froh sein sollten, an einer so wunderbaren Sache wie dem Aufbau Israels teilnehmen zu können. Die Erzieher ließen sich und den Kindern keine Zeit, sich mit dem Unglück zu beschäftigen, die Trauer um die Toten lag über allem, aber ihr wurde kein Raum gegeben. Es ging damals in Israel nicht anders, meint Hanna Ullmann noch heute.

Sie blättert in dem Buch, murmelt Namen, zeigt mir Daten und seufzt. Die Erinnerung an das, was vor fünfzig Jahren war, bedrückt sie. Schließlich gibt sie mir das Buch in die Hand und steht auf. Sie will nach Fingerhütchen sehen, der alten Frau Fingerhut, die wie sie im Vera-Salomons-Center eine Wohnung hat und seit einiger Zeit nicht mehr aufsteht.

Sie bleibt einfach liegen, will nicht essen, wäscht und kämmt sich nicht, wenn keiner ihr dabei hilft. Hanni wird hingehen, an ihre Tür klopfen und rufen: »Fingerhütchen, was ist denn los? Es ist Mittag, und Sie liegen noch im Bett. Jetzt koche ich uns einen Tee, und Sie stehen auf, und wir reden ein bißchen.« Dann, wenn sie der alten Frau Fingerhut, die sieben Jahre älter ist als sie selbst, aus der Nacht heraus in einen neuen Tag geholfen hat, wird sie noch bei ihrer Freundin Schoschanna Barnatan vorbeigehen. Die wohnt eine Etage unter ihr und ist gerade ein bißchen krank. Schoschanna ist vierundneunzig Jahre alt, ich soll sie kennenlernen, sie kommt aus Polen, war Lehrerin in Janusz Korczaks Kinderheim, und noch immer ist sie eine geistig hochstehende Gesprächspartnerin, die fünf oder sechs Sprachen beherrscht, aber gestern fühlte sie sich nicht wohl, und Hanni wird nach ihr sehen. Behende eilt Hanni davon, ich spüre, sie will sich nicht länger mit diesem Kinderbuch befassen, sie will etwas tun, was jetzt und heute wichtig ist.

Ich bleibe zurück in ihrem Zimmer mit den hellen Birkenholzmöbeln der Beate Berger, und bevor ich das Kinderbuch aufschlage, gucke ich mir die Bücher und Fotos auf Hannis Regalen an. Dort stehen Goethe und Lessing, auch Freud und Jung und Else Lasker-Schüler und Fontane und Heinrich Böll, Maxie Wander und Heinz Knobloch und Bücher israelischer Schriftsteller, die ich nicht lesen kann. Ein Buch, das sie gerade liest, ist die Lebensgeschichte einer Palästinenserin. Sie heißt Sumaya Farhat-Aser, ihr Buch »Thymian und Steine« ist in einem Baseler Verlag erschienen, und Hanni hat es mir gestern gezeigt. Sie habe weinen müssen vor Scham, sagte sie mir, was Juden der Familie und dem Volk dieser Sumaya Farhat-Aser angetan hätten. Nicht um den Haß zu schüren, seien solche Bücher wichtig, sondern um mehr zu erfahren voneinander, um die Angst des anderen zu verstehen. Um sich der Wahrheit auszusetzen, auch der Wahrheit des anderen.

In den Regalen stehen Bilder von Hannis Großeltern Rothstein in Posen, von ihren Eltern Hermann und Paula Risch als junges Paar, eines von einem Familienurlaub der Rischs in Kolberg vor einem Strandkorb, Vater Hermann im gestreiften Badeanzug, die kleine dreijährige Hanni und ihr Bruder Theo, der nun auch schon lange gestorben ist. Und Hannis Kinder stehen dort, die längst erwachsene Tochter Raja und die Söhne Dan und Jonathan, nicht so, wie sie heute sind, sondern als süße, kleine großäugige Kinder. Und immer wieder Ernst Ullmann mit seinem ruhigen, gütigen Blick, eine leise Melancholie in den Augen.

Die AHAWAH-Kinder stehen nicht in Hannis Regalen. Die AHAWAH-Kinder stehen in diesem Kinderbuch, und ihre Briefe liegen in den Schubladen, und vorgestern am späten Abend, wir waren gerade angekommen, rief einer an und wollte Hanni sprechen. Hanni, die noch nicht ihre Tasche ausgepackt hatte, ging mit dem Telefon in eine Ecke, und sehr lange und eindringlich redete sie mit diesem Mann, der einmal eines ihrer Kinder gewesen war. Zu mir sagte sie nur kurz, er sei ein depressiver Mensch mit besonderen Problemen und er brauche sie manchmal.

Ich schlage das Kinderbuch auf der Seite vierundzwanzig auf, darin sind die Aufnahmen der Kinder aus dem Jahr 1945 verzeichnet. Es sind Kinder aus Amsterdam, Bukarest, Dinslaken, Leipzig, Königsberg, Mannheim, Duisburg, Petrikau in Polen, Bar in der Ukraine, Lissabon, Antwerpen und Breslau. Ein Junge, Julius Falkenstein, kam aus Berlin, aus der Saarbrücker Straße 18. War er dort versteckt? War er in einem Lager? Wie kam er einige Monate nach Kriegsende nach Palästina? Hanni wüßte es, aber ich kann sie jetzt nicht fragen. Ich blättere weiter und finde ihre Tochter Raja. Als Raja sechs Jahre alt war und zur Schule kommen sollte, wollten Hanni und Ernst Ullmann sie in die AHAWAH-Kindergruppen geben, wie ihren Sohn Dan. Aber Raja wollte das nicht. Sie wollte kein Heimkind sein. Zwar lag die Wohnung der Ullmanns direkt auf dem Heimgelände, und Rajas Freundinnen waren die gleichaltrigen Mädchen aus der AHAWAH, noch heute ist sie mit einigen eng verbunden. Aber sie wollte ein Kind mit Vater und Mutter in einer eigenen Wohnung sein und nicht ein Kind der AHAWAH mit der Nummer siebenhundertundzwölf. Ihre Eltern mußten sie wieder austragen lassen.

Nur die Kinder sind in diesem Buch verzeichnet, nicht die Erwachsenen. Nicht die holländische Erzieherin, die 1945 aus einem Konzentrationslager kam, eine kluge, kultivierte Frau.

Hanni war entsetzt, als sie sah, daß diese Frau an keinem Marmeladenglas vorübergehen konnte, ohne mit den Fingern hineinzufahren und sie hastig abzulecken, daß sie von fremden Tellern Brot nahm und gierig ihre Zähne hineinschlug. Die Frau konnte nicht anders. Hanni vermochte sich nicht vorzustellen, daß sie sich je so verhalten würde, und da wußte sie, daß sie sich nicht vorstellen konnte, was dieser Frau widerfahren war.

Nicht nur die innere Not der Menschen prägte die Zeit nach dem Krieg, sondern auch die äußere. Der AHAWAH fehlte es an Geld. Beate Bergers Reserven waren aufgebraucht, weil immer viel mehr Kinder im Heim waren als vorgesehen. Von der Jugend-Alijah konnte keine Unterstützung mehr kommen. Die Sozialbehörden der Stadt Haifa schickten auch Kinder, aber für einige konnten sie nicht aufkommen. An allem mußte gespart werden. Die schönen Möbel waren zerschlissen, die Tische kaputt, an ihnen hatten dreimal so viele Kinder gesessen wie geplant war. Auch die immer überfüllten Schlafhäuser waren schon wieder reparaturbedürftig. Oft konnte die AHAWAH in diesen Nachkriegsjahren nicht einmal Gehälter an ihre Mitarbeiter zahlen. Hannis Mann verdiente regelmäßig Geld, und sie hungerten nicht, aber keiner wußte, wie es weitergehen sollte. Für Ernst Ullmann war es selbstverständlich, daß seine Frau in der AHAWAH blieb, gerade in dieser Zeit. Er selbst fühlte sich dem Heim so verbunden, als sei er selbst ein Mitarbeiter, und das war er auch.

Als im November 1947 die Teilung Palästinas in einen jüdischen und einen arabischen Staat beschlossen wurde, hörten Hanni und Ernst Ullmann das mit gemischten Gefühlen. Daß die Engländer abziehen würden, war ihnen recht. Aber ihnen war der immer lauter werdende Nationalismus auf beiden Seiten fremd. Hanni und Ernst waren ja Mitglieder von Brith Schalom und dachten wie der Gründer Arthur Ruppin, der schon 1921 notiert hatte: »Ein jüdischer Staat von einer Million oder sogar einigen Millionen (in fünfzig Jahren) wird nichts anderes sein als ein neues Montenegro oder ein neues Litauen. Es gibt schon genug Staaten auf der Welt.« Und 1929, in dem Jahr, in dem die Ullmanns nach Palästina kamen, hatte Arthur Ruppin auf dem Zionistenkongress in Zürich gesagt, daß es ein Irrtum sei, anzunehmen, daß in einem Staat nur eine Nationalität herrschen kann. »Wir wollen den Chauvinismus, den wir bei anderen Völkern hassen, auch bei uns selbst bekämpfen.«

Als dann aber die Juden in Europa erschlagen und vergast wurden, als die, die sich retten konnten, zu Tausenden heimlich an den Küsten Palästinas an Land gehen mußten, wuchs der Wunsch nach einem unabhängigen Judenstaat, und auch die Ullmanns setzten ihre Hoffnung auf Israel. David Ben Gurion, der unter dem riesigen Bildnis Theodor Herzls am vierzehnten Mai 1948 den Staat Israel ausrief, war auch ein Führer der Haganah. Hanni stand wie alle anderen Mitarbeiter und Kinder der AHAWAH vor den Lautsprechern, als die Gründungszeremonie aus dem Museum von Tel Aviv am Rothschild-Boulevard übertragen wurde. Sie sah die Kinder, dachte an ihre Schicksale, und es erfüllte sie mit tiefer Genugtuung, daß es für diese Kinder einen Ort in der Welt geben würde, von dem sie keiner mehr vertreiben könnte. Aber sie ahnte auch, daß das Ungelöste, vielleicht Unlösbare schwer wog und über diesem Anfang lastete. Sie konnte es nicht wissen, auf David Ben Gurion schrieb an diesem Tag in sein Tagebuch, er habe sich als ein »Trauernder unter Frohlockenden« gefühlt. So ging es Hanni.

Einen Tag später griffen fünf arabische Staaten Israel von allen Seiten an. Wieder fielen Bomben, ägyptische diesmal. Die Araber hatten zum »Heiligen Krieg« gerufen. Sofort meldeten sich Freiwillige, um für ihren jungen jüdischen Staat zu kämpfen. Auch aus der AHAWAH wurden Lehrer und Erzieher Soldaten.

Als erster fiel Zwi Sawiri, der Leiter der Landwirtschaftsabteilung in der AHAWAH. Er war ein polnischer Jude, eingewandert nach Palästina, um dem Tod zu entgehen. Zwi Sawiri war jung verheiratet, hatte ein Kind von drei Monaten. Er wurde nicht einberufen, er meldete sich freiwillig und fiel in den ersten Kriegstagen. Tagelang wagte niemand, seiner Frau die Nachricht zu überbringen.

Der kleine Perlmutter fiel. Er steht im Kinderbuch unter den Wiener Kindern, sie nannten ihn Sohni, obwohl sein Name Kurt war. Er war alles andere als ein Soldat, eigentlich hatte er Angst vor Gewehren. Hanni weiß noch, daß der kleine Perlmutter derjenige unter den Wiener Kindern war, der auf seiner Jause bestand und auf dem Gabelfrühstück. Er war ein kleiner, gedrungener Junge, ein guter Schüler. Mit seinen Freunden war er gerade in einen Kibbuz gegangen und meldete sich noch im Mai 1948 freiwillig zur Miliz. Auf der Straße wurde er von Arabern erschossen.

Ephra, auch er gehörte zur Wiener Gruppe, stürzte im Befreiungskrieg mit dem Flugzeug ab. Seine kleine Schwester Ruti war aus Mauritius in die AHAWAH gekommen. Sechs Jahre hatte sie dort in einem Lager gelebt, der Vater war in einem anderen Lager. Eine Stunde am Tag durften sie sich sehen. Zusammen kamen sie dann nach Palästina zum Sohn und Bruder Ephra. Der war nun tot, kaum mehr als zwanzig Jahre alt.

Und Hans Beit, der Mitarbeiter von Henrietta Szold und Vorstandsmitglied der AHAWAH, der schon in Berlin ein Freund von Ernst Ullmann und Josef Jaschuwi gewesen war, starb zwei Tage nach der Staatsgründung in einem Autobus auf dem Weg nach Jerusalem, der von Arabern beschossen wurde. Er hinterließ eine Witwe mit vier Kindern. Einen seiner Söhne nahm die AHAWAH auf.

ES GINGEN WASSER WILD ÜBER UNSERE SEELE.

Hanni kommt zurück, sie hat mit Frau Fingerhut gefrühstückt und Schoschanna, die ehemalige Mitarbeiterin Korczaks, besucht, und nachher, schlägt sie vor, gehen wir beide zu Siddy Beer, die wohnt auch hier im Haus, sie war schon in Posen eine Mitschülerin Hannis und möchte uns zum Tee einladen. Und Frau Sternberg-Rosenblüth wollte uns auch in ihre Wohnung einladen.

Und natürlich Schoschanna Werna, die erste Generalin der israelischen Armee, die möchte Hanni mir auch vorstellen. Dieses Vera-Salomons-Center, das habe ich schon gemerkt, ist ein Haus voller ungewöhnlicher alter Frauen. Gestern abend hatten wir uns in einem kleinen Saal zur Sabbatfeier getroffen, und ich war beeindruckt von diesen schönen, starken Frauen, die in Kleidern erschienen waren wie auf einem Fest der zwanziger Jahre in Berlin, Mannheim oder München, ich hatte mir ihre Familiengeschichten angehört, die sie auf meine Bitte hin erzählten, und erfahren, daß sie hier im Land als Leiterin einer Geflügelfarm gearbeitet hatten, als Krankenschwester oder Lehrerin, als Architektin oder Kibbuzarbeiterin. Sie haben dieses Land mit aufgebaut, in dem ihre Kinder und Enkel aufwuchsen. Mehrere der alten Damen hatten mich aufgefordert, mir von ihren Büchern, die sie in den zwanziger und frühen dreißiger Jahren nach Palästina gebracht haben, einige auszusuchen, denn sie haben alle die gleichen Bücher mitgebracht, und ihre Enkel verstehen kein Deutsch mehr.

Hanni war jahrelang Hausmutter hier im Vera-Salomons-Center, neben ihrer Arbeit in NEVE HANNA. Sie verhält sich, als sei sie viel jünger als all diese Frauen, dabei ist sie älter als manche von ihnen.

Ja, ich möchte später gern zu Siddy Beer gehen, sage ich zu Hanni, aber ich bin noch im Jahr 1948 und frage sie, ob die Verzweiflung über all die Toten ihr nicht manchmal die Kraft nahm, die man zum Leben braucht.

Hanni blickt auf das Kinderbuch und weiß, was ich meine. Natürlich weiß sie es. Aber 1948 wurde ihr Sohn Jonathan geboren. Ein spätes Kind, Hanni war vierzig Jahre alt. Ein Kind, das, so hatten Ernst und Hanni Ullmann geglaubt, im Frieden aufwachsen würde. Für dieses Kind, glaubte Hanni, würde sie mehr Zeit haben als für die beiden anderen, denn das Schlimmste war ja vorbei. DER STRICK IST ZERRISSEN, UND WIR SIND LOS. Nun aber war Krieg. Wieder war der Tod jederzeit anwesend. Aber ein Kind bedeutet Leben, Zukunft, Hoffnung.

Und Hoffnung brauchten sie. Auch als der Unabhängigkeitskrieg im Frühjahr 1949 durch einen Waffenstillstand beendet wurde, war kein Frieden.

Hanni blättert im Kinderbuch, zeigt mir die orientalischen Namen. Sofort nach der Proklamation des Staates Israel verstärkte sich die Einwanderung. In einem der ersten provisorischen Gesetze war die Begrenzung der Einwandererzahlen aufgehoben worden, und Israel stand jedem Juden offen. Jetzt kamen nicht nur die europäischen Juden, die der Gaskammer entronnen waren, es kamen Hunderttausende Juden aus den Staaten Nordafrikas und des Mittleren Ostens. Sie wollten und konnten nicht länger in der moslemischen Welt leben, in der sie nach der Gründung Israels verstärkt Verfolgung ausgesetzt waren. Aus Libyen, Irak, Marokko, aus dem Jemen kamen ganze Gemeinden. Eine halbe Million jemenitischer Juden wurde 1949 und 1950 in der »Operation Fliegender Teppich« nach Israel eingeflogen. Diese Menschen waren weit entfernt von der Idee des Sozialismus, von der die ersten zionistischen Einwanderer geprägt waren.

Viele von ihnen wurden in provisorische Barackenlager gebracht, Großfamilien wurden auseinandergerissen. Israel war nicht vorbereitet auf diese Einwanderung. So wie die deutschen Einwanderer von anderen als »Jeckes« bespöttelt wurden, wurden die orientalischen Juden oft als primitiv abgetan. Viele der neuen Einwanderer fühlten sich entwurzelt, Familien zerbrachen. Die Kinder, die nun von den Sozialbehörden Haifas in die AHAWAH eingewiesen wurden, waren oft analphabetische Kinder, die sich anders verhielten, als die Erzieher es von den Kindern europäischer Herkunft kannten. Auch zwischen den Wiener Kindern und den Berlinern, den italienischen und den bulgarischen, den polnischen und rumänischen hatte es kulturelle Unterschiede gegeben, aber die orientalischen Kinder erschienen den Erziehern zunächst ganz fremd, und sie wußten, daß sie ihnen ebenso fremd waren. Hanni erinnerte sich an den Rabbiner Carlebach in der Passauer Straße, durch den sie als Zehnjährige zum erstenmal marokkanische Juden in ihren bunten Gewändern gesehen hatte, und an ihr Erschrecken damals und an die Erkenntnis, daß sie viel zu wenig wußte. Nun, Jahrzehnte später, wußte sie immer noch zu wenig über die andere Kultur. In der AHAWAH war eine kleine Gruppe jemenitischer Kinder, die keine Eltern mehr hatten. Zu Rosch ha Schana, dem Neujahrsfest, luden die Erzieher und Angestellten die Kinder in ihre Wohnungen ein, damit sie eine familiäre Feier kennenlernten. Hanni holte die sieben oder acht jemenitischen Kinder zu sich. Sie aßen gemeinsam mit Hannis Kindern und ihrem Mann, dann zeigte Hanni ihnen Kunstbücher über europäische Galerien. Die Uffizien, der Louvre, der Prado. Die Kinder schauten mit großen Augen und schwiegen. Hanni hatte das Gefühl, daß sie tief beeindruckt waren. Kein Kind hatte ein Wort gesagt, als sie nach zwei Stunden aufmerksamer Stille gingen. Bald darauf kam der Erzieher dieser Kinder, ein bucharischer Jude, der ihre Mentalität verstand, und berichtete, die Kinder wären aufgeregt und empört. Sie hätten sich nicht vorgestellt, daß Hanni ihnen solche Schweinereien zeigen würde, lauter nackte Menschen.

Übrigens ist gerade aus diesem Kreis der jemenitischen Kinder einer ein bekannter israelischer Künstler geworden. Vielleicht, wer weiß, hat die Erschütterung bei der ersten Begegnung mit Hannis Kunstbüchern dazu beigetragen.

Und noch immer kamen Kinder in die AHAWAH, die den Holocaust überlebt hatten. Dieses Wort verwendete damals niemand, es wurde überhaupt nicht viel über das, was geschehen war, gesprochen. Es kam vor, daß ehemalige Auschwitz-Häftlinge, deren eintätowierte Nummer man sehen konnte, von anderen Juden in Israel peinlich berührt aufgefordert wurden, diese Nummer endlich löschen zu lassen. Oder wollten sie als Mahnmal für die Schande herumlaufen, sich nicht gewehrt zu haben? Viele Opfer dessen, was man später Holocaust oder Shoah nannte, ohne daß es wirklich ein Wort für das Geschehene gibt, fühlten sich eingesperrt in ihre Erinnerungen und allein in ihrer Not. Die jungen Soldaten aus dem Unabhängigkeitskrieg galten als die Helden Israels, die Toten dieses Krieges als die Opfer, die eher zu rächen als zu betrauern waren. Die anderen Opfer, die der Endlösung entgangenen europäischen Juden, paßten mit ihrer unverstehbaren Geschichte nicht ins Selbstbild des stolzen aufstrebenden Judenstaates.

Hanni Ullmann fragt sich noch heute, wie sie erwarten konnten, daß die aus den Lagern entkommenen Kinder sich verhielten, als sei das Schlimme überwunden. Das Vergangene sollte kein Thema mehr sein. Dieses Schweigen war wie ein Selbstschutz derer, die nicht fragten, weil sie spürten, daß das, was geschehen war, ihre seelische Kraft überstieg. Die tägliche Aufgabe war, etwas aufzubauen. Das Vergangene sollte vorbei sein. Aber es war da.

Jaschuwi und sie sahen, daß mehrere Kinder einen Psychotherapeuten brauchten. Auch sie selbst und die anderen Erzieher fühlten sich oft überfordert ohne eine kundige Begleitung. Obwohl die AHAWAH bitterarm war, sorgte Jaschuwi dafür, daß ein Psychoanalytiker, der Ungar Professor Gyora, die Erzieher beriet und auch mit einzelnen Kindern arbeitete. Hanni machte über Jahre eine Psychoanalyse. Auch später, als sie selbst Leiterin der AHAWAH war, fuhr sie einmal in der Woche in Gyoras Wohnung und beriet sich mit ihm. Heute würde man das Supervision nennen. Damals war das in einem Kinderheim nicht üblich und erschien vielen überflüssig. Einige Jahre lang war der Leiter der Erziehungsabteilung in Haifa, der die AHAWAH nun unterstand, ein aufgeschlossener Mann, ein Jecke. Er verstand das pädagogische Konzept Jaschuwis und unterstützte es. Aber er ging eines Tages weg, und andere Mitarbeiter der Behörde hatten nie etwas von Sigmund Freud gehört, von Alice Salomon oder Nelly Wolffheim, sie wußten nichts über Siegfried Bernfelds Kinderheim »Baumgarten« in Wien, nichts über die AHAWAH in Berlin, nichts über Anna Freuds Institut in London. Sie wollten keine psychologische Betreuung der Kinder finanzieren, die ihnen überflüssig erschien. Es war ein Kampf, oft gegen die Behörde.

Josef Jaschuwi stellte auch zum Unverständnis vieler Mitarbeiter der zuständigen Behörde eine Sozialarbeiterin für die AHAWAH ein, die die Verbindung zu den gestörten Familien der Kinder knüpfen und ihnen helfen sollte, einander nicht zu verlieren. In den Jahren davor gab es ja keine Elternhäuser für die AHAWAH-Kinder. Aber diese hier hatten Eltern, und Jaschuwi und Hanni glaubten durch ihre lange Erfahrung, daß die Kinder ein Recht auf diese Eltern hatten, wie immer sie sein mögen. Die Sozialarbeiterin war Liba Baumer, das Liebchen genannt, die mit der Oberin Berger

1934 nach Palästina gekommen war. Hanni zeigt mir auf der ersten Seite im Kinderbuch ihren Namen. Liba, die als Dreijährige 1923 in die AHAWAH kam, war eines der armen Kinder aus dem Scheunenviertel gewesen. Ihr Bruder Leo gehörte nicht zu denen, die die Oberin mit nach Palästina brachte. Er war mit der vorletzten Leiterin der Berliner AHAWAH, Betty Rothschild, nach England entkommen und überlebte dort in einem Lager als »feindlicher Ausländer«. Hanni steht noch heute mit Leo in Verbindung. Liba ist vor einigen Jahren schon gestorben. Aber in den fünfziger Jahren war sie die erste Sozialarbeiterin in einem israelischen Kinderheim. Wie fast alle ihrer Gefährten hatte sie ein starkes Bedürfnis, etwas für die Gemeinschaft zu tun.

Sie war nicht die einzige, die sich einen pädagogischen oder fürsorgerischen Beruf suchte. Wer einige Jahre in der AHAWAH erzogen war, hatte meist für sein ganzes Leben ein Gefühl für Gerechtigkeit und soziale Verantwortung. Hanni und Ernst Ullmann waren froh, als sie sahen, daß auch ihr Sohn Dan so war. Er hatte in der AHAWAH all die schweren Jahre mit den Kindern erlebt. Er hatte ihr Leben mitgelebt, und noch heute findet er, daß es eine gute Kindheit war. Nachdem er seinen Militärdienst in der israelischen Armee geleistet hatte, ging er in einen Kibbuz, in dem er noch heute lebt. Er hat das getan, wovon sein Vater ein Leben lang träumte.

Seine Kinder haben andere Träume, aber als Hanni von diesen Kindern, ihren Enkeln, zu erzählen beginnt, weiß ich, daß wir jetzt nicht so bald in die fünfziger Jahre zurückkommen, und schlage vor, daß wir unsere Besuche machen.

Als wir einige Stunden später Hannis Wohnung betreten, trage ich einen Stapel Bücher, und mir ist, als wären diese Begegnungen mit Hannis Mitbewohnerinnen ein Ausflug in eine andere, beinahe vergangene Welt gewesen. In meinem Kopf schwirren Namen, Daten, Straßennamen. Messingwerk bei Eberswalde, Eisenstadt, Klopstockstraße in Berlin, Krochmalna in Warschau. Ich habe an Siddy Beers Wand das alte Ölporträt eines der Vorfahren ihres Mannes gesehen, der Berater von Napoleon gewesen war, und in einer anderen Wohnung sah ich eine Zeichnung von Barlach, in einer anderen ein Bild vom Kurfürstendamm, wie er vor achtzig Jahren aussah. Ich sah Fotos dieser Frauen als kleine Mädchen in Matrosenkleidchen, auf Wanderungen im Zionistischen Jugendbund, ich sah sie nach ihrer Ankunft in Palästina, junge, strahlende Frauen voller Anmut, einige in Uniformen der Miliz, ich sah ihre Kinder und Ehemänner, hörte vom frühen Tod eines Kindes, das durch verseuchtes Trinkwasser im Kibbuz an Typhus starb, von Tod eines Ehemannes durch arabische Heckenschützen, durch italienische Bomben, vom Tod eines Sohnes im Befreiungskrieg, vom Tod einer Mutter, eines Vaters, der Tanten und Onkel, des Bruders, der Schwester in deutschen Gaskammern. Und ich hörte Geschichten vom Leben, von Enkeln und Urenkeln, von Reisen in ferne Länder, nur nicht nach Deutschland.

Frau Elsa Sternberg-Rosenblüth, eine Cousine von Moses Calvary, gab mir die Abschrift der Lebenserinnerungen ihrer Mutter an die Siedlung Messingwerk bei Eberswalde, damit ich sie dort der Jüdischen Gemeinde übergebe. Messingwerk heißt heute Finow, es gehört zu Eberswalde, dort gibt es keine Juden mehr. Von den fünfzigtausend Einwohnern ist ein Drittel arbeitslos. Weniger als ein Prozent von ihnen sind Ausländer. Einer, ein Angolaner, der als billige Arbeitskraft in die Würstchenfabrik gekommen war, wurde am sechsten Dezember 1990 von Eberswalder Jugendlichen auf der Straße zu Tode getreten, dabei riefen sie: »Deutschland den Deutschen.« Nach dem Tod des Angolaners Amadeo Antonio brachte ein Eberswalder Mädchen seinen Sohn zur Welt, der ist heute acht und bewegt sich in seiner dunklen Haut, an seinem Heimatort, der einmal der Heimatort Elsa Sternberg-Rosenblüths und Moses Calvarys war, wie ein scheues Tier auf der Hut vor den Jägern. Im Dezember 1997 gründete sich dort der »Kameradschaftsbund Barnim«. Auf den Flugblättern, die er auch in der ehemaligen Siedlung Messingwerk verbreitet, steht: »Wehrt euch gegen die Überfremdung unserer Heimat.« Hakenkreuze und SS-Runen an den Häuserwänden fallen in Eberswalde und Umgebung nicht mehr auf.

Frau Elsa Sternberg-Rosenblüth, die 1933 nach Palästina ging, gab mir trotzdem die Erinnerungen ihrer Mutter, und ich versprach, sie einem Archiv zu überlassen. Sie erzählte mir vom Jüdischen Volksheim in der Berliner Dragonerstraße, wo sie zusammen mit Gertrude Welkonez und Franz Kafkas Freundin Felice Bauer einen Kindergarten für die Kinder des Scheunenviertels eingerichtet hatte, und ich bewunderte die Achtundneunzigjährige mit den schönen Ohrringen, die groß und schlank und auf eine Weise aufrecht vor mir saß, wie ich sie in Deutschland selten an alten Frauen sehe und noch seltener an Greisinnen in einem Altenheim.

Die Wohnungen in diesem Altenheim, das Vera Salomons gestiftet hat, eine englische Jüdin, der Israel viele kulturelle und soziale Einrichtungen verdankt, sind alle gleich geschnitten.

Sie sind auch auf eine ähnliche Weise eingerichtet. Der Geschmack dieser Frauen, die in überladenen Gründerzeit- und Jugendstilwohnungen aufgewachsen sind, wurde vom Weimarer Bauhaus geprägt, und das Leben, das sie in Palästina und Israel geführt hatten, bot keinen Raum für Überflüssiges. Das Licht dieses Landes scheint sich in den Gesichtern der Frauen zu spiegeln, in ihren schlichten Möbeln, in den Farben, aber auch in den Gesprächen. Mir fiel auf, daß ich von alten Frauen zu Hause erwarte, daß sie über ihre Krankheiten und Beschwernisse reden. Nicht Hannis Mitbewohnerinnen. Diese Frauen, die wie Hanni noch Gepäck mit nach Palästina bringen konnten, haben tatsächlich alle dieselben Bücher in ihren Schränken. Ich bekam eine Erst-

Paula und Hermann Risch, Hanna Ullmanns Eltern, um 1907 in Posen.
Hanna und Ernst Ullmann, kurz vor ihrer Hochzeit 1929.

Die Oberin Beate Berger, 1935 in Berlin. Im Rocksaum ihrer Schwesterntracht brachte sie Geld für die AHAWAH aus Deutschland heraus.
*Rechte Seite:* Beim Pflanzen in Kiryat Bialik, um 1935.

Modell der AHAWAH in Kiryat Bialik (von den Kindern gebaut).
Wäscheplatz der AHAWAH, darunter die Umzugskisten.

AHAWAH-Kinder in Kiryat Bialik bei der Ernte.

Noch bis zum Ende der vierziger Jahre wurden Zelte aufgestellt, weil die Wohnhäuser überfüllt waren.
Josef Jaschuwi mit Berliner und Wiener Jungen um 1945.
*Rechte Seite:* Erzieher der AHAWAH um 1940 (zweiter v. links Moses Calvary, rechts Manja).
Kinder der AHAWAH in Kiryat Bialik.

Familie Ullmann, nach 1950. – Familie Ullmann, um 1958.
*Rechte Seite:* Hanna Ullmann als Brautführerin mit einem elternlosen ehemaligen AHAWAH-Kind, um 1962.

Der Anfang von NEVE HANNA.

Gebäude von NEVE HANNA heute.

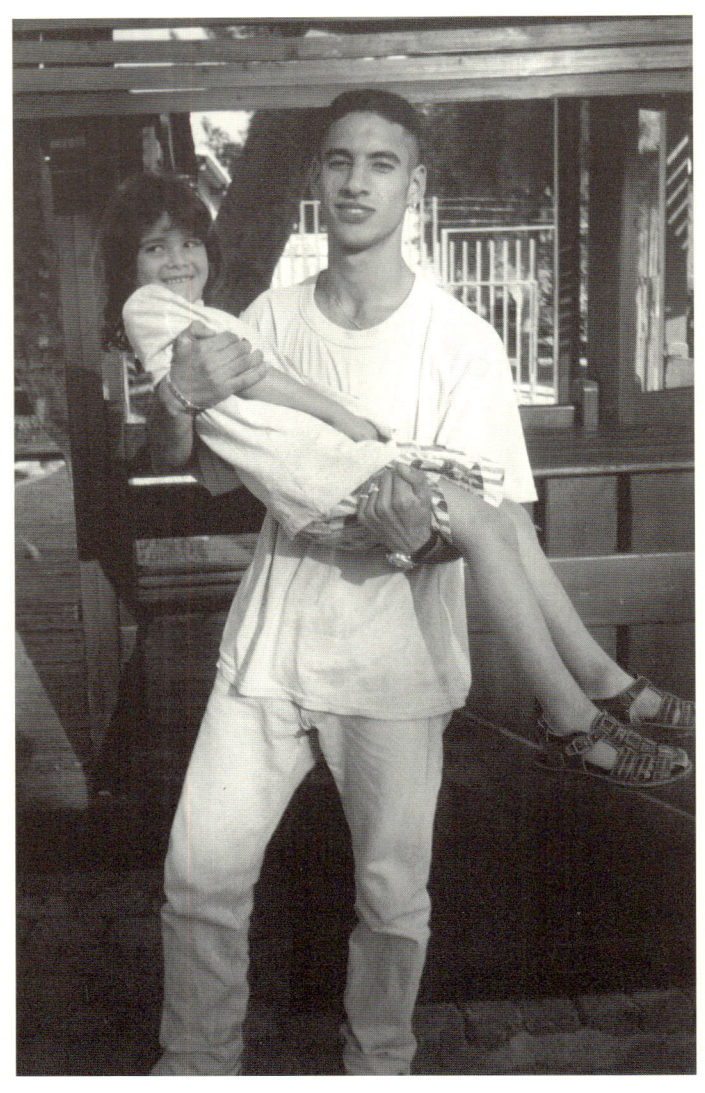

In NEVE HANNA (Fotos: Ruth Weger).

Arabische und jüdische Kinder in NEVE HANNA bei einer Aufführung (Foto: Ruth Weger).

Arabische Freunde aus Rahat gratulieren Hanna Ullmann zum 90. Geburtstag.

Hanna Ullmann.

(Sämtliche Fotos stammen aus dem Privatarchiv von Hanna Ullmann sowie aus dem Archiv des Kinderheims NEVE HANNA.)

ausgabe von Morgenstern-Gedichten geschenkt, Brechts Hauspostille, ein Buch mit Märchen von Oscar Wilde und Zeichnungen von Heinrich Vogeler. Siddy Beer gab mir das Buch ihres Verwandten Sammy Gronemann »Hawdoloh und Zapfenstreich«, das dieser nach dem Ersten Weltkrieg über seine Begegnungen mit Ostjuden geschrieben hat. Es ist ein zerlesenes Buch, Siddy Beer hat jahrzehntelang damit gelebt. Nun möchte sie es weitergeben, und es soll wieder zurückkommen nach Berlin, wo das Buch 1924 im Jüdischen Verlag erschienen ist.

Die Männer dieser Frauen, die alle um die neunzig sind, waren einige Jahre älter und sind schon gestorben. Seit 1976 gibt es dieses Altenheim in Kfar Saba, Hanni wurde damals von der Leiterin, Thea Nathan, gebeten, hier zu wohnen und teilweise als Hausmutter zu arbeiten. Auch Hannis Mann lebte bis zu seinem Tod im Vera-Salomons-Center und, in einer eigenen Wohnung, Beruria Weinryb. Hanni hilft bis heute zweimal im Monat bei der Vorbereitung des Schabbes, kümmert sich an bestimmten Tagen um die verschiedenen Anliegen der Bewohnerinnen und Bewohner und hat trotzdem Zeit, in ihr Heim NEVE HANNA zu fahren. Hier im Vera-Salomons-Center traf sie Frauen wieder, die schon in der Jugend ihren Weg kreuzten: Siddy Beer aus Posen, Hanna Marcus, die 1929 Hannis Gruppe in der Berliner AHAWAH übernahm, die Schwester ihrer Kollegin Hansel Kern, die so früh in Kiryat Bialik starb. Hier traf Hanni auch Frauen wie Schoschanna Barnatan, die als polnische Jüdin aus einem ganz anderen Kulturkreis kommt, und sie erlebte, daß man noch im Alter beglückende Freundschaften schließen kann.

Hanni freut sich, daß mich ihr Vera-Salomons-Center beeindruckt. Ich sage ihr, wie dankbar ich für die Begegnung mit ihren Mitbewohnerinnen bin, die ein Stück, ein vielleicht verlorenes Stück der Geschichte in sich tragen, die ich in Berlin kaum noch spüren kann. Ich bin auch froh über diese Begegnung, weil ich nun wieder ein bißchen mehr über Hanni weiß, ich begreife, daß das Leben in diesem Vera-Salomons-Center ein wichtiger Teil ihres Daseins geworden ist. Obwohl ihre Gedanken und ein großer Teil ihrer Zeit den Kindern von NEVE HANNA gehören, wohnt sie nicht dort, hat sie hier ihren Platz zwischen den Frauen ihrer Generation.

Am späten Abend, die Bauarbeiter gegenüber haben ihre Arbeit für ein paar Stunden eingestellt, sitzen wir wieder auf Hannis Balkon und spüren den leichten Wind, der die Hitze des Tages von der Haut nimmt. Das Kinderbuch hat sie noch einmal lange durchgeblättert und dann, vorsichtig wie eine Kostbarkeit, in den Schrank zurückgeschlossen.

Später erzählt sie weiter von den fünfziger Jahren in Kiryat Bialik. Von der Armut des Heims, die Kinder besaßen oft nur die Kleidung, die sie am Leib trugen. Sie hungerten nicht, aber das Essen war karg. Aber diese Jahre waren in ganz Israel Jahre des äußeren Mangels. Und immer die Unruhen, trotz des Waffenstillstands.

Die Lage der AHAWAH war eine ganz andere als in den Jahren der Oberin Berger. Die Damen und Herren des Kuratoriums, die noch aus Berlin kamen und das alttestamentarische Gebot der Zedakah mit der Kultur des europäischen Bildungsbürgertums verbunden hatten, gab es nicht mehr. Die Jugend-Alijah zog sich allmählich zurück, statt dessen waren Vertreter der Erziehungsbehörde von Haifa im Beirat. Noch immer hatte das Heim den Ruf, ein kulturelles Zentrum zu sein. Dabei hatte sich im Vergleich zu früheren Jahren viel verändert. Die etwa hundertzwanzig Kinder, die nun in der AHAWAH lebten, waren zum großen Teil verhaltensgestört. Vielen fehlte es an elementarer Schulbildung. In der AHAWAH war es üblich gewesen, daß die Kinder an den Hohen Feiertagen die Gottesdienste selbst gestalteten. Das war mit diesen Kindern und ohne solche Lehrer wie Calvary oder Perez Urieli schwer möglich. Junge konservative – nicht orthodoxe – Rabbiner leiteten den Gottesdienst in der AHAWAH, zu dem nach wie vor auch Bewohner von Kiryat Bialik kamen. Der Kinderrat, den Perez Urieli, als er noch Franz Hainebach hieß, in der AHAWAH eingeführt hatte, verlor an Bedeutung. Die Reste von Calvarys wunderbarer Bibliothek waren eines Tages zusammen mit dem ganzen Gebäude abgebrannt. Ohnehin konnten viele der neuen Erzieher, unter denen nun auch Jemeniten und Marokkaner waren, mit der vor allem europäischen Literatur wenig anfangen. Trotzdem war die AHAWAH für israelische Verhältnisse noch immer ein besonderes Kinderheim, und es kamen viele Besucher.

Unter denen war eines Tages ein Deutscher, ein Pfarrer und Theologieprofessor aus Münster, Karl Heinrich Rengstorf. Er war einer der ersten Deutschen, die auf Einladung Israels ins Land kamen. Das lag an seiner Haltung in der Nazizeit, er hatte Juden geholfen und aus seinem Abscheu gegen das System keinen Hehl gemacht. Professor Rengstorf war einer der ersten deutschen Theologen der Nachkriegszeit, der nach der christlichen Verantwortung für den Mord an den Juden fragte.

Nach Kiryat Bialik kam er, um mit Jeckes, mit ehemals deutschen Juden, zu sprechen. Die Gebäude der AHAWAH, die sich gleich neben der Synagoge befanden, erregten seine Aufmerksamkeit und er bat, die AHAWAH besichtigen zu dürfen. So lernte er Jaschuwi und Hanna Ullmann kennen, und so begann eine lebenslange Freundschaft.

Rengstorf sah die heruntergekommenen Häuser, er sah die Armut, aber er sah auch den Idealismus der Erzieher und dachte, daß dieses Heim, das seine Wurzeln in Deutschland hatte, auch von Deutschen unterstützt werden sollte. Er war der erste Vorsitzende eines Hilfsvereins, der noch heute besteht und das von Hanna Ullmann gegründete Heim NEVE HANNA unterstützt. Vor allem christliche Deutsche, die aus dem Umkreis der Bekennenden Kirche kamen, waren die ersten Mitglieder des Vereins AHAWAH Kinderhilfe.

Nach Professor Rengstorf war die Pastorin Marianne Timm Vorsitzende des Vereins, später dann der Pastor Hermann Keller aus Hamburg. Der Verein Kinderhilfe sammelte Geld, und bald kümmerte er sich auch darum, daß regelmäßig freiwillige Helfer aus Deutschland nach Kiryat Bialik in die AHAWAH kamen, meist junge Menschen, die etwas tun wollten, als Zeichen der Sühne für das, was ihre Väter und Mütter zu verantworten hatten.

Langsam wurde das Leben in der AHAWAH, auch durch diese Hilfe, leichter. Aber noch immer belasteten die endlosen Auseinandersetzungen um die Art der Erziehung das Verhältnis zu den Behörden. Es gab in Israel keine ausgebildeten Heilpädagogen. 1953 bot sich die Möglichkeit, zwei israelische Erzieher in die Schweiz zu Professor Paul Moor zu schicken, der in Zürich ein Institut für Heilpädagogik leitete. Hanna Ullmann und ein junger Kollege, Joram Hirsch, wurden vom Erziehungsministerium ausgesucht, ein Jahr lang dort zu studieren.

Hanni war fünfundvierzig Jahre alt, sie hatte große Erfahrungen als Erzieherin jüdischer Kinder, aber seit ihrer Ausbildung im Pestalozzi-Fröbel-Haus kaum noch Gelegenheit gehabt, sich in die theoretischen Grundlagen ihrer Arbeit zu vertiefen. Ihr jüngster Sohn war erst fünf Jahre alt. Aber Ernst Ullmann bestärkte sie, dieses Studium in der Schweiz anzunehmen. Damals hatte Jaschuwi schon die Absicht, sich zur Ruhe zu setzen. Hanni sollte seine Nachfolgerin werden, und auch er bat sie, diese Chance für die AHAWAH zu nutzen.

So kam es, daß Hanni mit fünfundvierzig Jahren zum erstenmal ein Flugzeug bestieg, daß sie nach vierundzwanzig Jahren ihre selbstgewählte Heimat verließ und wieder europäischen Boden betrat. Damals telefonierte sie noch nicht, es war einfach zu teuer, aber jeden Tag schrieb sie einen

Brief an Jaschuwi, fragte nach den Kindern, erzählte, was ihr begegnet war.

Ich könne diese Briefe lesen, denn sie liegen im Archiv von NEVE HANNA, schlug Hanni mir vor, denn die Zeit in der Schweiz war eine besondere in ihrem Leben.

Sie möchte jetzt nicht darüber berichten, sie möchte weiter erzählen von der AHAWAH.

Wir haben ein Licht auf den Balkontisch gestellt, Nachtfalter und merkwürdige Insekten umschwirren die Kerze, manche verbrennen sich die Flügel. Im schwachen Lichtkreis sehe ich Hannis Gesicht, müde sieht sie aus, das Gesicht einer alten, uralten Jüdin, ganz anders als am Tag, wo ihre lebhaften dunklen Augen ihr noch immer den Anschein von jugendlicher Beweglichkeit geben. Jetzt, beim Erzählen, hält sie ihre Augen halb geschlossen und konzentriert sich. Über vierzig Jahre liegt das alles zurück. Es ist so viel, so viel geschehen seitdem.

Aber die Haushaltsschule gibt es immer noch, die sie 1953 an der AHAWAH gründete. Längst ist sie selbständig, Kinderpflegerinnen werden dort ausgebildet. Hanni hatte sie gegen Jaschuwis Rat gegründet, der den Sinn nicht recht einsah. Eine handwerkliche Ausbildung schien ihm vernünftig – aber eine Haushaltsschule? Hanni, wie meistens, setzte ihren Willen durch. Auch in Berlin in der Augustraße hatte es eine der AHAWAH angeschlossene Haushaltsschule gegeben, die Else Berger, die Schwester der Oberin, geleitet hatte. Man dachte, daß es besonders für die größeren Mädchen, die selbst keine Familien kennengelernt hatten, wichtig wäre, zu lernen, wie man einen familiären Haushalt führt. In der AHAWAH in Kiryat Bialik arbeiteten in den fünfziger Jahren junge Mädchen aus deutschen Einwandererfamilien, die in der Küche und der Wäschekammer halfen. Sie nannten sich Praktikantinnen, aber es gab keinen geregelten Ausbildungsplan. Auch dieser Mädchen wegen gründete Hanni die Haushaltsschule. Als Leiterin wählte sie

Chawa Schwarcz aus, die als Dreizehnjährige mit der Wiener Gruppe in die AHAWAH gekommen war. Chawas Vater war damals schon gestorben. Ihre Mutter konnte nach Schanghai fliehen und lebte dort im Getto viele Jahre davon, daß sie Perlenketten auffädelte. Chawa hatte früh geheiratet, und ihr Mann fiel im Befreiungskrieg. Mit ihrem Kind kam sie aus dem Kibbuz zurück in die AHAWAH, später heiratete sie einen der jungen Erzieher und bekam ein zweites Kind. Ihre Mutter holte sie auch nach Israel. Chawa studierte Literatur-und Theaterwissenschaft, aber viele Jahre lang leitete sie die Haushalts- und Kinderpflegerinnen-Schule, die bis heute eine anerkannte Berufsschule in Israel ist und dem Erziehungsministerium untersteht. Hanni setzte damals durch, daß sie nach Beate Berger benannt wurde. Sie wußte, daß die begabte Chawa ihre Sache als Leiterin der Schule gut machte, und bewog sie, auch arabische Mädchen in die Ausbildung einzubeziehen. Denn noch immer glaubte Hanni wie viele Israelis ihrer Generation, daß nur eine Annäherung zwischen Juden und Palästinensern den Frieden bringen könnte. Es nahmen auch arabische Mädchen aus umliegenden Dörfern an den Kursen teil, aber sie konnten nur tagsüber dort sein, waren zurückhaltend, und das Leben in der AHAWAH blieb ihnen sehr fremd. Entsetzt reagierten sie auf das Schwimmbecken, in dem Jungen und Mädchen in Badeanzügen sich gemeinsam vergnügten.

Einmal waren Chawa Schwarcz und Hanni in das arabische Dorf hinter Akko eingeladen, aus dem einige ihrer Schülerinnen stammten. Chawa konnte Auto fahren. Mitten in den Bergen lag das Dorf, sehr malerisch, aber es gab keine richtige Straße, kein elektrisches Licht, kein Telefon.

Die beiden Frauen wurden mit großem Respekt vom Bürgermeister empfangen, er behandelte sie, als ob sie von der Regierung kämen, zeigte ihnen alles, schilderte mit beherrschter Wut die Arroganz der israelischen Behörden. Hanni spürte die Verzweiflung, aber auch die Empörung dieser Menschen über die jüdischen Israelis, die ihnen im eigenen Land ein Leben zweiter Klasse zumuteten. Es fing an zu regnen, und auf dem Rückweg blieb das Auto immer wieder im Schlamm stecken.

Die Erziehungs-und Wohlfahrtsbehörden der Stadt Haifa wußten nichts von den Kontakten zu den Arabern. Das hätte die Situation der AHAWAH noch mehr erschwert.

Die Aufnahme arabischer Mädchen in die Berufsschule war nur möglich, weil die Familie Freudenberg, die Hanni durch Karl Heinrich Rengstorf kennengelernt hatte, dies finanziell unterstützte.

Der Pfarrer Adolf Freudenberg hatte in seiner Jugend eine diplomatische Laufbahn angestrebt, er war bis 1935 Mitarbeiter des Auswärtigen Amtes. Der Nazis wegen und weil seine Frau eine getaufte Jüdin war, schied er aus dem Staatsdienst aus und studierte als über vierzigjähriger Familienvater Theologie, war in Bethel. Durch Vermittlung des später hingerichteten Hans-Bernd von Haeften wurde er mit dem Pastor Martin Niemöller bekannt und schloß sich dem Kreis der Bekennenden Kirche in Berlin Dahlem an. Nach den Pogromen von 1938 mußte er mit seiner Frau und den fünf Kindern ins Exil gehen, wo er in Genf die Flüchtlingsarbeit des Ökumenischen Rats aufbaute. Die Freudenbergs kehrten nach dem Krieg zurück nach Deutschland, Adolf Freudenberg baute die Flüchtlingssiedlung Heilsberg bei Frankfurt auf und wurde ihr erster Pfarrer. Er gehörte zu den Mitgründern einer Stiftung, die bis heute die Integration von Ausländern in Deutschland unterstützt, Jugendarbeit gegen Rassismus fördert und einfach Hilfe gibt für in Bedrängnis geratene, durch Kriege und Verfolgung heimatlos gewordene Menschen. Eine der Töchter heiratete nach dem Krieg den Pfarrer Helmut Gollwitzer, der sie und ihre Schwester schon in Dahlem konfirmiert hatte. Gollwitzer wurde wegen seiner demokratischen Haltung und durch seine integre, streitbare Persönlichkeit nicht nur in Deutschland sehr bekannt. Auch die Gollwitzers unterstützten die AHAWAH und später NEVE HANNA. Eine andere Tochter, Jutta, heiratete einen Witwer mit mehreren Kindern. Sie zog diese Kinder auf, leitete den Kindergarten der Gemeinde Heilsberg und engagiert sich bis heute für Frauen im Gefängnis, für bosnische Kriegsflüchtlinge, für jüdisch-christliche Zusammenarbeit. Jutta Frost gehört zum Vorstand des Vereins Kinderhilfe und ist der NEVE HANNA eng verbunden. Damals, als sie eine junge Frau war, und mit ihren Eltern Freudenberg in die AHAWAH nach Kiryat Bialik kam, lernte sie Hanna Ullmann kennen, und die beiden wurden Freundinnen. Ohne diese Menschen hätte Hanna Ullmann nicht geschafft, was ihre Lebensaufgabe wurde.

Auch in der Schweiz hatte sie während ihres Studiums Helfer gefunden, und manchmal kamen Besucher aus der Schweiz in die AHAWAH.

Einmal bat eine Hanni unbekannte Dame, Frau Levy aus Basel, die gerade in Israel zu Besuch war, sie wolle am Seder-Abend in der AHAWAH teilnehmen. Damals waren noch zweihundert Kinder in der AHAWAH, alles war eng. Aber Hanni dachte, da käme es auf eine Frau Levy auch nicht mehr an, und lud sie ein. Eine unauffällige, schlichte Frau. Sie sprach nicht Iwrith, und Hanni gab ihr als Übersetzer einen kleinen Jungen, der französisch sprach, weil er in einem französischen Kinderheim und bei einer französischen Familie versteckt gewesen war. Hanni erinnert sich an diesen Arie Becker, der heute als Arzt in Kanada lebt, und erzählt mir seine Geschichte, es ist eine der Geschichten, die sie froh machten, eine der guten Geschichten ihres Lebens, trotz des Bitteren und Schweren. Aries Eltern waren aus Polen nach Frankreich emigriert. Als die Deutschen auch Frankreich besetzten, konnten sie ihr Kind noch in Sicherheit bringen, bevor sie selbst deportiert wurden. Über Drancy kamen sie nach Auschwitz. Arie war bei einer französischen Familie, dann bei einer anderen. Seine Eltern kamen nicht wieder, und Franzosen wollten ihn adoptieren, aber ein entfernter Onkel hatte in Palästina überlebt und verlangte, daß das inzwischen siebenjährige Kind zu ihm kommen sollte. Wie sich herausstellte, war er lediglich an Geld interessiert, denn er wußte, daß Aries Eltern wohlhabend gewesen waren. Als er erkannte, daß der Besitz der Eltern verloren und an eine Entschädigung nicht zu denken war, mochte er den verstörten Jungen, der nicht einmal Iwrith sprach, nicht behalten, und gab ihn in ein Flüchtlingsheim. Der Junge ging in keine Schule, er war vereinsamt und galt als zurückgeblieben. In dem Heim waren orientalische Kinder, die wenigstens Herkunft und Geschichte gemeinsam hatten. Arie, blond und blauäugig, fühlte sich dort noch mehr als Außenseiter. Aber der Leiter dieses Heims, Schalom Wallenstein, war ein ehemaliger Mitarbeiter der AHAWAH. Er meinte, daß Arie dort eine Chance hätte, und bat Jaschuwi, ihn aufzunehmen. Es waren keine Betten frei. Aber Jaschuwi erzählte den AHAWAH-Kindern von Arie und fragte sie, ob sie zusammenrücken würden.

Die Kinder entschieden, daß noch ein Bett Platz hätte. Arie war damals zehn Jahre alt und Analphabet. Er sollte ein oder zwei Klassen tiefer eingestuft werden, als es seinem Alter entsprach. Als der Schuldirektor ihm das sagte, bekam er einen Wutanfall. Er wollte mit den Kindern seines Alters zusammen lernen, sonst würde er auf die Schule verzichten. Arie zerschlug einen Stuhl, und der Direktor meinte, er gehöre in die Psychiatrie. Hanni sagte dem Jungen, sie habe keine Zeit für ihn, aber er hätte zwei Monate, um sich selbst die Grundlagen des Schulstoffs beizubringen. Wenn er lesen und schreiben könnte, würde sie alles tun, damit er in eine seinem Alter entsprechende Schulklasse käme. Er sei intelligent und könnte es schaffen. So war es. Nach zwei Monaten fand sie eine Schule, die ihn aufnahm. Arie wurde ein sehr guter Schüler. Später sagte er, er hätte selbst nicht an sich geglaubt. Aber daß Hanni an ihn glaubte, hätte ihn mit Ehrgeiz erfüllt, und er wollte sie nicht enttäuschen. Er wurde einer der besten Abiturienten, die aus der AHAWAH hervorgingen. Aber das war später. Als er für Frau Levy aus Basel dolmetschte, war er noch nicht lange in der AHAWAH.

Frau Levy ließ sich das Heim zeigen, sie sprach viel mit Arie und nahm an der Feier des Seder-Abends in der AHAWAH teil. Noch nie, sagte sie, habe sie einen so schönen Seder-Abend erlebt. Am späten Abend sagte Hanni: Morgen früh um sechs Uhr wird abgewaschen. Wenn nicht der Prophet Elias kommt, brauche ich Hilfe.

Der Prophet Elias kam nicht, aber zu denen, die sich zum Geschirrspülen eingefunden hatten, gehörte Frau Levy. Hanni war es unangenehm, den Gast arbeiten zu lassen, aber Frau Levy sagte, alles in der AHAWAH sei für sie so neu und beeindruckend, sie wolle unbedingt helfen. Nach dem Frühstück fuhr sie ab, lud aber Hanni ein, sie in der Schweiz zu besuchen.

Tatsächlich kam Hanni bald darauf in die Schweiz. Sie rief die Levys an und wurde eingeladen. Sie wohnten in einem großen Haus, einem Schloß aus Hannis Sicht, mit einem Park, in dem Rehe herumliefen. Frau Levy hatte mehrere Dienstboten, und Hanni erschrak bei dem Gedanken, daß sie diese Frau die Töpfe in der schäbigen Küche der AHAWAH hatte scheuern lassen. Für Frau Levy aber war gerade die natürliche Selbstverständlichkeit wohltuend gewesen, mit der sie in der AHAWAH, wo keiner sie kannte, aufgenommen worden war. Viele Jahre lang unterstützte sie die AHAWAH durch Spenden, und bis heute auch NEVE HANNA. Wie viele Juden in der Diaspora wollte sie etwas für Israel tun, ohne selbst dort leben zu müssen.

Arie wollte Medizin studieren. Aber er hatte sich in den Kopf gesetzt, das an der Sorbonne in Paris zu tun. Noch immer hatte er Erinnerungen an das Land, in dem er gerettet wurde, und dachte an die Familie, die ihn versteckt hatte. Natürlich konnte die AHAWAH kein Studium an der Sorbonne finanzieren. Arie ging zur Armee, danach stellte die AHAWAH ihn als Erzieher ein. Er wollte Geld für sein Studium verdienen. Aber so begabt er war, für den Beruf des Erziehers taugte er nicht. Die AHAWAH mußte ihn wieder gehen lassen. Er fand eine Stelle als Übersetzer in einem Atomforschungsinstitut. Tatsächlich verdiente er innerhalb einiger Jahre genug Geld, um nach Paris zu fahren und an der Sorbonne ein Studium aufzunehmen. Arie, der schon älter war als die meisten anderen Studenten, lebte bescheiden und arbeitete Tag und Nacht, um Arzt zu werden.

Im Mai 1967 konzentrierte Ägypten starke Truppenverbände auf der Halbinsel Sinai, forderte mit Erfolg den Abzug der Truppen der Vereinten Nationen, die den Waffenstillstand seit 1957 überwachten. Dann blockierte Ägypten wie schon 1956 den Golf von Akaba und riegelte die Schiffahrtsverbindung zur israelischen Hafenstadt Eilat ab. Israel führte im Gegenzug seine Armee nach Sinai und vernichtete die ägyptische Luftwaffe. Jordanien und Syrien traten ebenfalls in den Krieg ein. Nach sechs Tagen hatte Israel die Armeen dieser drei arabischen Staaten besiegt. Neben dem Sinai hatten israelische Truppen die Westbank, Gaza und die Golan-Höhen besetzt, Ost-Jerusalem erobert.

Noch vor Ablauf dieser sechs Tage war Arie Becker in Kiryat Bialik. Man hatte ihn nicht gerufen, aber er hatte sich sofort für sein ganzes Geld ein Flugticket gekauft und war nach Hause gekommen – in die AHAWAH. Aber bevor er Soldat werden konnte, war der Krieg vorbei. Und Arie saß in der AHAWAH fest. Wer sollte ihm den Flug zurück an die Sorbonne bezahlen?

Aus Deutschland, aus der Schweiz kamen Anrufe von den Freunden der AHAWAH. Sie teilten die Angst und die Sorge der Israelis, die Freude über den bitteren Sieg, von dem nur wenige damals ahnten, wie teuer er noch werden würde. Und wieder gab es Tote zu betrauern, auch unter den ehemaligen AHAWAH-Kindern. Aber die Trauer ging unter im Glanz des Sieges.

Frau Levy aus Basel rief an und fragte, ob sie irgend etwas tun könnte. Hanni, die vergessen hatte, daß Frau Levy und Arie einander schon begegnet waren, sagte ihr, ein Student benötige ein Rückflugticket nach Paris. Frau Levy schickte es, und sie bat den Studenten, über Basel zu kommen. Sie wollte ihn kennenlernen. Als sie ihn sah, erkannte sie den kleinen Jungen wieder, der damals für sie gedolmetscht hatte, und sie freute sich, gerade ihm geholfen zu haben. Für den Rest seines Studiums unterstützte sie ihn, und Arie hat bis heute in ihrer Familie einen Platz.

Später hat er nach seiner leiblichen Mutter gesucht. Er bekam heraus, mit welchem Transport sie nach Auschwitz gekommen ist. Er sprach mit Frauen, die diesen Transport überlebt haben. Keine erinnerte sich an seine Mutter. Er fand ein Foto, auf dem Frauen aus diesem Zug bei ihrer Ankunft an der Rampe zu sehen sind. Aber er weiß nicht, ob seine Mutter darauf ist. Er hat ihr Gesicht vergessen. Nur den Geschmack einer Suppe meint er noch auf der Zunge zu spüren, die sie ihm gekocht hat. Aber er hat diese Suppe nie mehr gekostet, obwohl er in Kanada, wo er lebt, tausend Kochbücher besitzt. Zu Hanni ist die Verbindung nie abgerissen, mit ihrer Tochter Raja ist er seit ihrer Kindheit eng befreundet.

Nachdem Hanni mir Aries Geschichte erzählt hat, sind wir lange still.

Die Traurigkeit, die plötzlich in Hannis Gesicht steht, hat nichts mit Arie zu tun, auf den ist sie stolz. Für den, das weiß sie, hat sie getan, was ihr möglich war. Aber Arie, der so eng mit Raja befreundet ist, erinnert sie an ihre Tochter.

Raja, als sie heranwuchs, hat ihre Mutter immer heftig kritisiert, weil die so wenig Zeit für die Familie hatte. Ich bin müde geboren, weil du immerzu gearbeitet hast, warf sie Hanni vor. Aber dann studierte sie Pädagogik und Psychologie, bekam selbst drei Kinder, ist Schuldirektorin und bildet heute an einer Hochschule Kunsterzieher aus.

Über Raja spricht Hanni wenig, nur von dem Kind, das sie einmal war, erzählt sie gern.

Raja und Hanni sehen sich kaum.

Raja meint, Hanni war ihr keine gute Mutter. Sagt Hanni. Sagt Hanni leise an ihrem Balkontisch, und sie sagt es so, daß ich den Schmerz spüre, den dieser Satz ihr bedeutet, und sie sagt es in einem Ton, mit dem man Unabänderliches mitteilt, das man nicht beeinflussen, dem man nur mit Geduld und Hoffnung begegnen kann. Es ist bitter, *aber so ist es.* Ihre Tochter sei wie sie, sagt Hanni. Sie habe den gleichen Charakter. Die Kinder der Tochter, ihre Enkel und Urenkel sind mit Hanni eng verbunden.

Rajas jüngsten Sohn hatte ich einmal in Hannis Wohnung kennengelernt. Ein Student mit fröhlichem Blick und lockiger Mähne, der vorbeigekommen war, um ein Paar Stiefel anzuprobieren, die Hanni ihm aus Deutschland mitgebracht hatte. Mit einem Auge begutachtete er die Stiefel, die ihm gefielen, mit dem andern meine dreizehnjährige Tochter, die ihm auch gefiel, und er bat seine entrüstete Großmutter, mir zu übersetzen, ich solle in fünf Jahren noch einmal mit dieser Tochter kommen. Oder sie alleine schicken.

Die Kerze auf Hannis Balkon ist heruntergebrannt. Bald werden die Gastarbeiter wieder zu lärmen beginnen. Plötzlich, kurz vor Mitternacht, klingelt Hannis Telefon. Das ist wieder der Mann, der als Kind in der AHAWAH war, erklärt sie mir. Sie hatten verabredet, daß er sie so spät am Abend anruft. Das sei wichtig für ihn.

Während sie telefoniert, gehe ich in ihrem kleinen Nebenzimmer ins Bett, und vor dem Einschlafen höre ich Hannis leise, jetzt ganz mütterliche Stimme, ich sehe Arie Becker und Chawa Schwarcz und den kleinen Perlmutter und all die anderen Kinder, die längst keine Kinder mehr sind oder längst nicht mehr am Leben. Mir fallen Sätze ein, die ich am

Tag gehört habe, ich sehe den alten Lehrer Janusz Korczak in seinem Kinderheim von Tisch zu Tisch gehen und die verbogenen Löffel, die zerkratzten Schüsselchen, die gesprungenen Teller einsammeln, wie er es immer nach den Mahlzeiten tat, und in Messingwerk sehe ich einen Pferdewagen durchs Dorf fahren und das Laub zum Decken der Sukkoth, der Laubhütten, bringen, und der junge Nachbarssohn Moses Calvary lädt die Blätterzweige ab und erklärt der kleinen Elsa das Laubhüttenfest und später am Abend den Mond. Und in meinem Traum geht die fast hundertjährige Elsa Sternberg-Rosenblüth hochgewachsen in ihrem langen Kleid vom Schabbes über ein Feld, und der Sichelmond steht andersherum am Himmel, und ich denke, sie geht über ein Gemüsefeld, aber vielleicht zählt sie auch die Toten unter der Erde, und ihre Ohrringe schimmern.

# Die Frau auf der Treppe

Es ist an der Zeit, etwas über Johanna Kaphan zu erzählen. Nach ihr heißt NEVE HANNA, das Kinderheim in Kiryat Gat. Der Name bedeutet: HANNAS OASE oder HANNAS ORT. Hanni Ullmann hat sich diesen Namen ausgedacht, als sie mit dem Geld, das ihre Freundin Johanna Kaphan ihr hinterließ, daran ging, das Heim aufzubauen, von dem die beiden Frauen jahrelang geträumt hatten.

Eines Tages in den frühen fünfziger Jahren hatte sich Jochanan Gärtner, ein Vertreter der Jugend-Alijah, an die AHAWAH gewandt. Er bat Josef Jaschuwi, seine frühere Berliner Kollegin Johanna Kaphan aufzunehmen, die aus Schweden, wohin sie 1939 emigriert war, nach Israel kommen wollte.

Natürlich kannte Hanni diese Johanna Kaphan auch, die war ja Direktorin der Volksschule in der Kaiserstraße gewesen, und dorthin gingen auch mehrere Kinder der AHAWAH. Zum erstenmal gesehen hatte Hanni die Direktorin im Jahre 1927. Da stand Johanna Kaphan, schlank, in einem lila Kleid, auf der Eingangstreppe zur AHAWAH und wollte zur Oberin. Für die junge Hanna Ullmann, die gerade ihr Erzieherinnenexamen gemacht hatte und in der AHAWAH unter der strengen Aufsicht der Oberin Beate Berger ihre erste eigene Kindergruppe leitete, war Johanna Kaphan eine Respektsperson. Sie sprach damals auch nicht mit ihr, niemand aus der AHAWAH hätte gewagt, Johanna Kaphan einfach so anzusprechen, denn die Schwester Oberin, das war bekannt, stand nicht gut mit ihr. Sie ärgerte sich darüber, daß der freie Platz westlich des Hauses der AHAWAH, auf dem ein paar

Reste von Baracken des alten jüdischen Krankenhauses standen, nicht dem Heim zugesprochen worden war, sondern, so sah sie es, dieser Johanna Kaphan. Beate Berger hatte Pläne für dieses Grundstück, aber die jüdische Gemeinde hatte andere Pläne und beschloß, dort vom Architekten Alexander Beer ein Schulhaus errichten zu lassen. Johanna Kaphan leitete die jüdische Volksschule für Mädchen, und deren Haus in der Kaiserstraße 29/30 war zu klein geworden, zumal es dort noch die Knabenvolksschule und die I. Religionsschule der Jüdischen Gemeinde gab. Es war wie auch das schöne Schulhaus in der Großen Hamburger Straße, das alles überdauert hat, vom Gemeindebaumeister Höniger errichtet worden, zunächst als Mädchenmittelschule. Der Direktor von 1911 bis 1929 hieß Dr. Meier Spanier. Johanna Kaphan war bei ihm einige Jahre lang Lehrerin gewesen. Dr. Spanier blieb in dem Schulgebäude in der Kaiserstraße wohnen, wo Johanna Kaphan seit 1927 Direktorin für die Mädchen und Max Reschke Leiter der Jungen-Volksschule war. Johanna Kaphan, daran erinnern sich alle ihre ehemaligen Schülerinnen, war eine warmherzige, phantasievolle Frau, die die Nähe zu ihren Schülerinnen auch außerhalb des Unterrichts suchte. Sie wurde geliebt.

Max Reschke wurde gefürchtet.

Er war pedantisch und, obwohl jüdisch, so, wie man sich einen preußischen Schulmeister vorstellte. Ein paar Jahre später zog er übrigens auch in die Große Hamburger Straße um, als jüdischer Lagerleiter der Sammelstelle. Die Gestapo hatte das Altersheim der Jüdischen Gemeinde vor dem Friedhof beschlagnahmt und die danebenliegende Schule. Es gab noch andere Sammelstellen für die Berliner Deportationen, aber diese wurde die größte, die furchtbarste. Als es kaum noch Juden in Berlin gab, blieb das Altersheim ein Gestapo-Gefängnis. Solange die großen »Judentransporte« aus Berlin organisiert wurden, bis zum Sommer 1943, hatte der ehemalige Schuldirektor Max Reschke sein Büro in der

Großen Hamburger Straße. Pedantisch und korrekt, wie er schon als Lehrer gewesen war, stellte er die Listen für die Transporte zusammen. Eine Vertrauensstellung. Manchmal durfte er die Vernehmung aufgegriffener »U-Boote« durchführen, wie die Versteckten sich selber nannten. Es heißt, Max Reschke durfte zum Feierabend sogar nach Hause gehen in seine eigene Wohnung auf den Hackeschen Höfen. Die Juden, die ihm in der Großen Hamburger Straße begegnet waren, sprechen mit bitterer Verachtung von ihm. Sicher, zum Helfer der Mörder wurde auch mancher, der die Illusion hatte, seinen Leidensgefährten helfen zu können, mancher, der glaubte, nicht anders zu können. Wer nicht selbst vor solchen Entscheidungen stand, darf nicht urteilen. Aber die Davongekommenen sagen, dieser Max Reschke blieb wie ein Stein ungerührt von den verzweifelten Bitten der zusammengetriebenen Juden, die ihn manchmal um Aufschub baten oder darum, mit Angehörigen zusammen auf eine Liste geschrieben zu werden oder auch nur, Angehörigen eine Nachricht zukommen zu lassen. Er duldete keine Ausnahmen. Unter den Todgeweihten waren manche seiner ehemaligen Schüler. Von ihm ist auch nicht bekannt, daß er, wie mancher der Gestapoleute, wie auch der Herrscher über die Große Hamburger Straße 26, Walter Dobberke, bestechlich war. Max Reschke hielt sich an die Vorschrift. Dafür erkaufte er sein eigenes Leben. 1945 wurde er aufgespürt und von den Russen in das Lager Buchenwald gebracht, später zu 25 Jahren Gefängnis verurteilt. Aber am 31. Dezember 1955 wurde er entlassen. 1956 verhandelte in Berlin ein Ehrengericht der Jüdischen Gemeinde gegen ihn, aber elf Jahre nach Kriegsende waren viele Zeugen nicht mehr am Leben, andere hatten nach der Großen Hamburger Straße Lager wie Auschwitz und Bergen-Belsen kennengelernt und unter dem Geruch der Verbrennungsöfen war das Bild des beflissenen Max Reschke verblaßt. Das Ehrengericht ließ ihn laufen.

Für Hanna Ullmann hat der Name Reschke eine besondere Bedeutung. Zur AHAWAH in Kiryat Bialik kam in den Kriegsjahren ein Daniel Reschke, das war der 1930 geborene Sohn des ehemaligen Schuldirektors. Es war ihm gelungen, sein eigenes Kind außer Landes zu bringen, und dieser Daniel wurde in Palästina ein Kind der AHAWAH. Hanni hat mir von diesem Jungen erzählt. Die Erzieher wußten, wer sein Vater war, aber sie zeigten es dem Jungen nicht. Nach dem Krieg, als Überlebende aus den Lagern nach Palästina kamen, erfuhren aber auch die anderen AHAWAH-Kinder, welche Rolle Max Reschke in der Großen Hamburger Straße gespielt hatte. Einige kannten ihn ja noch aus der Kaiserstraße als Schuldirektor. Niemand, sagt Hanni, hielt Daniel Reschke seinen Vater vor, aber der Junge trug schwer an dieser Last. Als Johanna Kaphan nach Israel kam, war der Sohn ihres Berliner Kollegen der AHAWAH schon entwachsen. Er soll in einen Kibbuz gegangen sein und seinen Namen geändert haben.

Hanna Ullmann und Johanna Kaphan haben das, was in der Großen Hamburger Straße geschah, nicht selbst erlebt. Hanni war ja nicht einmal mehr dabei, als die Mädchenschule neben dem Haus der AHAWAH 1930 eingeweiht wurde.

Von den später ins Land Gekommenen hatte sie erfahren, wie es Johanna Kaphan erging. Sie blieb Direktorin bis 1939. Anfangs waren es etwa dreihundert Mädchen, die in ihrer Schule lernten, schließlich wurden es beinahe tausend Schülerinnen, die aus ihren früheren Schulen herausgedrängt worden waren. Wie in allen jüdischen Schulen litt der Unterricht unter der Angst und Unsicherheit, die über allem lag. Immer wieder wurde Abschied genommen, viele Schülerinnen reisten aus. Die meisten Eltern hatten ihre Stellungen, ihr Einkommen verloren. In dieser Gegend lebten ohnehin viele arme Familien, jetzt war eine neue, bisher unbekannte Not dazu gekommen und belastete die Schülerinnen und auch die Lehrerinnen und Lehrer. Frau Kaphan wirkte souverän und elegant wie immer. Eine jüdische Schuldirektorin in jener Zeit mußte auch eine Sozialarbeiterin sein, ein tapferer und starker Mensch. Man sagt, sie war so. Sie hatte keine eigene Familie, nur eine Schwester, die mit einem Nichtjuden verheiratet war. Mit Dr. Meier Spanier, dem um fast drei Jahrzehnte älteren pensionierten Schuldirektor, soll sie eng befreundet gewesen sein. Manche wollen wissen, daß es eine Liebe war. Aber Meier Spanier, der in der Jüdischen Gemeinde hohes Ansehen genoß, ein Lehrer und Gelehrter, von dem man sagte, daß er tief aus den Quellen jüdischen Wissens geschöpft hatte, lebte bis zum Tod mit seiner Frau Charlotte.

In der »Jüdischen Rundschau« war 1937 ein Artikel über das zehnjährige Jubiläum der Volksschulen in der Kaiserstraße und in der Auguststraße erschienen. Es wurden die Ansprachen Max Reschkes und Johanna Kaphans erwähnt, ein Stück nach Scholem Alejchem, das Max Reschkes Schüler aufführten, eine palästinensische Wochenschau, die er zeigen ließ. Der Berichterstatter war beeindruckt und meinte über Max Reschkes Schüler: »Aus denen sollte eigentlich was werden.«

Als ich diesen Artikel sechzig Jahre nach seinem Erscheinen las, wurde mir kalt bei dem Wort: eigentlich. Der Berichterstatter wird nicht für möglich gehalten haben, daß diesen Schülern nur noch fünf oder sechs Jahre Leben zugedacht waren, daß ihr Direktor die Todeslisten führen würde. Und doch liegt über diesem Satz eine grauenvolle Ahnung: Aus denen sollte eigentlich etwas werden.

Aber in der Auguststraße soll am Tag des Jubiläums »helle Freude« geherrscht haben, von »froher Laune« ist die Rede. Neben einer Ausstellung von Schülerarbeiten werden vor allem die gymnastischen und turnerischen Übungen erwähnt. Nicht erwähnt wird der Name der Turnlehrerin in der Auguststraße, die hieß Feo Löwenfeld, eine junge Kollegin, die Johanna Kaphan aus der Kaiserstraße mitgebracht hatte.

Sie hatte sie schon als Schülerin gekannt. Feo Löwenfeld war eine besondere Turnlehrerin. Obwohl sie klein und rund war, beherrschte sie ihren Körper auf eine anmutige Weise und lehrte ihre Schülerinnen die Freude an der Bewegung, den Stolz auf den eigenen Körper. Johanna Kaphan maß nicht nur den üblichen Schulfächern und den jüdischen Fächern große Bedeutung zu, sondern auch dem Turnunterricht. Sie meinte, daß den Schülerinnen gerade in dieser Zeit äußerer Bedrängnis und Enge ihr eigener Körper ganz gehören sollte, sie sollten sich selbst frei fühlen und ihre Bewegungen beherrschen. Feo Löwenfeld wohnte in Lichterfelde nicht weit von Johanna Kaphan. Beide Frauen waren, obwohl ihre Wege sich bald trennten, ein Leben lang befreundet.

Feo Löwenfeld emigrierte nach England. Johanna Kaphan ging im Oktober 1939 nach Schweden. Lieber wäre sie, wenn sie schon Deutschland verlassen mußte, nach Amerika gegangen. Aber die Jüdische Gemeinde von Stockholm hatte sich nach dem November 1938 bereiterklärt, fünfhundert jüdische Kinder aus Deutschland und Österreich aufzunehmen. Auch einige von Johanna Kaphans Schülerinnen kamen so nach Schweden. Die meisten wurden in jüdischen Familien untergebracht. Aber einige dieser Familien hatten sich nur für ein Jahr verpflichtet, ein Kind aufzunehmen. Andere Jugendliche fanden gar nicht erst eine Familie.

Johanna Kaphan kümmerte sich um sie.

Manche konnten, obwohl sie begabt waren, keine höheren Schulen besuchen, sie mußten für ihren Unterhalt früh schon arbeiten. Aber alle haben sie einen Beruf erlernen können. Es war eine große Leistung der Stockholmer Juden, von denen viele selbst arm waren, diese Jugendlichen zu retten und sie über Jahre zu unterstützen. Johanna Kaphan wurde Leiterin eines Wohnheims für etwa zwanzig Mädchen. Sie gab ihnen Unterricht, war für sie da, versuchte, den jungen Mädchen, die so früh aus ihrer Kindheit gerissen worden waren, ein Zuhause zu geben. Diese Mädchen wurden ihre Familie, und sie war so etwas wie die Mutter dieser Mädchen.

Johanna Kaphan, die 1892 geboren wurde, war selbst im Heim aufgewachsen, im Berliner Auerbachschen Waisenhaus in der Schönhauser Allee. Dieses Heim war nicht besser als andere preußische Kinderheime zu dieser Zeit. Die Kinder wurden nach einem strengen Reglement und ohne Liebe erzogen. Während ihrer kargen Kindheit war in Johanna Kaphan der Wunsch gewachsen, selbst Erzieherin zu werden. Schon damals träumte sie von einem ganz anderen Heim für jüdische Kinder. Vielleicht war die AHAWAH in Berlin so ein Heim, aber als sie gegründet wurde, war Johanna Kaphan schon zwanzig Jahre alt. Weil sie außerordentlich begabt war, ermöglichten jüdische Stifter ihr ein Studium. Als sie an der Schule in der Kaiserstraße Lehrerin war, später Direktorin, verdiente sie gut und konnte ein Leben führen, zu dem auch schöne Kleider, Musik, geschmackvolle Möbel gehörten.

Dieser Hang zur Eleganz war Hanni schon in Berlin an der klaren und klugen Frau aufgefallen, damals, als Johanna Kaphan in diesem schönen Kleid mit hochgesteckten Haaren auf der Treppe stand. Vielleicht spürte sie auch darin eine Verwandtschaft mit ihrem eigenen Wesen.

Auch Hanni Ullmann zog sich in den schwierigsten Zeiten schön an, die Dinge, mit denen sie sich umgibt, sind nicht unbedingt wertvoll, aber schön. Man spürt ihre natürliche Freude an einer ästhetischen Umgebung, an einem guten Essen, an einer schönen Landschaft. Diese Freude zu spüren hatte die Oberin Beate Berger, die auch als Waisenkind aufgewachsen war, nie gelernt. Für sie mußten die Dinge vor allem übersichtlich und praktisch sein. Immer sah man sie in Schwesterntracht. Sie war sehr gebildet, auch in der Kunstgeschichte kannte sie sich aus, sie reiste sogar einmal nach Ägypten und hielt ihren Mitarbeitern danach einen

Vortrag über die Pyramiden. Aber bis auf diese Bildungsreise hatte Beate Berger sich nie etwas erlaubt, was man Luxus nennen könnte. Und doch tolerierte sie Hannis andere Haltung und sorgte dafür, daß die Kinder der AHAWAH eine Beziehung zur Kunst, zur Musik entwickeln konnten und für die AHAWAH in Kiryat Bialik hatte sie Professor Rattner, einen der besten Architekten des Landes, engagiert.

Als Johanna Kaphan ins Land kam, war die schlichte Schönheit der AHAWAH-Häuser schon vom Verfall gezeichnet. Dank der Hilfe aus Deutschland und der Schweiz konnten Jaschuwi und Hanni ihr pädagogisches Konzept noch immer umsetzen, aber das Heim war arm, und erbitterte Auseinandersetzungen über den Weg gehörten zum Alltag, wie überall in Israel. Der Traum von Erez Israel war von der Wirklichkeit überholt worden, und wie jeder Traum hatte auch dieser Elemente, die wunderbarer, makelloser und anziehender waren als die Wirklichkeit. Die erwies sich als ernüchternd unvollkommen, oft ganz anders, als die Gründer es gewollt hatten. Aber sie war die Wirklichkeit, kostbarer als jeder Traum.

Johanna Kaphan gehörte nicht zu denen, die diesen Traum von früher Jugend an geträumt hatten. Aber sie hatte ihre Aufgabe in Schweden erfüllt, die Mädchen waren herangewachsen und zu ihren Familien zurückgekehrt, wenn es diese Familien noch gab. Einige blieben in Schweden, andere gingen nach Israel oder Amerika. Johanna Kaphan hätte nach Deutschland zurückkehren können, ihre Schwester lebte dort noch immer, die Ehe mit dem Nichtjuden hatte sie geschützt. Aber die Schwester war krank und nervlich zerrüttet von dem, was hinter ihr lag. Johanna Kaphans schöne Schule in der Auguststraße war jetzt eine kommunale Grundschule. Später nannte man sie Bertolt-Brecht-Schule, dort gab es keine jüdischen Mädchen mehr und keine jüdischen Lehrerinnen und vor allem keine Erinnerung an das, was gewesen war. Doch, einer erinnerte sich. Der Hausmeister Silbermann aus der Auguststraße 85. Der war Jude, und seine sogenannte Mischehe hatte ihn vor der Gaskammer bewahrt, und nun war er der einzige aus Johanna Kaphans ehemaliger Schule, der darauf wartete, daß von den Lehrerinnen und Schülerinnen eine zurückkäme. Aber das konnte Frau Kaphan nicht wissen. Ihr hatten ehemalige Schülerinnen erzählt, daß sie ihr früheres Schulgebäude nicht betreten durften. Die neue Direktorin kam und schickte die Fremden fort, dabei berief sie sich auf eine Anordnung der Volksbildungsbehörde. Auch hier wurde die Erinnerung an die Vergangenheit als störend beim Aufbau empfunden. In dem Haus der AHAWAH hing im ehemaligen Synagogenraum ein Bild Stalins, niemand wußte, daß dies ein jüdisches Haus gewesen war. In der Kaiserstraße wurden Neubauten errichtet, keiner kannte Dr. Meier Spanier, der sich im Juni 1942 mit seiner Frau Charlotte umgebracht hatte. Er war damals achtundsiebzig Jahre alt. Im selben Monat war der Unterricht für jüdische Kinder in Deutschland verboten worden. Der alte Lehrer und seine Frau sollen schon auf einer Deportationsliste gestanden haben, möglicherweise einer Liste, die Meier Spaniers jüngerer Kollege Max Reschke zusammengestellt hatte. Den Transport »nach Osten« wollten Meier und Charlotte Spanier nicht erdulden. Bis heute weiß man nicht genau, wo diese Transporte vom Juni 1942 endeten. In Trawniki? In den Gaskammern von Auschwitz? In Reval oder in Riga?

Aber in Berlin fragte auch keiner danach. Damals nicht und schon gar nicht in den fünfziger Jahren.

Was sollte Johanna Kaphan in Deutschland?

Nach Amerika wollte sie auch nicht mehr. Nach allem, was geschehen war, fand sie, war ihr Platz in Israel.

Jaschuwi besprach sich mit seinen Mitarbeitern, und sie richteten ein kleines Zimmer in der AHAWAH für Johanna Kaphan her.

Hanni erkannte sie sofort. Sie war älter geworden, es war ja ein Vierteljahrhundert vergangen seit jener Begegnung auf der Treppe. Ihr Haar war wie damals hochgesteckt, aber weiß geworden. Immer noch sah die Sechzigjährige in Hannis Augen so schön und elegant aus wie ehedem. Johanna Kaphan erinnerte sich nicht der damals jungen Praktikantin aus der AHAWAH, aber die beiden Frauen erfaßte sofort eine gegenseitige Zuneigung, aus der eine der wichtigsten Freundschaften in Hannis Leben wurde. Sie war beeindruckt, wie leicht Johanna Kaphan Kontakt mit den Kindern der AHAWAH fand, wie schnell sie das Vertrauen auch der verschlossensten Kinder erwarb.

Aber wieder vierzig Jahre später habe ich Hanni Ullmann beobachtet, wie sie in Berliner Schulen über Israel erzählte, über ihr Heim NEVE HANNA. Und ich war verblüfft, wie schnell und leicht sie den jeweils richtigen Ton fand, wie rasch sie erfaßte, mit welchen Problemen diese Kinder lebten. Einmal waren wir zusammen in einer Schule, in der auch sogenannte Problemkinder lernen. Hanni gab eine Stunde. Die Lehrerin erzählte uns später, welches der Kinder aus einem Heim kommt, welcher Vater im Gefängnis sitzt, und sie wies auf ein sexuell mißbrauchtes Mädchen hin. Aber Hanni wußte das schon, sie hatte all das in einer einzigen Stunde gesehen. Seit siebzig Jahren lebt sie mit Kindern, das hat ihren Blick geschärft und ihr Herz offen gehalten.

So muß ihr auch damals Johanna Kaphan vorgekommen sein. Die sprach noch nicht einmal richtig Iwrith, als sie bereits daran ging, Kindern mit Lernschwierigkeiten Nachhilfeunterricht zu geben. Im Umgang mit Kindern, die eine Lese-Rechtschreib-Schwäche haben, besaß Johanna Kaphan eine besondere Begabung.

Damals gab es dazu noch keine speziellen Erkenntnisse, aber sie schaffte es in kurzer Zeit, diesen Kindern zu helfen.

Leider hat sie keine Aufzeichnungen über ihre Methode hinterlassen.

Schon bald brachte man der Johanna Kaphan Kinder mit Lernschwierigkeiten von außerhalb, der Ruf der Pädagogin verbreitete sich in Haifa. Nach ungewöhnlich kurzer Zeit, etwa ein halbes Jahr war vergangen, sprach sie auch gut hebräisch.

Die Sozialbehörde von Haifa, der neben der AHAWAH noch andere Kinderheime unterstanden, bat Johanna Kaphan, die Aufsicht über diese Heime zu übernehmen. Sie bekam ein Gehalt und mietete eine eigene Wohnung mit anderthalb Zimmern, die sie sich mit der Zeit sehr geschmackvoll einrichtete. Hanni und ihre Familie waren oft zu Gast in dieser Wohnung. Manchmal, nicht oft, unterhielten die beiden Frauen sich über die Vergangenheit, aus der sie gekommen waren, über die Berliner Straßen, die sie kannten, und über das, was geschehen war.

Auch Hannis jüngster Sohn Jonathan hing an Johanna Kaphan. Als Jonathan etwa dreizehn Jahre alt war und gegen seine Eltern zu rebellieren begann, ließ er sich die Haare lang wachsen, was damals noch ganz ungewöhnlich war. Der sonst so besonnene Ernst Ullmann ließ sich provozieren und verlangte, der Sohn solle sich die Haare abschneiden oder ausziehen. Natürlich zog er aus. Johanna Kaphan nahm den Jungen auf, und er fühlte sich ganz wohl bei der schon betagten Lehrerin, mit der er von Kind an vertraut war, die ihn ernst nahm wie sein geliebter Großvater Hermann Risch. Mit ihr konnte er auch über die Gegenwart reden, die den sonderbaren Alten nicht interessierte. Von Johanna Kaphan bekam er nicht Nietzsche oder Schopenhauer zu lesen, sondern Bücher über Politik und moderne Kunst. Nach ein paar Tagen oder Wochen schaffte sie es, daß er sich seinem Vater zuliebe die Haare schnitt. Mit etwas gekürzter Frisur erschien er wieder zu Hause, und alle waren erleichtert. Natürlich wurden die Haare wieder länger, aber nun sah sein Vater darüber hinweg. Hanni fand das alles beinahe komisch, denn sie mußte daran denken, wie sie sich als Vierzehnjährige ihre langen Zöpfe abgeschnitten und damit beide Eltern gegen sich aufgebracht hatte. Sie hatte weder Lust noch Zeit, sich mit Jonathans Frisur zu befassen. Jaschuwi war 1956 in Pension gegangen und mit seiner Frau weggezogen. Hanni leitete nun die AHAWAH, und das nahm all ihre Kräfte in Anspruch. Es gab kaum noch anderes für sie. Manchmal, viel zu selten, konnte sie für ein Wochenende nach Jerusalem zu den Simons fahren. Sonst verbrachte sie alle Tage bis spät in die Abendstunden im Heim. Nur das Frühstück am Sonnabend war eine Ausnahme. Da blieb sie in ihrer eigenen Wohnung, saß mit ihrem Mann und ihrem Sohn am Tisch. Fast immer war auch Johanna Kaphan zu diesem Frühstück eingeladen. Die lief dann vorher zu einem deutschen Konditor, der auf dem Carmel sein Geschäft hatte und in ganz Haifa für seine Kuchen bekannt war. Da kaufte sie bestimmte kleine Törtchen, die Jonathan besonders liebte. Dan, sein älterer Bruder, lebte schon im Kibbuz, Raja studierte am pädagogischen Seminar. Jonathan erschien auf Wunsch seiner Eltern am Frühstückstisch, aß die Kuchen und verschwand.

Zurück blieben Hanni und ihr Mann und Johanna Kaphan, ihre Gespräche an diesen Sonnabendvormittagen drehten sich fast immer um dasselbe: Wie soll ein Heim für Kinder aussehen, die kein anders Zuhause haben? Auch Ernst Ullmann beschäftigte diese Frage, für ihn war die AHAWAH ebenso der Lebensinhalt wie für Hanni. Er liebte seine Arbeit als Wasseringenieur und versah sie Tag für Tag bis zur Pensionierung 1966 mit der ihm eigenen stillen Zuverlässigkeit, aber sein Herz gehörte der AHAWAH. Wie in den zwanziger Jahren in Berlin und wie in den Anfangsjahren in Kiryat Bialik fühlte er sich verantwortlich für kleinere Reparaturen, kümmerte sich um die technischen Anlagen, kannte die Kinder und ihre Schicksale. Er machte Hanni nie einen Vorwurf, wenn sie ihrer Arbeit wegen kaum Zeit für die eigene Familie fand, und er hielt auch mit ihr zusammen durch, als sie lange Zeit nicht einmal ein Gehalt bekam. Aber das junge, naive Mädchen, in das er sich in der Berliner Auguststraße verliebt hatte, hatte sich verwandelt in eine selbstbewußte, selbständige Frau, die ihre Ideale nicht verloren hatte, aber gelernt hatte, nüchtern zwischen dem Traum und der Wirklichkeit zu unterscheiden.

Einen großen Teil ihrer Arbeitskraft verbrauchte sie, um die vorgesetzten Behörden von der Arbeitsweise der AHAWAH zu überzeugen. Für die Erziehungs-und Sozialbehörde dieser Jahre galt vor allem der Kostenfaktor. In Johanna Kaphan besaß Hanni eine starke Verbündete, die die Heime nicht nur aus den Papieren kannte und oft sogar in der AHAWAH übernachtete. Aber Johanna Kaphan, die 1892 geboren war, wurde wenige Jahre nach ihrer Ankunft in Israel pensioniert. Zwar blieb sie eine Ratgeberin und gab auch weiterhin einzelnen Kindern Nachhilfeunterricht, aber den Kampf mit den Behörden mußte Hanni nun allein mit ihren Mitarbeitern durchstehen.

Bei ihren Frühstücksgesprächen dachten Hanni, ihr Mann und Johanna Kaphan sich ein wunderbares Kinderheim aus. Natürlich sollte es israelisch sein und den besonderen Bedingungen dieses Einwandererlandes entsprechen, aber es sollte doch die bewährten Methoden von Siegfried Bernfeld, Alice Salomon, Beate Berger aufnehmen und weiterentwickeln. Sie wünschten sich ein Heim, das nach den modernsten Erkenntnissen der Psychologie und Pädagogik arbeiten würde, in dem auch die Kunsterziehung, der Sport, der Tanz eine Rolle spielen sollten. In der Schweiz hatte Hanni verschiedene Kinderheime kennengelernt, aber keines gefunden, das ihrem Traum entsprach. Aus allen Gegenden der Welt ließ sie sich Prospekte über Heime schicken, mit Johanna Kaphan las sie Berichte über die SOS-Kinderdörfer. Vieles erschien ihnen nachahmenswert, anderes würden sie ganz anders machen wollen. Natürlich sollten auch Männer, Vaterfiguren, in ihrem Heim arbeiten. Größere und kleinere Kinder sollten zusammen aufwachsen, mit einer Hausmutter, einem Hausvater, die sie zur Zedakah, zur Ahawah erziehen würden. Es sollte die bewährte Kinderselbstverwaltung geben. Und weil Israel ein Land ist, in dem Araber und Juden leben, sollten in diesem jüdischen Heim auch Araber keine Fremden sein. Aber um ein solches Kinderheim zu gründen und zu führen, war Geld nötig, viel Geld. Hanni bekam nur ihr nicht besonders hohes Gehalt, das noch viel niedriger war als das eines Mannes in gleicher Position. Johanna Kaphan lebte gut, aber bescheiden. Als sie eine größere Summe aus Deutschland als Wiedergutmachung bekommen sollte, zögerte sie lange, das Geld anzunehmen. Was war das überhaupt für ein Wort: Wiedergutmachung. Was war hier wieder gut zu machen. Man wollte ihr die Pension nachzahlen, die ihr als Schuldirektorin zugestanden hätte. Schließlich nahm sie sie an. Sie war eine der ersten Privatpersonen in Haifa, die sich ein Telefon installieren ließ, sonst lebte sie wie bisher.

In den sechziger Jahren wurde das Leben auch in Israel leichter. Neue Orte, Häuser, Industrieanlagen entstanden. Wälder und Gärten wurden angelegt, Touristen kamen, der Lebensstandard wuchs, selbst die Armen waren weniger arm. Hanni und Johanna Kaphan reisten zusammen nach Griechenland. Einmal, als Ernst Ullmann von einer Tante tausend Dollar geerbt hatte, reisten Hanni und er mit Johanna Kaphan in die Schweiz. Immer noch entwarfen sie bei ihren Sonnabendfrühstücken ihr Heim, ihr ganz besonderes Kinderheim. Johanna Kaphan dachte vielleicht an ihre traurige Kindheit im Auerbachschen Waisenheim, wenn sie sich zusammen mit Hanni stundenlang in den Traum von diesem ganz anderen jüdischen Heim vertiefte. Zwar tat Hanni alles, um die AHAWAH im ursprünglichen Sinn zu erhalten, aber sie spürte, daß eine Zeit zu Ende ging. Schon hatte sie ihren

Nachfolger ausgewählt, den Schweizer Chanan Guggenheim. Er und seine Frau, die Psychologin Batja, hatten jahrelang mit Hanni in der AHAWAH zusammengearbeitet. Chanan vertrat die Ziele der AHAWAH von allen jüngeren Erziehern am besten. Es näherte sich der Zeitpunkt, an dem Hanni Ullmann in Pension gehen sollte, obwohl sie sich tatkräftig und gesund fühlte.

Auch Johanna Kaphan war nie krank. Mit der Zeit hörte sie etwas schwer, aber immer noch sah sie gut aus und trug ausgesucht schöne Kleider. Manchmal kamen ehemalige Schülerinnen sie besuchen, mit denen sie in Schweden zusammengelebt hatte. Hanni lernte diese Frauen kennen, sie sah den Respekt und die Dankbarkeit, mit der sie Johanna Kaphan begegneten, aber nach Einzelheiten fragte sie merkwürdigerweise nicht. Und Johanna Kaphan erzählte auch wenig über die Zeit in Schweden. Es war, als ob sie fürchteten, die Erinnerung an diese Vergangenheit würde ihnen die Kraft nehmen, die doch nötig war, um weiter zu träumen. Gewiß, manchmal erwähnte sie ihre Schülerinnen aus der Mädchenschule in der Auguststraße. Einige waren nach Israel gekommen und suchten die Verbindung mit ihrer früheren Direktorin. Aber allzuviele hatten nirgendwohin ausreisen können, hatten keine Spur hinterlassen außer vielleicht ihren Namen und eine Nummer in den Listen, die Max Reschke so sorgfältig geführt hatte. Johanna Kaphan sprach auch von Meier Spanier, mit Zärtlichkeit, lebenslanger Bewunderung und Dankbarkeit. Sie sagte es nicht, aber für Hanni Ullmann war klar, daß zwischen diesem Mann und der jungen Lehrerin eine Liebe gewesen war. So sehr Johanna Kaphan mit Hanni Ullmann befreundet war, die verborgensten Schichten ihrer Erinnerung behielt sie für sich.

Aber von Feo, der Turnlehrerin aus der Auguststraße, die ihr wie eine Tochter war, erzählte sie viel. Feo besuchte Johanna Kaphan und wurde auch eine enge Freundin von Hanni. Feo hatte es anfangs in England schwer gehabt wie wohl alle Emigranten. Während des Kriegs galt sie wie alle deutschen Juden als feindliche Ausländerin. Sie bekam nur schwer eine Arbeitserlaubnis, aber dann gab sie Turnstunden, lernte massieren und beschäftigte sich mit Yoga. Man sagte, sie hätte heilende Hände. Mit der Zeit wurden ihre Kurse berühmt, und sie konnte sich eine eigene Praxis aufbauen. Ziemlich spät heiratete sie einen Professor aus Cambridge, zog in dessen Villa in einem vornehmen Viertel, gab aber ihre Gymnastikkurse, die Yogaübungen und Massagen nicht auf. Der Mann war kein Jude, Feo trat aus dem Judentum aus. Als ob man aus dem Judentum austreten kann, sagte Hanni nur. Auch für Johanna Kaphan wäre das kein Weg gewesen, den zu gehen sie bereit gewesen wäre, aber an ihrer Freundschaft zu Feo hielt sie bis zum Tod fest.

Dieser Tod kam ganz plötzlich, im Dezember 1970.

Hannis letzter Arbeitstag in der AHAWAH war gekommen. Für die AHAWAH war es keine gute Zeit, die Auseinandersetzungen mit der Stadt Haifa hatten sich zugespitzt. Ein Trost für Hanni war, daß Chanan Guggenheim ihr Nachfolger war. Ohnehin mußte sie noch eine Weile in der AHAWAH wohnen bleiben, weil sie keine eigene Wohnung besaß. In diesen Tagen des Abschieds bekam Hannis Tochter Raja ein Kind, ein Mädchen. Raja lebte damals mit ihrem Mann, der beruflich dort zu tun hatte, in Amerika. Natürlich wollte Hanni sofort zu ihrer Tochter fahren, das Enkelkind sehen und Raja beistehen. Das war ihr wichtig, gerade Rajas Kind wollte sie so bald wie möglich in den Arm nehmen. Ernst Ullmann war nie so reiselustig, also mußte Hanni allein fliegen. Da erkrankte Johanna Kaphan an einem Virus, sie kam ins Krankenhaus. Hanni besuchte sie noch, es war ihr erster Tag nach der Pensionierung. Sechsunddreißig Jahre hatte sie in Neve Shanaan und Kiryat Bialik zur AHAWAH gehört, fünfzehn Jahre davon als Leiterin. Und davor hatte sie schon drei wichtige Jahre lang in Berlin in der AHAWAH gearbeitet. Wie einschneidend dieser Abschied war, spürte sie zunächst gar nicht, weil sie bis zum letzten Moment mit dem Alltag im Heim beschäftigt war. Und dann die Nachricht über Rajas Niederkunft, die Reisevorbereitungen ... Und nun Johanna Kaphans Krankheit.

In der Nacht nach ihrem Besuch bei der kranken Freundin reiste Hanni zu ihrer Tochter. In Amerika hörte sie, daß ihre Freundin gestorben war. Und sie erfuhr, daß Johanna Kaphan ein Testament hinterlassen hatte, in dem sie ihr ihre ganzen Ersparnisse, von denen Hanni nichts geahnt hatte, und die Wiedergutmachung aus Deutschland hinterlassen hatte. Als Grundlage für ein Kinderheim wie das, von dem sie jahrelang an den Sonnabendmorgen gesprochen hatten.

Dieses Kinderheim nannte Hanni Ullmann NEVE HANNA – Hannas Oase. Sie tat dies, um Johanna Kaphan zu ehren. Aber auch in Hannis Geburtsurkunde steht: Hanna. NEVE HANNA ist auch ihr Ort geworden, ihre eigene Heimstatt.

Was ich über Johanna Kaphan, der ich nie begegnet bin, weiß, hat mir Hanni Ullmann erzählt. Und einige Mädchen, deren Schuldirektorin Johanna Kaphan gewesen ist. Diese Mädchen waren, als ich sie traf, ältere Frauen geworden, und eine jede hat in ihrem Leben mehr gesehen und erfahren, als ich mir vorstellen konnte. Wer in den paar Jahren ihres Bestehens Schülerin der jüdischen Mädchenschule in der Auguststraße gewesen ist, hat einen Riß in der Seele, und es ist nicht immer gut, an diesen Riß zu rühren.

Trotzdem fragte ich jede ehemalige Schülerin der Auguststraßen-Schule, die ich traf, nach Johanna Kaphan und nach dem Mädchenheim in Schweden, das sie geleitet hatte und nach dem Hanni Ullmann nicht gefragt hatte. Aber die ehemaligen Schülerinnen, die ich traf, hatten in England überlebt oder in Palästina oder in Australien oder hinter einem Schrank in Berlin oder in einem Keller bei Strausberg. In Schweden war keine gewesen. Aber eine, Ursula Herzberg, kannte eine, die hieß Judith Bick, und die hatte eine Freundin, die hieß Lottie Waxmann und war in Stockholm in Johanna Kaphans Heim gewesen. Lottie Waxmann schrieb mir aus Portland. Sie schrieb auf deutsch, und man sah, daß diese Sprache für sie zu einem früheren, zu einem vergangenen Leben gehörte. »... Frau Kaphan hatte die Aufgabe, für uns zu sorgen, da wir ja im Arbeitsprozess standen. Kochen war nicht die starke Seite von Frau Kaphan so wir alle versuchten mitzuhelfen. Frau Kaphan war eine sehr feine und liebe Frau und versuchte ihr Bestes zu tun was nicht immer leicht war da wir rausgerissen aus unsern Elternhaus dann wieder weg von der Familje die uns das erste Jahr nahm so es war sicher keine leichte Aufgabe aber Frau Kaphan kam sehr gut mit uns allen aus und ich stand sehr gut mit ihr ... Ich habe dann leider den Kontakt verloren, da wir 1949 nach Amerika auswanderten. Der Zufall wollte es daß wir vor vielleicht zehn Jahren hier jemanden trafen der nicht nur Frau Kaphan in Israel kannte aber uns erzählte daß mit dem Geld was Johanna K. von der Wiedergutmachung bekam daß sie damit ein Kinderheim begann und das trägt ihren Nahmen und ist heute noch sehr begehrt und voll mit jungen Menschen.«

Der letzte Satz in diesem Brief vom Dezember 1992 lautet: »Die Nachrichten aus Deutschland beunruhigen uns alle hier wie Sie sich denken können.«

Fünf Jahre später, als ich diesen Brief wieder las, wußte ich nicht mehr, welche Nachrichten sie meinte. Brennende Asylbewerberheime, angezündete Synagogen, zerstörte jüdische Friedhöfe oder erschlagene Ausländer? Noch immer sind die Nachrichten aus Deutschland so, daß sie ehemals deutsche Juden, die nach Portland oder sonstwohin emigriert sind, beunruhigen können. Der Gedenkstein vor der ehemaligen Sammelstelle in der Großen Hamburger Straße wird immer wieder vom Sockel gestoßen und zerstört. Und wie immer kann die Polizei keine Täter finden, und vor allem kann sie keinen politischen Hintergrund dieser Zerstörung erkennen. Und obwohl Tag und Nacht Menschen durch die Große Hamburger Straße gehen und obwohl die Restaurants in dieser Gegend bis zum Morgen geöffnet sind, hat kein Mensch gesehen, wie der Gedenkstein für die ermordeten Berliner Juden im Dezember 1997 wieder einmal zerstört wurde. Zum siebenundzwanzigsten Februar 1998, dem Jahrestag der letzten Großrazzia unter Berliner Juden, die als »Fabrikaktion« in die Geschichte einging, wurde der restaurierte Stein wieder aufgestellt, offizielle Reden wurden gehalten und Blumen niedergelegt. Zwei Tage später waren diese Blumen zertreten, der Mogen David von dem erneuerten Stein abgebrochen. Vandalismus, sagt die Polizei, kein politischer Hintergrund. Ein paar Bürger gründeten im Frühjahr 1998 eine »Stille Mahnwache«. Nacht für Nacht standen sie nun und bewachten den Gedenkstein. Im Morgengrauen gingen sie. Und im Morgengrauen des zweiten Mai 1998, die stillen Mahnwächter waren eben gegangen, kamen Unbekannte, offenbar Unsichtbare, Unhörbare, rissen die Kränze von dem Stein fort, schleuderten sie ins Gebüsch, zerschlugen den Glasbehälter für Kerzenlichter, zertraten das Schild mit der Telefonnummer der Mahnwächter. In einer der Reden vom Februar wurde gesagt, daß Zivilisation nur eine dünne Schicht sei, durch die Barbarei jederzeit wieder hindurchbrechen kann. »Die Nachrichten aus Deutschland beunruhigen uns alle«, hatte Johanna Kaphans Schülerin geschrieben.

Ich war damals froh, diesen Brief zu haben, diese Erinnerung an eine Lehrerin, die NEVE HANNA ihren Namen gab, der das Kochen schwerfiel und die eine »feine und liebe Frau« gewesen ist. Aber ich bekam noch einen anderen Brief über Johanna Kaphan.

Aus Jerusalem schrieb mir im Dezember 1996 Maayan Landau, die die Tochter des Rabbiners Dr. Moritz Freier aus der orthodoxen Alten Synagoge Heidereutergasse war. Auch die Kinder der AHAWAH besuchten diese Synagoge. Mayaan wohnte in der Alten Schönhauser Straße 10, in dem

Haus, in dem die Geschichte der AHAWAH mit einer jüdischen Volksküche begonnen hatte, die die Damen des späteren Kuratoriums 1915 für die hungrigen Kinder des Scheunenviertels gegründet hatten. Mayaan ging in Frau Kaphans Schule, von ihrem Klassenzimmer in der Auguststraße aus sah sie jeden Tag auf das Nachbargebäude, ohne viel über die AHAWAH zu wissen. Später in Israel arbeitete sie selbst mit der AHAWAH zusammen, kümmerte sich darum, daß Kinder aus armen Familien in Kibbuzim aufgenommen wurden. Dort hatte sie mit ihrer ehemaligen Direktorin Johanna Kaphan zu tun. Mayaans Vater, aber das schrieb sie nicht in ihrem Brief, war 1938 schon mit zweien ihrer Brüder nach England gegangen. Ihre Mutter Recha Freier, die Begründerin der Jugend-Alijah, hatte ihre Arbeit in Berlin nicht aufgeben wollen. 1938 hatte die Gestapo ihr Büro geschlossen, es war in London neu eröffnet worden. Recha Freier blieb in Berlin, arbeitete illegal weiter. Trotz der Gefahr tat sie weiter alles, um jüdischen Kindern die Ausreise nach Palästina zu ermöglichen. Ihre Arbeit, durch die schließlich Tausende jüdischer Kinder der Deportation entgingen, war in jüdischen Institutionen umstritten. In der Reichsvereinigung hatte sie keine Verbündete. Das schrieb ihre Tochter mir nicht. Sie schrieb, daß sie 1940 mit ihrer Mutter und anderen jüdischen Flüchtlingen über Wien und Jugoslawien nach Palästina geflohen ist. Ihr ältester Bruder war seit 1940 dort, sie und ihre Mutter kamen 1941 an. Mayaan schrieb in ihrem Brief nichts über den Heuwagen, in dem sie sich verstecken mußte, der von zwei jugoslawischen Schmugglern bis an die Grenze in den Bergen gebracht wurde. Sie schrieb nicht, wie sie und ihre Mutter schließlich über die Grenze nach Jugoslawien rannten. Nichts darüber, wie Recha Freier sofort dafür sorgte, daß jüdische Jugendliche, deren Eltern schon in Lagern waren, auf demselben Wege in kleinen Gruppen fliehen konnten. Sie schrieb nicht, daß die beiden Fluchthelfer schließlich von der Gestapo erschossen wurden. Hundertachtundzwanzig Jugendliche hat Recha Freier über Jugoslawien herausgeschleust. Aber Henrietta Szold in Palästina war erbost über den Alleingang der Recha Freier und lehnte es ab, sie alle ins Land hereinzulassen. Sie mußte mit der Mandatsregierung zusammenarbeiten, wollte sie nicht durch noch mehr illegale Einwanderer verprellen. Monatelang irrten die Flüchtlinge, die keiner aufnehmen wollte, vor Palästinas Küsten umher. Recha Freier, als sie in Jerusalem ankam, wurde von Henrietta Szold regelrecht hinausgeschmissen. Die Jugend-Alijah, Recha Freiers Werk, wurde für lange Zeit nur mit Henrietta Szolds Namen verbunden. Das alles hat mir ihre Tochter Mayaan nicht geschrieben. Das alles aber hat sie erlebt und auch, wie ihre Mutter schon 1941 den Mif'al Lehachscharat Jaldej Israel gründete, eine Organisation, die Kindern aus armen Familien eine Ausbildung in Kibbuzim ermöglichte. Später, viel später, Recha Freier war schon neunundachtzig Jahre alt und saß im Rollstuhl, wurde sie für ihre Verdienste mit dem Israel-Preis, der höchsten Auszeichnung des Landes, geehrt. Sie starb mit zweiundneunzig Jahren, im Bewußtsein, das Richtige getan zu haben.

Das alles schrieb mir Mayaan nicht.

Sie schrieb über die Straßen in Berlin und wie sie bei einem Besuch dort herumgelaufen war. »Man hat ein komisches Gefühl. Man läuft von einer Straße in die andere und findet nicht, was man sucht. Und doch oder vielleicht gerade deswegen zieht es einen nach Berlin zurück.« Und: »Wie Leute nach dem Krieg zurückkommen konnten, ist mir unbegreiflich. Als man einen meiner Brüder mal fragte, was er gefühlt hat, als er mal auf ein paar Tage nach Berlin kam, sagte er: einerseits kennt man die Sprache und Orte und andererseits fühlt man sich ganz fremd. Man weiß, man hat damit nichts mehr zu tun.«

Ich habe Mayaan nicht kennengelernt. Ich habe nur ihre Trauer gespürt und gelesen, sie habe erst durch mich erfah-

ren, daß das Haus der AHAWAH, das sie aus ihrem Schulfenster täglich sah, ein Sammellager wurde, durch das wohl auch einige ihrer Verwandten und Bekannten gegangen sind.
»Ich weiß nicht warum, aber es fügt noch mehr Schmerz hinzu.«

Dieser Schmerz legt sich auf all ihre Erinnerungen.

Auch auf die an Johanna Kaphan.

Was mir Mayaan über ihre Schuldirektorin in der Auguststraße schrieb, ist dies: »Was ich Frau Kaphan nie verzeihen konnte, ist, daß wenn ich ins Zimmer von der Leiterin der Schule gerufen wurde, nicht öfter als höchstens zweimal, durfte ich nicht auf ihren Teppich treten, sondern wurde gebeten, neben den Teppich vor ihren Tisch zu treten. Ich war an so etwas nicht gewöhnt und verstand nie, warum meine Schuhe schmutziger sein sollen als die Schuhe der Erwachsenen, denen es bestimmt erlaubt war, auf den Teppich zu treten. Aber mit allen anderen Verboten, mit denen zu leben wir lernen mußten, habe ich auch dieses Verbot mit mir mitgenommen. Aber nicht ganz überwunden, wie Sie sehen.«

Recha Freier schrieb Gedichte. In einem heißt es:

> Das große Licht geht aus.
> Die kleinen knistern
> und bersten leise,
> und die Wunden bluten im Dunkel.

An dieses Gedicht dachte ich, als ich den Brief ihrer Tochter las.

UND DIE WUNDEN BLUTEN IM DUNKEL.

# Eine andere Frau
## auf einer anderen Treppe

Im Januar 1996 ist Hanna Ullmann in Berlin. Sie hat sich in einer Pension in der Nähe des Kurfürstendamms einquartiert, und ich besuche sie jeden Morgen, um sie zu interviewen. Die Pension liegt im obersten Stock eines der alten Berliner Mietshäuser, wie Hanni sie noch aus ihrer Berliner Zeit kennt. In einem solchen Haus, nur wenige hundert Meter weiter hatte ihre Tante gewohnt, die einzige der fünf Geschwister ihres Vaters, die nicht in den Nazilagern umgekommen ist. Außer der Pension gibt es in dem Haus eine Anwaltskanzlei und irgendwelche Büros, wahrscheinlich von Steuerberatern. Ganz oben, noch über der Pension, hat jemand das Dach ausgebaut.

Eines Tages wollen wir zusammen das Haus verlassen und nehmen den Fahrstuhl. Eine Etage tiefer steigt Hanni aus, um ihre Papiere dort im Tresor der Pensionsbesitzerin einschließen zu lassen. Ich folge ihr, lasse aber den Fahrstuhl hinter mir offen. Hanni klopft am Büro der Frau, klingelt und wartet. Niemand kommt. Wir beschließen gerade, die Papiere mit uns zu nehmen, als ein Mann die Treppe herunterkommt. Er ist massig und nicht mehr jung, trägt eine kindische Schirmmütze. An irgendwen erinnert er mich. Plötzlich brüllt er los. Nein, er brüllt nicht, es wirkt nur so, weil sich seine ungewöhnlich polternde Stimme im Treppenhaus verstärkt. Ob sie den Fahrstuhl offen gelassen habe, fragt er Hanni geradezu drohend. Erst jetzt bemerkt sie erschrocken das Mißgeschick. Bevor sie antworten kann, fährt der Mann wütend fort: Ob sie in ihrem hohen Alter noch nicht wisse, wie man einen Fahrstuhl bedient.

Unfähig zu reagieren schaut Hanni ihn an. Sie habe wohl zudem einen Hörschaden, vermutet er höhnisch.

Auch ich kann nicht reagieren, starre den Mann stumm an. Mir kommt der Auftritt so unwirklich vor, zumal die Stimme des Mannes die eines bekannten Schauspielers ist. Zu Hause habe ich Schallplatten mit seinen Liedern. Als ich fünfzehn war, ging unsere ganze Schulklasse ins Kino International, einen Film mit ihm in der Hauptrolle zu sehen. Es war die dritte Vorstellung, nach der vierten wurde der Film abgesetzt. Wir hatten einen Aufsatz schreiben sollen, aber dann sprachen wir nicht einmal über den Film. Er war weg, verboten. Und über Verbotenes sprach man nicht an unserer Schule in der Auguststraße, so wenig wie über die Vergangenheit des Hauses. Der Schauspieler aber blieb, ich sah ihn manchmal in sein Auto steigen, denn ich ging als Schülerin oft an seinem Haus vorbei, meine Eltern wohnten fünf Minuten weiter.

Wie oft, wenn ein Moment in der Gegenwart mir unwirklich erscheint, drängen sich Bilder einer vergangenen Zeit in meine Erinnerung, fühle ich andere Momente stärker als diesen. Dem Haus des Schauspielers schräg gegenüber lag ein Haus, das der Jüdischen Gemeinde gehörte. Es war ein Altersheim, das einzige der Ostberliner Gemeinde, denn so viele alte Juden gab es nicht. Das Haus war früher ein Säuglingsheim gewesen, die Säuglinge sind denselben Weg gegangen, den auch die AHAWAH-Kinder gehen mußten, die nicht mehr nach Palästina kamen. Einige Pflegeschwestern des Säuglingsheims aber kamen noch für ein paar Wochen in das ehemalige Haus der AHAWAH in der Auguststraße, bis auch sie deportiert wurden. Ihre Namen hatte ich in alten Akten gelesen, und als ich diesen Mann mit der Schirmmütze im Treppenhaus sehe, muß ich an den Schauspieler denken und an das Haus gegenüber seinem, und mir fällt der Name einer der jungen Pflegerinnen von dort ein, die in meinem späterem Schulhaus, vielleicht in meinem späteren Klassenzimmer, auf den 36. Osttransport warten mußte: Renate Boehm. Bei ihr war ein siebenjähriges Mädchen gewesen: Jana Eichenstein.

Diese Namen haben nichts mit dem zu tun, was hier geschieht. Der Mann weist Hanni Ullmann wie auf einem Kasernenhof zurecht, dabei tritt er dicht an sie heran, daß sie sich duckt und noch kleiner wird. Zum erstenmal sehe ich Hanni so verwirrt und so winzig, eine uralte Frau, die Angst hat. »Entschuldigung«, murmelt sie. Ich muß etwas sagen, denke ich, fassungslos über den Ton des Mannes, der sich immer mehr in Wut hineinsteigert. Mich beachtet er gar nicht. Er könnte ja in den Fahrstuhl steigen und abfahren, aber er läßt nicht von Hanni ab. Ich bringe kein Wort heraus, denn immer noch verblüfft mich, wie ähnlich er diesem Schauspieler sieht, der gegenüber dem jüdischen Altersheim gewohnt hat. Als er nach Westberlin ausgereist war, mehr als ein Jahrzehnt nach dem Verbot des Films, nachdem die Hoffnung auf Veränderung in unserem Land ausgebürgert worden war, hatten meine Freunde und ich sein Weggehen betrauert, denn es schien uns, einer nach dem anderen würde gehen, und wir wollten doch festhalten an dieser Hoffnung auf eine Veränderung von innen, und so verging ein weiteres Jahrzehnt und mehr. Im Westen hatte der Schauspieler bald Erfolg in Fernsehserien.

Ist er es, dem der Dachboden dieses Hauses gehört? Ist er der Mann auf der Treppe?

Endlich steigt er in den Fahrstuhl. Hanni und ich sehen uns an, wissen kein Wort. Wir laufen die Treppen hinunter, Hanni versucht ein Lachen, aber es gelingt nicht. Der Schreck sitzt ihr tief in den Gliedern. Im jüdischen Restaurant in der Fasanenstraße sind wir mit Hannis Freundin Jutta Frost und Margit, einer ehemaligen Mitarbeiterin von NEVE HANNA, zum Mittagessen verabredet. Hanni erzählt von dem Erlebnis. Der war ein Nazi, vermutet sie. Ich habe inzwischen am Hauseingang die Klingelleiste angeschaut und einen Namen gelesen, der auch auf den Schallplatten des

Schauspielers steht. Seine schönen Chansontexte schrieb er unter einem Pseudonym. Mir ist klar, daß der wütende Mann und jener Schauspieler tatsächlich identisch sind, und im nachhinein scheint mir, daß er die Szene gespielt hat; sicher war er verärgert, aber seine Brüllerei, sein beißender Spott kommen mir jetzt wie schlechtes Theater vor.

Doch Hannis Schreck ist echt. Sie kann sich gar nicht beruhigen. Immer wieder an diesem Tag und auch an den folgenden spricht sie von dem Vorfall, sie ist fest entschlossen, aus dem schönen Haus auszuziehen. Ich erzähle ihr, daß der Mann kein Nazi ist, das nun gewiß nicht, sondern nur ein grober Mensch, der es wohl nicht leiden kann, wenn irgend etwas seine Bequemlichkeit stört, wahrscheinlich ein Selbstdarsteller, der aus unscheinbaren Ereignissen große Szenen gestaltet. Aber Hanni glaubt mir nicht.

»Ich war ja zu der Zeit nicht in Deutschland«, sagt sie unvermittelt, als wir am Abend im Foyer des Deutschen Theaters stehen, »aber genauso stelle ich mir die SS-Männer vor.«

Ich weiß sofort, wovon sie spricht. »Hanni, der ist kein Nazi. Schreiende Psychopathen gibt es auch in Israel.«

Das weiß sie selbst, und ob, aber der Gedanke beruhigt sie nicht. Für sie war die Begegnung mit dem Mann, dessen Mütze in ihrer Erinnerung zu einer Uniformmütze geworden ist, ein Alptraum. Es war das, was die Kinder der AHAWAH in Berlin erfahren hatten, bevor sie aus Deutschland entkamen. Und ich begreife, daß es für jemanden wie Hanni etwas anderes ist, ob sie in Kfar Saba von einem Fremden angebrüllt wird oder in Berlin, auch in Rom kann sie das hinnehmen oder in New York, in Alaska oder Thailand, aber nicht hier in Berlin, hundert Meter entfernt von der Wohnung der Schwester ihres Vaters, die als einzige der fünf Geschwister Hermann Rischs überlebt hat.

Am nächsten Morgen nach diesem Vorfall treffe ich Hanni anders als sonst in ihrem Hotelzimmer, sie steht ungekämmt in ihrem blauen Nachthemd vor mir und wirkt verstört. Ich denke, das hängt noch mit der Begegnung vor dem Fahrstuhl zusammen, aber als ich eine Viertelstunde später wieder an ihrer Tür klopfe, sitzt sie angezogen und frisiert am Tisch und sagt mir gleich, heute will sie nicht über ihre Arbeit reden, heute wird ihre Freundin Feo Löwenfeld in Cambridge beigesetzt, in der Kathedrale vom Kings College neben ihrem Mann.

Vor zwei Stunden hat Hanni mit ihrer Schweizer Freundin Heidi telefoniert und nach Feo gefragt. Hanni wollte ihrer schwerkranken Freundin anstrengende Telefongespräche ersparen und sie wußte, daß Heidi, die vor Jahrzehnten, als Hanni in der Schweiz studierte, ihre Austauschpartnerin gewesen war, mit Feos Pflegerin in Verbindung stand. Hanni hatte erwogen, nach ihrem Berlin-Aufenthalt noch einige Tage zu Feo zu fahren, und nun trifft sie die Nachricht von Feos Tod. Ich setzte mich zu Hanni, das Tonbandgerät schalte ich an diesem Tag nicht ein. Feo war nur wenig älter als Hanni. An diesem Vormittag aber wird sie noch einmal ganz jung, sie wird wieder zu dem Mädchen aus dem Scheunenviertel. Ihre längst gestorbene Mutter ist an diesem Vormittag noch nicht alt, aber abgearbeitet und müde, eine Waschfrau, die jede Stelle annehmen muß, um sich und die beiden Kinder zu ernähren. Der Vater, ach, den Vater gibt es auch. Er bleibt schemenhaft. Feo hat ein Leben lang behauptet, daß er ein erfolgreicher, ehrenwerter Kaufmann und liebevoller Vater gewesen ist, aber Hanni weiß es von Johanna Kaphan, dieser Vater war ein armer, jiddisch sprechender Schnorrer, den das Elend von der Familie weggetrieben hatte. Das kennt Hanni von ihren Heimkindern, die Eltern werden zu wunderbaren Menschen phantasiert, stark und gütig und ohne Fehler. In manchen bleibt dieses Bild ein Leben lang. Auch Feo mochte es nicht, wenn jemand bezweifelte, daß ihr Vater so großartig gewesen war, wie sie ihn schilderte. Vielleicht hat Feo in ihrem Cambridge-Professor diesen Vater gefunden. Lange vorher aber fand sie Johanna Kaphan, die Lehrerin, die wußte, daß man Hilfe braucht, wenn man aus solcher Armut kommt, und die Feo, der Begabten, half, wie ihr selbst geholfen wurde. So wie Johanna Kaphan studiert hatte, konnte auch Feo studieren und Lehrerin werden.

Hanni und ich sitzen am Tisch in diesem Pensionszimmer nahe dem Kurfürstendamm und bei uns ist Feo, mit der wir durch London gehen, in irgendein Hinterzimmer, wo sie Emigranten, darunter ihren ehemaligen Schülerinnen, Turnstunden gibt. Und ihnen immer wieder sagt, wenn all der Kummer schon über die Seele geht, daß sie fast ertrinkt darin, dann muß der Körper wenigstens biegsam gehalten werden, denn der Körper ist das Haus der Seele, und er kann sie auch schützen. Und Feo turnt mit ihrer kleinen, gedrungenen Figur begeistert die anmutigsten Übungen. Die Turnhalle wird wieder das Berliner Pensionszimmer, in dem ich mit Hanni sitze, aber heute erinnert alles an Feo. Wir trinken Tee, englischen Tee, schon sind wir wieder bei Feo, die fand in London zahlende Kunden, die zu ihr kamen, um ihre heilenden Hände zu spüren, sie verdiente Geld, unterstützte ehemalige Schülerinnen aus Deutschland, und als der Krieg zu Ende ging, war sie beinahe zu Hause in dem fremden Land. Ihr einziger Angehöriger, ihr Bruder, war nach Palästina gegangen, in einen Kibbuz, und hatte dort seinen Verstand verloren. Noch lange dämmerte er in Israel vor sich hin. Feo blieb, wo sie war, das Unglück findet einen auch im Gelobten Land. Aber wenn man Wärme gibt, findet man Wärme auch da, wo es kalt ist. Und sie fand diesen Professor in Cambridge, zog in den goldenen Käfig, wie Johanna Kaphan immer sagte.

Aber auch in dieser schönen alten Villa in der Altstadt von Cambridge gab sie ihre Turnstunden für Kinder, für Alte, für Kranke und Gesunde. Man kam von weither zu Feo Löwenfeld, und auch Hanni war sie mehrmals besuchen gekommen, sie war die einzige von allen Freundinnen, die in dem edlen Haus schlafen durfte, denn der Professor war etwas eifersüchtig, aber Hanni gefiel ihm, und sie hatte lange, schöne Gespräche mit dem anglikanischen Professor. Sie saßen zusammen in der Kathedrale vom Kings College, und Hanni hörte den Knabenchor, und die Stimmen griffen auch an ihr Herz. Und doch verstand sie nicht, daß Feo keine Jüdin mehr sein wollte.

Wenn Hanni bei ihren Besuchen in die Synagoge ging, kam Feo mit, sie saß neben ihr und kannte alle Gebete, und Hanni wußte, daß sie nichts vergessen hatte.

Aber ein Mensch muß selbst wissen, wohin er gehört, und wenn Feo Löwenfeld aus dem Scheunenviertel meint, sie gehört an die Seite dieses Professors in der Kathedrale von Cambridge, dann wird Hanni dies respektieren. Weil jeder mit seinem Gott selbst abmachen muß, was er tut und was er läßt. Und was Feo getan hat, kann jeder sehen, es würde auch Hannis Gott gefallen, und Hanni selbst gefällt es, und darauf kommt es an, und deshalb war Feo Löwenfeld ihre Freundin bis zum Schluß.

Hanni sagt, sie wollte schon lange mit Feo zusammen nach Berlin fahren, in die Auguststraße. Aber Feo war plötzlich krank geworden, mußte mehrmals operiert werden, als Frau von über achtzig Jahren konnte sie kaum noch von einem Zimmer ins andere gehen, aber noch immer kamen die Menschen zu ihr, wollten sich massieren lassen, wollten unter Feos Anleitung turnen. Hanni erinnert sich noch einmal wehmütig an den schönen Garten mit den seltenen Pflanzen und Bäumen hinter dem alten Haus, das Feo mit dem Hausmeister allein bewohnte, denn der Professor ist schon vor Jahren gestorben. Sie erinnert sich an die Freude, mit der Feo ihr das alles gezeigt hat. Das Haus werden jetzt die Kinder des Mannes aus seiner ersten Ehe bekommen, Feo hat keine Kinder geboren. Aber, sagt Hanni, und ihr Gesicht hellt sich etwas auf, Feo hat an die Kinder von NEVE

HANNA gedacht. Sie hat Hanni wissen lassen, schon lange, daß nach ihrem Tod das Heim NEVE HANNA von ihr genügend Geld bekommen wird, um den Sportplatz auszubauen. Für einen Moment scheint dieser Gedanke sogar Hannis Traurigkeit etwas zu mildern, aber dann spricht sie wieder von der gemeinsamen Reise nach Berlin, die sie immer wieder aufgeschoben haben, bis es für Feo zu spät war, von ihrer vage geplanten Reise zu Feo, für die es nun auch zu spät ist, und davon, daß mit Feo wieder eine von der Erde gegangen ist, der sie sich auf ganz eigene Art nahe und verwandt fühlt. Heute hat sie keine Lust, über ihr Leben zu sprechen, sagt sie noch einmal, als ihr Blick auf mein mitgebrachtes Tonbandgerät fällt, dabei sprechen wir die ganze Zeit darüber.

Das Telefon klingelt, Dudu, der Heimleiter aus NEVE HANNA, ist am Apparat. Jeden zweiten Tag ruft er an und gibt Hanni Bericht über alles, was im Heim geschieht. Auch wenn Hanni in Kfar Saba ist, suchen sie täglich den Kontakt zueinander. Er trifft die Entscheidungen selbst, aber Hannis Rat ist ihm wichtig. Beim letzten Anruf hatte er ihr erzählt, daß eine der Hausmütter plötzlich ins Krankenhaus gehen mußte, eine Vertretung mußte kommen. In gerade dieser Gruppe lebt ein besonders schwieriger Junge von elf Jahren, ein intelligentes, wildes Kind, das vor zwei Jahren aus Beer-Shewa gebracht wurde, wo es auf den Straßen bekannt und gefürchtet war. Dieser Junge war ohne Eltern beim analphabetischen Großvater aufgewachsen und nicht bereit, auch nur einen Tag in der Schule zu bleiben. Monatelang wurde er von einer Einzelbetreuerin begleitet, die sogar während des Schulunterrichts neben ihm sitzen blieb. Aber die Mühe hat sich gelohnt, der Junge geht heute gern zur Schule, lernt selbständig und ist ohnehin eine kleine Persönlichkeit. Hanni sorgte sich, als sie von der Erkrankung der Hausmutter hörte, an der der Junge hängt. Wie wird er auf die Trennung reagieren? Offenbar erzählt Dudu heute wieder etwas von diesem Jungen, ich höre seinen Namen und sehe Hannis Erschrecken. Dann spricht sie lange mit Dudu, fragt viel, zum Schluß lacht sie sogar. Dann wechselt sie das Thema, sie spricht ganz leise und ihre braunen Augen werden noch dunkler. Ich verstehe die Namen Feo Löwenfeld und Cambridge, höre das Sterbedatum. Lange redet sie mit Dudu über den Tod ihrer Freundin, die er kennt. Aber plötzlich schlägt ihre Stimme um. Beinahe fröhlich erklärt sie ihm etwas, schließlich legt sie auf, blickt einen Moment wie abwesend vor sich hin, noch ist sie in Kiryat Gat, in ihrem Heim NEVE HANNA. Was mit dem Jungen sei, frage ich. Hanni lächelt. Er ist abgehauen, zum Großvater nach Beer-Shewa. Seine Hausmutter war für ihn die Bezugsperson, nicht die Vertretung, bei der wollte er nicht bleiben. Dudu hat ihn zurückgeholt, und Hanni hat Dudu gesagt, daß sie in der Reaktion des Jungen etwas Positives sieht. Er hat Energie bewiesen, hat reagiert auf die veränderte Situation. Übrigens ist er freiwillig zurückgekommen; daß Dudu ihn holen kam, hat ihn beeindruckt.

Dudu wußte schon von Feos Tod, erzählt mir Hanni. Eine Karte ist in NEVE HANNA angekommen, darin steht, wann die Trauerfeier stattfindet. In dieser Stunde, Hanni blickt zur Uhr, wird Feo Löwenfelds Sarg beigesetzt. Eine Weile schweigen wir beide, dann greift Hanni nach meinem Notizblock und zeichnet mir auf, wie sie sich das mit dem Umbau des Sportplatzes denkt, der nun bald beginnen kann.

Auf dem Papier entsteht eine Skizze der Kinderhäuser von NEVE HANNA, hier ist der Zoo, dort der Spielplatz, und das da wird der Sportplatz. Freudig malt Hanni ein paar Tischtennisplatten und ein Fußballtor ein. Sie werden dem Platz einen Namen geben, beschließt sie. Sie wird bei den armenischen Töpfern in Jerusalem eine schöne Stiftertafel bestellen. Der Sportplatz von NEVE HANNA wird heißen FEO LÖWENFELD.

# Am Ort der fünf glatten Steine

Nach dem Abschied aus der AHAWAH hätten Hanni und Ernst Ullmann zum erstenmal während ihrer nun schon über vierzigjährigen Ehe viel Zeit füreinander gehabt. Aber Hanni dachte nicht daran, sich zur Ruhe zu setzen. Der Gedanke an ihr neues Kinderheim, in dem sie die Ideen der AHAWAH weiterführen wollte, trieb sie um. Ein paar Monate nach ihrem Abschied waren die Ullmanns aus ihrer Wohnung auf dem AHAWAH-Gelände ausgezogen. Die Sozialbehörde, die dafür verantwortlich war, gab ihnen keine Wohnung, und so kauften sie auf Raten eine kleine auf dem Carmel-Berg, von der aus sie einen schönen Blick über die Haifa-Bucht hatten. Für Ernst Ullmann war die Entfernung von der AHAWAH so schmerzhaft wie für Hanni. Er war ja schon als junger Technikstudent in Berlin so etwas wie Erzieher und Freund für die älteren Jungen in der Auguststraße gewesen, bei ihm hatten sie gelernt, mit Schlosserwerkzeug umzugehen, an sie hatte er seine zionistischen Überzeugungen weitergegeben. Nun war er Rentner, die eigenen Kinder hatten das Elternhaus verlassen. Hannis alter Vater war schon 1965 gestorben und lag in Kiryat Bialik begraben. Als Hannis Mutter einige Jahre später starb, wollte sie merkwürdigerweise neben ihrem Mann begraben sein.

Hanni lebte in der Unruhe eines bevorstehenden Anfangs. Das Erbe der Johanna Kaphan allein reichte nicht als Grundstock für ein neues Heim, also suchte sie Verbündete und fand sie in denen, die ihr schon in den vergangenen Jahren geholfen hatten. Die Freundeskreise in der Schweiz und in Deutschland waren bereit, das neue Heim zu unterstützen.

In der Schweiz hatte die AHAWAH-Kinderhilfe Geld gesammelt für ein neues Kinderhaus. Das sollte nach dem Willen der Sozialbehörde für ein Schulhaus verwendet werden. Aber eine Schule zu bauen, wäre die Pflicht der Stadt gewesen. Für eine solche Selbstverständlichkeit hatten die Freunde in der Schweiz das Geld nicht zusammengebracht. Chanan Guggenheim, Hanna Ullmanns Nachfolger, stritt ebenso wie sie mit den Behörden und wurde kurzerhand entlassen, obwohl er eine wunderbare Arbeit geleistet hatte und, wie Hanni zufrieden beobachtet hatte, als ordentlicher Schweizer auch die Verwaltung und die Finanzen der AHAWAH in mustergültigem Zustand hielt. Der Mann, den man nach ihm einsetzte, war auch ein guter Pädagoge, der sich oft heimlich mit Hanni beriet, aber bald ging auch dieser Mann fort. Die Stadt Haifa erwog, das Heim ganz zu schließen. Man spekulierte auf den Grund und Boden, den Beate Berger 1934 gekauft hatte. Aber Hanni und ihre Verbündeten Ernst Simon, Sinai Ucko, die Guggenheims und viele andere verhinderten das. Sie wußten, daß es in Israel ein Gesetz gab, wonach ein Grundstück, auf dem eine soziale Einrichtung steht, nicht zweckentfremdet werden darf.

Hanni merkte sich das und beschloß, den Grund und Boden für das neue Heim nicht zu kaufen, sondern nur zu pachten. Zu dem Geld aus Johanna Kaphans Erbe war das Geld für das Kinderhaus aus der Schweiz gekommen, die dortigen Freunde vertrauten Hanni und wollten es ihr für das neue Heim überlassen. Hanni fragte Chanan Guggenheim und Batja, als die beiden plötzlich ohne Arbeitsstelle waren, ob sie das neue Heim leiten würden. Ihr war klar, daß dies eine Aufgabe für einen jüngeren Menschen sein würde. Sie wollte alles mit vorbereiten, sich um den Aufbau kümmern und beratend dabei sein, aber leiten wollte sie das Kinderheim mit über sechzig Jahren nicht. Chanan Guggenheim und Batja waren bereit, aber da noch nichts entschieden war, nahmen sie eine befristete Stelle als Fürsorger in Naharia an und zogen mit ihren beiden Kindern dorthin.

Sie suchten lange nach einem geeigneten Platz für ihr Heim, und einmal waren sie schon fast entschlossen, ein Haus zu erwerben. Das war in Mozah, einem Ort in den Höhen vor Jerusalem, der 1929 bei den Unruhen ganz zerstört worden war. Alle Einwohner waren damals umgekommen. Nun baute man den Ort neu auf. Aber nicht die düstere Vergangenheit war der Grund, daß sie zurücktraten, sondern die Überlegung, daß es um Jerusalem herum genug Heime gab. Im Zentrum Israels, wo die europäischen Einwanderer lebten, gab es Sozialeinrichtungen. Aber da, wo die meisten nordafrikanischen Einwanderer angesiedelt worden waren, im Süden des Landes, waren die Probleme am drängendsten und es fehlte an Heimen.

Mit Hanni zusammen war ihre Sekretärin Dr. Beruria Weinryb in Pension gegangen. Auch sie, die seit 1939 als Lehrerin und Sekretärin in der AHAWAH gewesen war, wollte an dem neuen Heim mitarbeiten. Sie, Hanni, Chanan, Batja und Sinai Ucko berieten sich mit den Freunden aus Deutschland und der Schweiz. Sinai Ucko war inzwischen im Land eine hochgeachtete Persönlichkeit, er hatte den Henrietta-Szold-Preis der Stadt Jerusalem sowie den Preis für Erziehung der Stadt Tel Aviv bekommen. Seine Frau Ruth war gestorben. Er nahm eine Beziehung auf zu einer um viele Jahre jüngeren ehemaligen Schülerin. Auch sie hieß Ruth, sie war als Vierzehnjährige mit der Jugend-Alijah in die AHAWAH gekommen. Zu früh hatte sie geheiratet, ihre Ehe war nicht glücklich, und nach 27 Jahren, ihr Sohn war schon ausgezogen, ihre Tochter als Soldatin umgekommen, ließ sie sich scheiden. In Sinai Ucko, den verehrten Lehrer, waren viele junge Mädchen in der AHAWAH heimlich verliebt gewesen, diese Ruth aber hatte sich ihr Gefühl für ihn bewahrt und nach ihrer Scheidung kam sie mit dem verwitweten Lehrer zusammen, und 1968 heirateten die beiden. Ruth, weil sie nicht heißen wollte wie die verstorbene Frau ihres Mannes, nannte sich jetzt Renate. Hanni bat ihre ehemalige Schülerin Renate Ucko, an dem neuen Heim mitzuarbeiten. Wie die Oberin Berger, von der sie viel gelernt hatte, scharte sie einen ausgesuchten Kreis von Mitarbeitern um sich, sie wußte, daß das, was sie wollte, nur aus der Gemeinsamkeit wachsen konnte.

Auf ihrer Suche nach einem Ort für NEVE HANNA traf sie Shimon Sachs. Der war ihr sofort vertraut wie ein jüngerer Bruder.
Als Walter Sachs war er 1922 in Berlin geboren. Er kannte die Straßen, durch die Hanni gegangen war, die Wohnung seiner Eltern in der Duisburger Straße hatte ebensolche Erkerzimmer gehabt wie die der Rischs in der Winterfeldtstraße. Shimon Sachs war in derselben deutsch-jüdischen Kultur aufgewachsen wie Hanni. Wie sie spürte er eine schmerzliche Liebe zu der Stadt, die ihn verstoßen hatte. Anders als sie hatte er Berlin nicht freiwillig und voller Zukunftsfreude verlassen, sondern die Ausgrenzungen, Demütigungen und die Vorbereitung zum Mord sehr bewußt erlebt. 1939 war er als Siebzehnjähriger gerade noch entkommen. Mit einer Gruppe der Jugend-Alijah lebte er bis 1941 im Kibbuz En Charod. Er konnte das Abitur machen und am pädagogischen Seminar studieren. Nach dem Krieg hatte er als einer der ersten Israelis die Möglichkeit, in der Schweiz zu lernen. Das Geld für das Studium verdiente er sich, indem er dort vor Publikum Geschichten erzählte. Inzwischen war Shimon Sachs ein bekannter Erziehungswissenschaftler, Mitarbeiter im Erziehungsministerium und hielt Psychologie-Vorlesungen an der Universität von Tel Aviv. Zu seinen besonderen Verdiensten gehörte es, zwischen 1959 und 1964 ein Schulsystem für orientalische Einwandererkinder aufgebaut zu haben.
Shimon Sachs und Hanna Ullmann verband nicht nur

menschliche Sympathie, die aus einer ähnlichen Einstellung zu ihrer Arbeit kam, nicht nur die gemeinsame Erinnerung an den Berliner Westen, sondern auch die Erinnerung an die Berliner AHAWAH. Als Schüler der Theodor-Herzl-Oberschule war Shimon Sachs in den dreißiger Jahren oft in der Auguststraße gewesen, weil seine Klassenlehrerin Frau Pinkus ihre Schüler dorthin führte. Für Shimon war dies nicht nur eine erste Begegnung mit Kindern, die aus der Welt des östlichen Judentums kamen, sondern auch die erste Begegnung mit Pädagogen, die es sich zur Aufgabe gemacht hatten, entwurzelte jüdische Kinder in die Gemeinschaft zurückzuführen, ihnen trotz aller äußeren Not einen starken inneren Halt zu geben. Shimon Sachs hatte in der Auguststraße nicht nur die älteren Kinder gesehen, von denen einige noch nach Palästina gelangten, sondern auch kleine Waisen unbekannter Herkunft, die oft nur in Tücher gewickelt vor die Türen des Heims gelegt worden waren. Da diese Kinder ohne Papiere waren, konnte keines von ihnen aus Deutschland herausgebracht werden. In der Berliner Auguststraße wurde die Grundlage für das gelegt, was Shimon Sachs wurde: ein Erzieher jüdischer Kinder. Einer, der die Stricke zerreißt, die die Seelen gefangenhalten. In den fünfziger Jahren hat er auch im Kinderdorf Ben Schemen gearbeitet und dort Siegfried Lehmann kennengelernt, den er zu seinen Lehrern zählte. Siegfried Lehmann und Hanni kannten einander seit ihrer Jugend. Der Arzt und Pädagoge aus einer assimilierten Berliner Familie hatte 1916 in der Dragonerstraße das Jüdische Volksheim gegründet, zu dem Gerschom Scholem, Gustav Landauer, auch Hannis spätere Nachbarin Elsa Sternberg-Rosenblüth und einige Erzieherinnen der AHAWAH gehörten. Später leitete Siegfried Lehmann in Kowno ein Kinderheim, und als er seine litauisch-jüdischen Kinder 1928 nach Palästina brachte, fuhr er über Berlin und übernachtete mit ihnen einige Wochen auf dem Dachboden der AHAWAH in der Auguststraße. Hanni half damals, den Dachboden vorzubereiten und Strohsäcke auszulegen. Ben Schemen wurde das wichtigste Kinderdorf in Erez Israel, es gehörte wie die AHAWAH zur Jugend-Alijah und wurde wie die AHAWAH in den Kriegsjahren und danach zum Heim für verwaiste Kinder, die hier wieder einen Platz im Leben fanden. Zwischen der AHAWAH und Ben Schemen hat es immer besondere Beziehungen gegeben. In der AHAWAH wurden die Kinder auch handwerklich und hauswirtschaftlich ausgebildet, in Ben Schemen dagegen legte man großen Wert auf die Entfaltung der künstlerischen Fähigkeiten jedes Kindes. Die Erzieher von Ben Schemen und der AHAWAH standen sich auch in ihren Ansichten nahe, wie Hanni gehörte auch Siegfried Lehmann zum Brith Schalom.

Die Begegnung mit seinem Schüler Shimon Sachs war für Hanni so, als ob sich ein Kreis in ihrem Leben schloß. Oft mußte sie an ihren Freund Ernst Simon denken, an seinen Lehrer Franz Rosenzweig, der in den Zufällen das sah, was die Alten Engel nannten. Es war, als hätte Shimon Sachs auf Hanni gewartet, denn schon lange fehlte ein solches Heim, wie sie es gründen wollte, in Kiryat Gat. Niemand kannte die Probleme der Einwandererkinder in diesem neu entstandenen Industriegebiet so gut wie Shimon Sachs, und er schlug Hanna Ullmann vor, ihr Heim dort aufzubauen.

Kiryat Gat liegt im Gebiet Lachisch, am Nordrand der Wüste Negev. Hier lebten in biblischen Zeiten die Philister, hier wurde ein Riese geboren »mit Namen Goliath von Gat, sechs Ellen und eine Handbreit hoch«.

Später verödete der Landstrich, jahrtausendelang lag er brach und diente arabischen Karawanen als Durchzugsland zwischen Ägypten und dem Lande östlich des Jordans.

1955 hatte die israelische Regierung beschlossen, das Gebiet Lachisch neu zu erschließen. Vom Flusse Jarkon, der in Südsamarien entspringt, wurde eine Wasserleitung gebaut, und der Boden erwies sich nach der Bewässerung als fruchtbar, vor allem für Baumwolle und Zuckerrüben. Man baute textilverarbeitende Fabriken und andere Industrieanlagen. Schon der Staatsgründer David Ben Gurion wollte gerade dieses Gebiet entwickeln und mit dem Lachisch ein Beispiel gelungener Einwanderungspolitik geben. Man wollte nicht den Fehler wiederholen, den man anfangs in Israel gemacht hatte, die orientalischen Großfamilien gleich nach ihrer Ankunft auseinanderzureißen und mit Bussen in vorgefertigte Häuser mit standardisierter Einrichtung zu bringen. Im Lachisch wurden 55 dörfliche Ansiedlungen und eine Bezirksstadt für zunächst 20000 Bewohner errichtet, gerade dort, wo der Schafhirte David nach biblischer Überlieferung den schwerbewaffneten Goliath mit seiner Steinschleuder besiegte. Kiryat Gat sollte die Stadt heißen, und um sie aufzubauen, kamen Arbeiter aus verschiedenen Kibbuzim hierher. Einige von ihnen waren ehemalige AHAWAH-Zöglinge aus dem Kibbuz, in dem auch Hannis Sohn Dan lebt. Auch einer der ersten Bürgermeister von Kiryat Gat war ein AHAWAH-Kind. Er hieß Gideon Nassau, im Kinderbuch der AHAWAH steht vor seinem Namen die Nummer 546. Geboren wurde er in der Tschechoslowakei. Im Februar 1942 kam er als Zwölfjähriger in die AHAWAH, er blieb, bis er sechzehn war, dann ging er in den Kibbuz Gevim. Von dort wurde er zum Studium und in die neue Stadt am Rande der Wüste delegiert.

Die eigentlichen Einwohner Kiryat Gats aber bildeten die Einwanderer aus Afrika; Juden aus Marokko, Tunesien und Algerien. Andere kamen aus Libyen und Ägypten. Auch aus Asien eingewanderte Neubürger Israels kamen nach Kiryat Gat, vor allem aus dem Nordirak und Nordpersien. Ehemalige Europäer waren in der Minderheit. Unter denen waren viele, die ihre ersten Familien in Konzentrationslagern verloren hatten, sie lebten noch immer mit dem Trauma der Verfolgung, und viele waren körperlich und seelisch krank.

Die orientalischen Einwanderer waren nicht vorbereitet auf das Leben in Israel, und in Israel war man nicht auf diese Menschen vorbereitet, die, obwohl sie Juden waren, ganz anders lebten, eine ganz andere Mentalität mitbrachten als die vor ihnen ins Land Gekommenen. Dabei gab es große Unterschiede etwa zwischen den jüdischen Stämmen aus dem Nordirak und dem jüdischen Stamm aus dem marokkanischen Atlasgebirge.

Im Lachisch-Gebiet versuchte man, die Familienstämme nicht auseinanderzureißen. Man gab ihnen eigene Siedlungen, wo sie nach ihrer Art leben konnten. Aber die Kinder dieser oft im Streit miteinander liegenden Großfamilien sollten gemeinsam in Schulen gehen. Diese Schulen baute Shimon Sachs mit seiner heilpädagogischen Erfahrung und mit großem Einfühlungsvermögen auf. Später sagte er darüber: »Es ist nicht zu leugnen, daß im Laufe der Jahre, in denen ich als Erzieher von Flüchtlings- und Einwandererkindern wirkte, mich oft das Gefühl überkam, nicht ausreichende Kräfte in mir zu finden. In Augenblicken der Entmutigung, in denen ich mich leer und erschöpft fühlte, konnte ich nur in meiner Aufgabe fortfahren, wenn ich mich von dem erfüllen ließ, was von meinen Zöglingen auf mich zukam.«

Zu den Problemen im Lachisch-Gebiet gehörte, daß fast alle orientalischen Familien an Darmkrankheiten litten. Die ägyptische Augenkrankheit, die Trachomie, grassierte, viele Einwanderer litten an Tuberkulose.

Und in diesem Gebiet sollte Hanni Ullmanns neues Kinderheim entstehen. Seit der Gründung der Stadt waren fast zwei Jahrzehnte vergangen, zu den anfänglichen Problemen waren neue hinzugekommen: Prostitution, Rauschgiftabhängigkeit, der allmähliche Zerfall der traditionellen Familienstrukturen, überforderte oder kranke Eltern, analphabetische Väter, die sich durch den Schulbesuch ihrer Söhne gedemütigt fühlten und sie mißhandelten.

Die Probleme waren ganz anders und doch seltsam denen

verwandt, die Hanni in den zwanziger Jahren bei den Kindern des Berliner Scheunenviertels kennengelernt hatte. Sie hatte schon einmal gesehen, wie entwurzelte Familien zerbrechen und Kinder unbehütet verkümmern. Aber sie hatte auch erlebt, wie aus bettnässenden, zurückgebliebenen Kindern selbstbewußte, schöne Menschen werden können. Und daß einige der Kinder von damals ihr nun im Lachisch-Gebiet als Aufbauhelfer, als Bürgermeister, als Schuldirektoren begegneten, erschien ihr wie ein Zeichen.

UNSRE SEELE IST ENTRONNEN WIE EIN VOGEL DEM STRICKE DES VOGLERS; DER STRICK IST ZERRISSEN, UND WIR SIND LOS.

Damals gehörte Enthusiasmus und Opferwillen dazu, in diese Gegend zu gehen und am Aufbau teilzunehmen. Natürlich waren die Verwaltungsstellen zunächst ausschließlich mit aschkenasischen, also ehemals europäischen, Juden besetzt. Keiner ahnte damals, daß zu den Vorwürfen, die Jahrzehnte später die orientalischen Juden Israels ihrer Regierung machen würden, gerade dieser gehörte: Sie erlebten die europäischen Juden als Vorgesetzte, sich selbst als benachteiligt.

Noch heute spiegeln sich diese Probleme in den Statistiken wieder; die orientalischen Juden haben eine weit schlechtere Ausbildung als die Israelis europäischer Herkunft. Also verdienen sie auch weniger, sind häufiger arbeitslos. Dabei sind die Orientalen in Israel heute nicht nur in der Mehrheit, man findet sie auch zunehmend in akademischen Berufen, in Führungspositionen der Armee, der Wirtschaft und auch in der Regierung. Daß dies trotz aller Probleme so gekommen ist, bleibt auch ein Verdienst solcher Menschen wie Shimon Sachs, wie Hanna Ullmann.

Hanni entschloß sich gemeinsam mit ihren Verbündeten, die Herausforderung anzunehmen.

Die Stadt Kiryat Gat bot ihr Baugrund an und vermittelte sie an eine Baugesellschaft, die gerade ein paar niedrige

Häuser errichtete. Bei ihrem ersten Besuch erschienen Chanan Guggenheim und Hanni die Häuser für ihr Vorhaben geeignet, es waren aber keine Schlüssel da, und sie kletterten durch die Fenster, um die Rohbauten zu besichtigen. Ringsherum war Sand, nichts als Sand. Aber ganz Kiryat Gat war nichts als Sand gewesen, und nun gab es hier und da Grün in der Stadt, und es gab einen Garten, zu dem man von weither kam, um sich die üppigen Pflanzen, die schöne Anlage anzuschauen. Das war der Garten von Schoschanna Sachs, die gemeinsam mit ihrem Mann Shimon demonstrativ gerade hier ein Haus gebaut hatte. Auch Schoschanna kam aus Berlin. Sie und ihre Schwester haben alle Angehörigen verloren. Als kleine Mädchen sind sie im eiskalten Winter allein zu Fuß über die Pyrenäen geflohen. Schoschanna, eine stille, sensible Frau, besitzt bis heute eine große Anziehungskraft. Zu ihr kommt man gern, wie eine Künstlerin ordnet sie die Dinge nach ganz eigenen Regeln, und Hanni fühlt sich einfach wohl bei ihr, in ihrem Garten, in ihrem Umfeld.

Shimon Sachs starb 1989.

Er und Schoschanna wurden für Hanni wichtige Freunde, vor allem in den Jahres des Aufbaus von NEVE HANNA. Mit Schoschanna und Shimon Sachs, Sinai Ucko, Beruria Weinryb, dem Rabbi Aron Singer und ihrer ehemaligen Schülerin Avital Ben-Chorin gründete Hanni Ullmann in Israel einen Trägerverein für NEVE HANNA. Sie, die sich bisher mit der Erziehung von Kindern, mit der Verwaltung eines Heimes, mit Psychologie und Pädagogik befaßt hatte, machte sich nun mit Fragen des Verwaltungsrechts, den geltenden Baubestimmungen, mit Satzungsparagraphen und finanzrechtlichen Angelegenheiten vertraut. Außerdem suchte sie nach Erziehern. In Kiryat Gat gab und gibt es weder eine Hochschule noch ein pädagogisches Seminar. Hausmütter konnte sie unter den Einheimischen finden. Für diese Arbeit braucht man vor allem Lebenserfahrung und eine menschliche Reife. Aber gute Erzieher und Psychologen zu finden, war von Anfang an schwierig. Dazu kam, daß damals der Busverkehr nach Kiryat Gat noch nicht ausgebaut war. Beer-Shewa ist nur sechzig Kilometer entfernt, aber die Busse richteten sich nicht nach einem Fahrplan.

Wenn Hanni von ihrer Wohnung vom Hadar Carmel aus nach Kiryat Gat fahren wollte, mußte sie zuerst einmal in die untere Stadt von Haifa kommen. Von dort fuhr ein Bus nach Tel Aviv. Von Tel Aviv in den Süden gab es damals nur eine einzige Buslinie, und der Bus fuhr ab, wenn er voll war. Das konnte Stunden dauern. In Kiryat Gat gab es überhaupt keine Bushaltestelle, sondern der Bus hielt irgendwo an, und man mußte durch den Sand in die neue Siedlung stapfen, zu der auch die ersten Kinderhäuser des Heims gehörten.

Shimon Sachs vermittelte Hanni eine Hauswirtschaftsleiterin, die mit ihrer Familie noch heute NEVE HANNA fest verbunden ist: Helen Appel. Sie wurde unersetzbar, ohne sie, sagt Hanni oft, wäre der Aufbau des neuen Heims nicht so gelungen. Sie wurde für NEVE HANNA das, was ein halbes Jahrhundert zuvor in Berlin Ruth Unna-Rülfs für die AHAWAH gewesen war, was Hanni Ullmann selbst in den Anfangsjahren in Neve Shanaan und Kiryat Bialik für die AHAWAH war. Helen, eine deutsche Jüdin aus Straßburg, besitzt das Talent, immer die praktischste Lösung zu finden. Sie ist tatkräftig und energisch. Dabei hat sie das, was Johanna Kaphan einmal als »Kinderleim« bezeichnet hat: die auf keiner Hochschule zu erlernende Fähigkeit, Kinder zu verstehen. Helens Eltern sind im Lager Gurs in Frankreich umgekommen. Sie und ihre Schwester wurden von einer nichtjüdischen Familie versteckt gehalten. Nach dem Krieg kamen sie nach Palästina und sorgten später dafür, daß ihre Retter eine Gedenktafel in Yad Vashem erhielten. Helens Mann Jizchak, ein Kraftfahrer, ist in Polen geboren. Mit einem Freund konnte er aus einem Außenlager von Auschwitz fliehen. Bis heute spricht er kein Wort über diese Zeit.

Seine Söhne, Männer um die fünfzig, fragen ihn vergebens nach seiner Vergangenheit. Er hat sie in sich verschlossen, und sie frißt von innen an ihm. Aber er schweigt.

Es machte Hanni froh, zu sehen, daß Helen sofort Vertrauen und Zuneigung zu Chanan Guggenheim, dem zukünftigen Leiter, faßte. Diese herbe Frau, die so viel Schweres ertragen hatte, lebte unter der neuen Aufgabe auf, ihr Humor, ihre Liebe strahlten auf die anderen aus. Helens erste Jahre in Israel waren schwer gewesen, ihr depressiver Mann hatte lange keine Arbeit gefunden, oft konnte sie kaum Milch für die Kinder kaufen. Nun ging es ihnen schon lange besser, und mit der Arbeit für NEVE HANNA wurde das Heitere in ihrem Wesen sichtbar. Es war, als hätte sich all das Bittere in Kraft verwandelt, die nun in NEVE HANNA floß.

Es zeigte sich, daß Hanna Ullmann mit den Jahren die Fähigkeit erworben hatte, die richtigen Menschen zusammenzubringen, für eine Idee zu begeistern und sie selbst ihre Stärken erkennen zu lassen. Noch bevor das neue Heim überhaupt existierte, setzten sich die zukünftigen Mitarbeiter und Helfer regelmäßig zusammen und besprachen, wie es werden sollte. Die Frühstücksgespräche mit Johanna Kaphan am Tisch der Ullmanns waren nicht folgenlos geblieben, Hanni hatte genaue Vorstellungen, und sie verstand es, diese den anderen zu vermitteln. Auch Sinai und Renate Ucko nahmen Anteil. Hannis Freunde Ernst und Toni Simon waren in die Gründung von NEVE HANNA einbezogen und natürlich Ernst Ullmann, obwohl der meistens in der kleinen Wohnung auf dem Hadar Carmel blieb und sich manchmal wünschte, seine Frau würde etwas ruhiger werden. Schließlich war sie Rentnerin und in einem Alter, da andere sich zurückziehen. Sie aber begann etwas Neues.

Nachdem sie sich für die Häuser entschieden und die Verträge über den Grund und Boden abgeschlossen hatten, mußten sie sich um Wasseranschlüsse und Elektrizität kümmern, alles erwies sich als kompliziert. Auch hierbei half Helen Appel mit ihrer Umsicht und ihrem praktischen Verstand. Natürlich dauerte die Bauzeit länger, als sie wollten. Endlich war alles fertig und nur die Schlüssel fehlten. In Hannis Leben fehlten oft Schlüssel ... Ernst Ullmann war sie als Achtzehnjährige in der Berliner AHAWAH nähergekommen, weil sie ihren Hausschlüssel verloren hatte und er ihr einen neuen feilen mußte. Bis heute hat sie kein Verhältnis zu Schlüsseln, am liebsten läßt sie Türen unverschlossen. Als sie mir einmal ein Jugendbild von sich zeigte, auf dem sie mit ihrer gefürchteten Großmutter Rothstein, Paulas Stiefmutter, zu sehen war, mußte ich lachen. Die herrschsüchtig wirkende alte Dame trägt als Zeichen ihrer Autorität deutlich ein Bund Schlüssel in der Hand. Ihre Enkelin Hanni hat später so oft Schlüssel verloren, daß sie es schon nicht mehr zählen kann. Aber diese Schlüssel von NEVE HANNA mußte sie haben. Es war ein Freitagabend im Herbst 1974, als Hanni Ullmann und Chanan Guggenheim eine Art Sitzstreik im Büro des Chefs der Baugesellschaft veranstalteten. Sie wollten erst fortgehen, wenn man ihnen die Schlüssel aushändigen würde. Warum man sie ihnen eigentlich nicht geben wollte, war nicht zu verstehen. In Israel gibt es oft bürokratische Hindernisse, die sich einer rationalen Erklärung entziehen. Aber der Chef war ein frommer Jude und wollte zum Sonnenuntergang zu Hause sein, schließlich bekamen sie ihre Schlüssel.

Hanni und Helen kauften den Hausrat und die Möbel; obwohl sie sparsam sein mußten, versuchte Hanni, sich an den alten Grundsatz der Oberin Berger zu halten, nur haltbare und schöne Dinge einzukaufen. Sie, die gar keine Ahnung von Autos hatte und keinen Führerschein besaß, kaufte in Haifa das erste Auto für NEVE HANNA, einen Bus, einen Ford Transit, der dem Heim viele Jahre lang gute Dienste leistete.

Zu Chanukka 1974 war NEVE HANNA kein Traum mehr. NEVE HANNA war dieses sandige Stück Erde am Rande von Kiryat Gat, diese gelblich-weißen Häuser mit den Lehmdächern, die wie die fünf glatten Steine des Schafhirten David in der Sonne lagen. Zu NEVE HANNA gehörten die neu gepflanzten, noch winzigen Bäume und Sträucher, die Guggenheims, Helen, Hanni und Ernst Ullmann, die ersten Hausmütter und Erzieher. NEVE HANNA war jetzt das Heim für die ersten zehn Kinder, acht aus Kiryat Gat, zwei aus Beer-Shewa. Es waren seelisch und physisch schwer geschädigte Kinder aus orientalischen Familien, die durch Rauschgift zerstört waren. Der Jüngste war drei Jahre alt, Alon, der Sohn einer Kellnerin, die ihn nach der Geburt schon weggegeben hatte. Sie war von ihrer marokkanischen Familie mit einem ungeliebten Mann verheiratet worden und hatte diesen verlassen. Alons Vater war ein Unbekannter. Mißtrauisch und aggressiv schlug das zurückgebliebene Kind um sich und war nicht zu bewegen, mit den anderen zu spielen.

Als Hanni und Batja die Lichter anzündeten, kroch Alon unter den Tisch. Sie ließen ihn dort, sie wußten, das Licht würde auch bis zu diesem Kind reichen.

# Aber so ist es

Das erstemal war ich in NEVE HANNA ein paar Monate, nachdem die Mauer in Berlin gefallen war. Vorher hatte ich nicht nach Israel reisen dürfen. Die hellen Häuser, die Geborgenheit ausstrahlten und doch so leicht wirkten, gar nicht erdrückend, das üppige Grün, die bunten Blüten, der Duft, vor allem aber die Kinder, hinterließen in mir die Sehnsucht, noch öfter an diesen Ort zu kommen.

Nach sechs Jahren bin ich wieder in Israel. Renate Ucko und Hanni Ullmann haben mich vom Flugplatz in Tel Aviv abgeholt, und nach einer Stunde Fahrt kommen wir auf das Gelände von NEVE HANNA. Wir sind noch nicht ausgestiegen, als das Auto von Kindern umringt ist, die ihre Nasen an den Scheiben plattdrücken und aufgeregt durcheinanderrufen. Hanni wird jubelnd begrüßt; wie ein Familienoberhaupt, denke ich. Mir, dem Gast, gilt nur flüchtige Aufmerksamkeit. Gäste kommen oft nach NEVE HANNA, besonders aus Deutschland. Aber Renate wird sofort umringt, und eine Gruppe kleinerer Kinder redet auf sie ein. Ja, sie hat Briefe mitgebracht, sagt Renate und wehrt lachend eine Kleine ab, die sofort nach ihrer Tasche greifen will. Morgen nach dem Frühstück wird sie die Briefe verteilen, erklärt sie, jetzt muß sie erst einmal ankommen. Renate Ucko ist verantwortlich für die Kontakte zu den Paten in Deutschland und der Schweiz. Über den Hilfsverein haben viele Kinder jemanden gefunden, der ihnen schreibt, nur ihnen allein, Anteil an ihrer Entwicklung nimmt, dem sie wichtig genug sind für einen Brief, ein Geschenk. Die Briefe sind meistens auf deutsch geschrieben, und Renate Ucko muß sie übersetzen.

Deshalb laufen die Kinder, die einen Brief erwarten, ihr hinterher. Ich sehe, wie das Gesicht eines vielleicht Achtjährigen, der abseits wartet, aufleuchtet, als Renate ihm im Vorbeigehen sagt, sie habe auch für ihn einen Brief. Auch die ungeduldige Kleine soll einen Brief bekommen, aber erst morgen.

Ich sitze nach dem Frühstück auf der Treppe vor meinem Bungalow und sehe den kleinen Hunden zu, die über Nacht in NEVE HANNA ausgesetzt worden sind, weil ihre Besitzer glauben, wo man sich um verlassene Kinder kümmert, ist man auch für junge Hunde zuständig. Die Kinder sind begeistert von diesen Hundebabys, in denen alle denkbaren Rassen sich mischen, aber natürlich können sie nicht bleiben. Hanni hat mir schon bei der Ankunft erzählt, daß diese Hunde alle paar Wochen eingesammelt und in einen Kibbuz gebracht werden. Auch ein Esel spaziert über das Gelände. Das ist nicht der, der NEVE HANNA gehört, der wohnt da hinten in dem kleinen Zoo bei den anderen Tieren, die von den Kindern gefüttert und gepflegt werden. Der Esel, den ich sehe, ist ein Besucher aus der Stadt, der das Tor einen Moment lang offen gefunden hat und seinen Artgenossen sucht. Niemand wundert sich darüber.

Ein kleines Mädchen spricht mich an. Es ist Ella aus Georgien, die gestern so ungeduldig nach Renate Uckos Tasche griff. Die Mutter der Achtjährigen, das habe ich gestern erfahren, ist eine Prostituierte, und Ella war ihr im Wege. Stolz zeigt Ella mir eine bunte Spange in ihrem dunklen Zopf. Ihre Augen blitzen.

Etwas abseits, wie gestern, steht der Junge, dem Renate Ucko Post versprochen hatte. Er heißt Meni, und ich sehe, daß es ihn freut, von mir angesprochen zu werden. Er könne Flöte spielen, bedeutet er mir, und macht die entsprechenden Handbewegungen. Als Renate Ucko die Kinder ruft, ziehen sie mich am Arm mit. Ich soll mir ihre Post vorlesen lassen.

Wir gehen in das Tagesheim, eine Art Hauptgebäude, das ein amerikanischer Stifter 1985 errichten ließ. Nach seiner Familie wurde es Danziger-Haus benannt. Oben kommen nachmittags Kinder aus Kiryat Gat zusammen, die in ihren Familien weder innerlich noch äußerlich Raum finden, um Schularbeiten zu machen, zu spielen, zu basteln. Fast alle dieser vierundzwanzig Hortkinder haben eine dunkle Hautfarbe, ihre Eltern stammen aus Äthiopien. 1986 wurden in der »Operation Moses« ungefähr fünfzehntausend äthiopische Juden in Israel eingeflogen. Vielen gelang es nicht, in der neuen Heimat Fuß zu fassen. Manche Hortkinder von NEVE HANNA haben zu Hause nicht einmal ein Bett. Sie sind es gewöhnt, zusammen auf dem Boden zu schlafen. Schlimmer ist, daß Arbeitslosigkeit, Rauschgift und Alkohol ihre Familien zerstören. Trotzdem hängen diese Kinder an ihrem Zuhause, und die Eltern wollen ihre Kinder nicht fortgeben. Im Tagesheim können die Kinder andere Lebensmöglichkeiten kennenlernen als bei ihren Eltern, ohne daß sie die verlassen müssen. Im Danziger-Haus gibt es auch kleine Zimmer, in denen Hanni und Renate schlafen, wenn sie in Kiryat Gat sind. Dort befinden sich auch das Büro und eine Küche, die zugleich als Aufenthaltsraum der Mitarbeiter und als Archiv dient.

Auf Renates Nachttisch liegt ein Buch von Hermann Hesse. Umständlich, dem Vorgang Gewicht verleihend, holt die Fünfundsiebzigjährige die Briefe hervor, zeigt sie den Kindern, läßt sie sie befühlen, die Briefmarken und die fremde Schrift betrachten. Dann liest sie sie vor. Menis Paten schicken ihm nur Urlaubsgrüße, aber er ist ganz stolz darauf und erzählt mir, daß die Paten aus Deutschland ihm die Flöte geschenkt haben, auf der er schon so gut spielen kann. Ellas Patin lebt in Münster. Sie bedankt sich für ein schönes Bild, das Ella ihr gemalt hat, und schreibt von ihrer Tante, die sie nicht kennengelernt hat, weil sie 1942 ermordet wurde. Die Tante der Patin war Malerin, eine jüdische

Malerin. Heute ist sie vergessen, aber ihre Bilder sind noch da, und die Patin bereitet eine Ausstellung vor. Ella hört aufmerksam zu, was Renate Ucko ihr aus diesem Brief übersetzt. Sie wird auch Malerin, erklärt sie überzeugt. Aber dann zeigt Renate Ucko ihr einen Zwanzigmarkschein, der im Brief war, und die Frage, ob Ella das Geld bekommen kann oder ob es für sie gespart wird, ist jetzt für sie wichtiger als alles andere. Schließlich entscheidet Renate, daß Nuomi, die Hausmutter, das Geld für Ella verwalten wird. Sie kann sich etwas wünschen. Eigentlich, sagt Renate seufzend zu mir, sind diese individuellen Geldgeschenke nicht der Sinn der Patenschaft. Und doch wären bestimmte Sonderwünsche wie Menis Flöte gar nicht anders zu erfüllen gewesen. Renate verabredet sich mit den Kindern für den Nachmittag, um die Briefe zu beantworten. Jetzt dürfen sie sie mitnehmen und ihren Freunden zeigen.

Renate blickt ihnen nach und erzählt mir auf meine Frage, daß Meni vor zwei Jahren ins Heim kam, mit notdürftig verheilten Knochenbrüchen, den mageren Körper übersät mit Wunden und Flecken, die seine rauschgiftsüchtige Mutter ihm zugefügt hatte. Doch als er die Flöte bekam, war sein erster Satz: »Dann spiele ich ein Lied für meine Mutter.«

NEVE HANNA ist heute ein großes, umzäuntes Gelände, sogar einen Pförtner gibt es, der das Tor öffnet. Seit ein paar Jahren führt die Straße von Gaza nach Hebron direkt am Heim vorbei, und der Zaun wurde nötig. Die Häuser sind in Grün eingebettet. Wenn man diese parkähnliche Anlage sieht, kann man sich nicht vorstellen, daß dies alles einmal Sand und Steppe war, daß weit und breit graubraun die einzige Farbe war. Auch die ersten kleinen Häuser sind kaum noch zu erkennen, obwohl sie noch da sind. Sie wurden aufgestockt, bekamen neue Dächer und sind untereinander verbunden worden. Und neue Gebäude entstanden im Laufe der Jahre. Das schönste ist das Danziger-Haus, das Tagesheim, in dessen Archiv- und Küchenraum ich einige Tage arbeite. Ich schaue mir all die Mappen mit Fotos und Briefen und Dokumenten an, die mir die nun schon fast ein Vierteljahrhundert währende Geschichte von NEVE HANNA erzählen.

Alle paar Minuten steckt ein Kind den Kopf durch die Tür und fragt »Effo Hanni?«, Wo ist Hanni?, oder »Effo Dudu?« und verschwindet wieder, manchmal mit einem schnellen Griff zu den Weintrauben auf dem Tisch oder mit einem Kuchenstückchen vom Teller, den Renate Ucko für uns hingestellt hat. Die Kinder haben so etwas auch in ihren Gruppenräumen, Obst und Süßigkeiten stehen offen da, aber auf dem eigenen Tisch sind sie wohl nicht so verlockend.

Manchmal unterbreche ich meine Arbeit, setze mich draußen auf einen Stein oder eine Bank und sehe den Kindern zu, die spielen wie Kinder überall auf der Welt.

Ich sehe einen frommen Mann mit Kaftan und Schläfenlocken, der mit seiner Kinderschar gekommen ist, um die Spielgeräte von NEVE HANNA zu benutzen. Das ist erlaubt, die Nachbarskinder aus Kiryat Gat können auf dem Spielplatz spielen und den Zoo besuchen, wenn sie wollen. Und obwohl NEVE HANNA mit seiner nichtorthodoxen Erziehung den Haredim, den extrem Frommen, ein Dorn im Auge ist, machen auch solche Familienväter von dem Angebot Gebrauch. Das jüngste Kind des frommen Mannes kann kaum laufen, die ältesten sind Zwillingsmädchen von etwa zehn Jahren. Trotz der Hitze tragen sie lange Kleider, die auch ihre Arme bedecken. Sie kümmern sich um die insgesamt fünf kleinen Geschwister, heben sie auf die Schaukeln, putzen ihnen die Nasen und vergnügen sich selbst auf der Wippe, während der Vater auf einer Bank im Schatten sitzt und in einem Buch liest. In NEVE HANNA ist heute Besuchstag und mehrere Mütter sitzen bei ihren Kindern, gehen mit ihnen über das Gelände. Väter kamen offenbar nicht zu Besuch. Die Mütter sehen ärmlich aus, schlecht gekleidet, zahnlos, gezeichnet von Armut und Gewalt. Aber da kommen zwei junge Frauen in knallengen Jeans, blondgefärbt die eine, rothaarig die andere. Sie sind so auffällig, daß der fromme Familienvater erschrocken seine Lektüre sinken läßt und ihnen nachstarrt. Die jungen Frauen sprechen russisch miteinander, der kleine Junge, den sie besuchen wollen, wird schon von anderen Kindern herbeigebracht. Seine Augen strahlen, und gleichzeitig ist er verlegen, als er sich von seiner Mutter umarmen läßt, die sofort, noch unter den Augen aller Kinder, beginnt, Geschenke und Süßigkeiten aus ihrer Lacktasche zu kramen. Dem Jungen ist das sichtbar peinlich, er läuft schnell voran, und seine Mutter folgt ihm mit ihrer Freundin in sein Wohnhaus. Ein paar größere Jungen haben ihre Arbeit an den Hecken und Sträuchern unterbrochen, jetzt machen sie ein paar freche Bemerkungen und arbeiten weiter.

Sie zupfen an den Blumen und Sträuchern, begießen die Beete.

Von Anfang an haben die Kinder in NEVE HANNA erlebt, daß aus braunem Wüstenland und Sand ein blühender Garten werden kann, wenn sie etwas dafür tun. Heute verdienen die Größeren durch solche Arbeiten etwas Geld. Die über Sechzehnjährigen leben überhaupt sehr selbständig in NEVE HANNA. Nur die warmen Mahlzeiten erhalten sie aus der allgemeinen Küche, das Geld für die übrige Verpflegung und ihre Kleidung verwalten sie selbst, sie kaufen auf dem Markt ein und bereiten die Mahlzeiten zu. Dabei lernen sie, auf Qualität und Preis zu achten, und sie lernen, sich mit den anderen abzusprechen, gemeinsam zu planen. Sie bewohnen wie die jüngeren Kinder auch eine eigene Wohnung mit einem Gruppenraum, mit Duschen, Küche und Schlafräumen mit je zwei Betten. Wie sie sich diese Räume einrichten, wie oft sie renovieren, ob sie abends fernsehen oder Musik hören, entscheiden sie selbst. Sie wissen, wieviel Geld für Strom, für Reparaturen der elektrischen Geräte, für ihren gesamten Haushalt zur Verfügung steht, und wenn oft etwas kaputtgeht, bleibt eben nichts übrig für andere Dinge. Wenn sie aber gut mit den Geräten und Möbeln umgehen, auch selbst etwas reparieren, behalten sie sogar Geld übrig, das sie nach Belieben ausgeben können. Seitdem diese Regelung eingeführt wurde, sind die Jugendlichen in NEVE HANNA sehr vernünftig geworden, sehr sparsam und ziemlich streng miteinander. Mit achtzehn Jahren gehen sie zum Militär, auch in dieser Zeit gehören sie zu NEVE HANNA, kommen zu Besuch, schreiben Briefe, und oft kommen sie noch nach vielen Jahren wie in ein Elternhaus hierher. Die jüngeren Kinder leben in kleinen Gruppen wie in Familien mit ihrer Hausmutter und dem Erzieher. Ich sehe, wie selbstverständlich es ist, daß die etwas Größeren den Kleineren helfen, ihnen die Haare kämmen, mit ihnen die Schultasche packen, wie sie miteinander schimpfen und streiten. Natürlich kommen sie sich auch in die Haare, wie Kinder in normalen Familien auch. Wenn man diesen Kindern zusieht, glaubt man nicht, daß die meisten mit schweren Störungen nach NEVE HANNA gekommen sind, eigentlich um Jahre zu spät, nachdem sie schon Mißhandlungen und Elend in jeder Form erlebt hatten. Fast alle Kinder von NEVE HANNA werden von Psychologen betreut, einzeln oder in Gruppen nehmen sie an Therapien teil. Die meisten wirken fröhlich, lebhaft, sie hängen an ihren Hausmüttern, an Dudu und natürlich an Hanni, der man mit Respekt und Verehrung begegnet.

Dudu, eigentlich David Weger, ein bärtiger Mann von Ende Vierzig, leitet das Heim seit fast zwei Jahrzehnten. Er war der Nachfolger von Chanan und Batja Guggenheim, die im August 1980 in die Schweiz zurückkehrten, aber bis heute zum Freundeskreis von NEVE HANNA gehören. Wenn Dudu über das Gelände geht, hat er immer eine Traube von Kindern um sich, die ihm etwas sagen, etwas zeigen wollen, gerade ihm und möglichst allein. Hanni hatte mir erzählt, daß die Hausmütter und Hausväter seit einigen

Jahren jedem Kind eine Stunde in der Woche reservieren, deren Verlauf es ganz allein bestimmen kann. Es kann mit ihnen spazieren gehen, reden, einen Kuchen backen, Fotos anschauen, sich etwas vorlesen lassen. Niemand darf dabei stören. Kein Kind verzichtet auf diese eigene Stunde.

Wenn ich den Archivraum in NEVE HANNA verlasse und mich zu den Kindern setze, wenn ich mit Dudu, Renate Ucko, mit Alisa, der Leiterin des Tagesheims, spreche oder mit der wunderbaren Helen Appel, die noch immer zum Vorstand von NEVE HANNA gehört, wie auch ihr Sohn Chaim, wenn ich mich mit Florence unterhalte, der jungen Freiwilligen aus Deutschland, dann sind wir ganz in der Gegenwart von NEVE HANNA. Wenn ich stundenlang in den alten Papieren lese, begegnen mir die Geschichte des Heims mit all den Problemen, die schon wieder Vergangenheit sind und durch neue abgelöst wurden, denen andere folgten, mir kommen die Namen von Kindern, die längst Erwachsene sind, entgegen, und all die Momente des Glücks, der Angst, der Sorge, auch die der nahenden Verzweiflung. Im Archiv von NEVE HANNA, einem gewöhnlichen Schrank in einer Küche, finde ich ein Stück der Geschichte Israels und Hannis Geschichte.

Die Mappe mit den ältesten Papieren im Archiv von NEVE HANNA ist die mit Hannis Briefen von 1953 an Jaschuwi aus der Schweiz. Ich lese sie und verstehe wieder etwas mehr von der Kraft dieser Frau, ohne die es NEVE HANNA nicht geben würde. Ich verstehe, daß diese Kraft auch aus der Fähigkeit kommt, sich zu freuen, zu genießen. Ihre erste Flugreise erlebte sie staunend, die Zwischenlandung in Athen, die sanfte Überquerung des Vesuv, den Flug bei aufgehender Sonne über die Poebene, bei strahlender Sonne über die schneebedeckten Alpen, den Mont Blanc ... Hanni war glücklich, dieser Flug war eines der schönsten Ereignisse ihres Lebens, und sie setzte sich gleich nach der

Ankunft hin, um alles nach Hause zu berichten, um zu teilen, was sie fühlte. Nicht an Ernst Ullmann schrieb sie diesen ersten Brief, sie schrieb an Jaschuwi, an die AHAWAH. Zu der gehörte für sie auch ihr Mann. In Zürich wohnte sie bei einer Mitarbeiterin der Flüchtlingshilfe am Abhang des Zürichberges, dort gab es Flieder und Weißdorn, blühende Kastanien. Es war Mai, und Hanni roch seit Jahrzehnten das erste Mal Maiglöckchen. Sie sah die Geranien vor den Fenstern, die wohlgenährten Schweizer, die keinen Krieg erlebt hatten, und alles erschien ihr wie ein fremder, schöner Film, in den sie geraten war.

Ihre Tage in Zürich waren angefüllt vom Lernen. Sie hatte in der AHAWAH so viel mit den Kindern erlebt, jetzt merkte sie, daß das alles Erfahrungen waren, die danach drängten, in ihrer Tiefe begriffen, in Worte gefaßt, verallgemeinert zu werden. Ihr fiel es wunderbar leicht, den Vorlesungsstoff aufzunehmen, der für jüngere Studenten Theorie war. Für Hanni ging es in jedem Seminar um ihr Leben zu Hause, um die Kinder, um das, was sie, Jaschuwi, Perez Urieli und alle die anderen als Lebensaufgabe angenommen hatten. Kein Wort ließ sie sich in den Seminaren entgehen. An den Sonntagen genoß sie das schon vergessene Gefühl, einen ganzen Tag für sich allein zu besitzen. Sie ging zu Vorträgen, traf Martin Buber, der über »Grenzen des politischen Denkens und Wissens« redete, ging zu einer Feier des 80. Geburtstages von Leo Baeck und spürte, daß man ihr als Israelin mit besonderer Neugier entgegenkam. Zu den in ihren Augen satten Schweizer Juden spürte sie eine Distanz, sie erinnerten sie an die deutschen Juden vor Hitler. Und aus der Ferne begriff sie erneut, daß ihre Heimat, ihre schmerzlich geliebte Heimat Israel geworden war, das Land, zu dem sie gehörte, so unvollkommen, so widersprüchlich es war.

Sie sehnte sich nach Hause, zu den AHAWAH-Kindern, auch zu ihrer Familie. Einmal ging sie in den Zirkus und stellte sich die ganze Zeit vor, alle zweihundert Kinder aus der AHAWAH säßen im Zelt. Für diese Kinder lachte und fieberte sie bei der Zirkusvorstellung mit. Sie besuchte Kinderheime und Heime für schwererziehbare Jugendliche. Ganz genau sah sie sich alles an und fragte nach dem Erziehungskonzept, nach dem finanziellen Hintergrund. Abends schrieb sie an Jaschuwi, was sie gesehen hatte. Sie fragte in ihren Briefen nach den täglichen Problemen, gab Ratschläge und nahm sich vor: »Ich wäre sehr froh, daß, wenn ich nach Hause komme, mich wirklich den erzieherischen Aufgaben intensiv und konzentriert hingeben kann. Ich muß lernen, meine Aufgabe anders zu sehen als bisher, ich darf mich nicht in allem verlieren.«

Sie hatte wenig Geld, an jeder Tasse Kaffee mußte sie sparen, lief lieber zu Fuß, als die Verkehrsmittel zu benutzen, und doch tat ihr diese Zeit auch körperlich gut. Immer wieder sagte man ihr, daß ihr Aussehen sich verändert hätte, sie nahm an Gewicht zu, und die Schwermut, von der sie gar nicht gewußt hatte, daß sie in ihr war, ging aus ihrem Blick.

Manchmal bekam sie so etwas wie ein schlechtes Gewissen, weil es ihr in der Schweiz so gut ging, sie dachte an ihre Familie zu Hause, an Ernst Ullmann, der Tag für Tag seine wichtige Arbeit als Wasseringenieur tat und abends Jonathan versorgte, sie dachte an die Armut in der AHAWAH, aber sie wußte ja, daß sie jedes Stück Wissen, das sie hier aufnahm, jeden Gedanken, jede Idee mit nach Hause nehmen würde.

Diese Briefe hat sie zum Glück nicht weggeworfen wie die an ihre Eltern nach der Ankunft in Palästina. Jaschuwi gab sie ihr zurück, als er aus der AHAWAH in Pension ging, und Hanni, als sie 1976 mit ihrem Mann die Wohnung auf dem Hadar Carmel aufgab und ins Vera-Salomons-Center zog, legte ihre Schweizer Briefe in den Schrank, der das Archiv der NEVE HANNA ist, weil sie wußte, daß ihr Studium in der Schweiz und die Gründung von NEVE HANNA miteinander zu tun hatten.

Im Archiv liegen Rechnungen, Korrespondenzen, Notizen, aus denen ich erfahre, wie es weiterging nach der Gründung von NEVE HANNA. Bald lebten vierzig Kinder im Heim, fast alle orientalischer Herkunft. Seit 1971 ließ auch die Sowjetunion ihre Juden nach Israel ausreisen, und die russische Einwanderung begann. Es kamen nun auch kleine Russen, die gar nicht wußten, daß sie Juden waren, Kinder bucharischer Juden, Kinder aus den baltischen Ländern.

1976 zogen Hanna und Ernst Ullmann nach Kfar Saba. Sie war nun achtundsechzig Jahre alt und freute sich auf die neue Aufgabe als Hausmutter für die alten Leute. Daß sie selbst alt war, kam ihr gar nicht in den Sinn. Sie fühlte sich auch nicht so, anders als Ernst Ullmann, der nun oft kränkelte und nicht oft mit nach NEVE HANNA kam. Er blieb gern zu Hause in dem schönen Heim, las und redete mit den Nachbarn, von denen einige auch Gefährten seiner Jugend waren. Die Verwaltung der Wohnung, die die Ullmanns erst kurz zuvor gekauft hatten, überließen sie ihrer ältesten Enkeltochter, die sich so Geld für ihr Studium verdienen konnte. Von Kfar Saba aus konnte Hanni viel schneller in NEVE HANNA sein. Sie richtete es so ein, daß sie drei Tage in der Woche dort war. Außerdem reiste sie viel, sie fuhr nach Deutschland und in die Schweiz. Als Jonathan und Ana, die in Griechenland, der Heimat von Anas Eltern, geheiratet hatten, an die amerikanische Ostküste gezogen waren, fuhr Hanni auch oft nach Amerika. Ana hatte dort einen Kreis von jüdischen Unterstützern der NEVE HANNA aufgebaut, und Hanni hielt Vorträge, zeigte Bilder von den Kindern und sammelte Geld bei wohlhabenden Juden, die sich dem Gesetz der Zedakah verpflichtet fühlten. So hatte sie es vor Jahrzehnten der Oberin Berger abgesehen.

An dem Tag des Umzugs der Ullmanns ins Vera-Salomons-Center starb Sinai Ucko, seit den dreißiger Jahren Kollege Hanna Ullmanns in der AHAWAH und Mitbegründer von

NEVE HANNA. Für Hannis ehemalige Schülerin Renate waren die acht Ehejahre mit ihm die glücklichsten ihres Lebens gewesen. Sie schloß sich nun noch enger an NEVE HANNA an. Es kamen oft Menschen aus Deutschland, die NEVE HANNA mit Spenden unterstützten, es kamen Pastoren, aus deren Gemeinden freiwillige Helfer nach NEVE HANNA gegangen waren, und andere Reisegruppen, und natürlich kamen Professor Rengstorf, die Familien Freudenberg und Frost, Otto Schenk, Marianne Timm und andere Mitglieder des Vereins NEVE HANNA-Kinderhilfe zu Besuch in das Heim, das auch ihr Werk war. Schalom Ben-Chorin, der regelmäßig in Deutschland Vorträge hielt, beim Evangelischen Kirchentag auftrat und in der »Gesellschaft für christlich-jüdische Zusammenarbeit«, erzählte auf seinen Reisen auch von NEVE HANNA, und seine Frau Avital schickte ihre Besucher an den Rand der Negev-Wüste, sich dieses kleine Wunder anzusehen. Avital lud die jungen deutschen Freiwilligen regelmäßig nach Jerusalem zu Gesprächen in ihr Haus ein. Bis heute unterstützt sie auf diese Weise NEVE HANNA.

Renate Ucko ist verantwortlich für die Kontakte zu deutschen Besuchern. An manchen Tagen denkt sie an ihre Eltern, die sie als Vierzehnjährige verlassen mußte und nie wieder sah, und es fällt ihr schwer, deutschen Reisegruppen gegenüberzutreten. Einmal war sie selbst in Deutschland gewesen, hatte vor dem Haus ihrer Kindheit gestanden, das ihr Vater gebaut hatte. Da war noch der bronzene Briefkasten, die Türklinke und an der Giebelwand eine Justitia mit der Waage. Aber wo war ihr Vater?

In Yad Vashem fand sie seinen Namen auf einer Liste aus Dachau. Etwas in Renate Uckos gealtertem Gesicht und in ihrem Wesen erinnert noch immer an das vierzehnjährige Kind, das seine Eltern verlor. Aber sie sieht, daß nach NEVE HANNA andere Deutsche kommen als die Mörder ihrer Eltern.

Manche, wie die Hamburger Hauptreferentin für Sonderschulerziehung Hilde Dunker, die zum Verein gehört, kamen sogar für Monate und lebten in NEVE HANNA, arbeiteten mit, und wenn sie wieder abfuhren, blieb ein Stück ihres Herzens in Israel. Hilde Dunker war die erste, die ein Kind als Patenkind annahm. Das war Bath El, damals zweieinhalb Jahre alt. Ihre wahnsinnige Mutter hatte sie zum Fenster herausgeworfen, wie durch ein Wunder wurde das Kind aufgefangen und blieb äußerlich unverletzt. Mit ihren beiden verwahrlosten Brüdern, sechs und acht Jahre alt, kam sie nach NEVE HANNA, als gerade Hilde Dunker dort war. Über Jahre schrieb sie diesem Kind, schickte ihm Geburtstagsgeschenke und begleitete Bath Els Kindheit in NEVE HANNA mit ihrer Aufmerksamkeit. Bath El war ein intelligentes, freundliches Mädchen. Bevor sie zum Militär ging, war sie drei Wochen zu Gast in Deutschland bei Hilde Dunker und der Familie ihrer Nichte. Einer von Bath Els Brüdern ist heute Erzieher in NEVE HANNA, nebenbei machte er eine Ausbildung als Buchprüfer. Der Pfarrer Otto Schenk, der Hanni schon aus den sechziger Jahren kannte, weil er zur ersten Gruppe der Aktion Sühnezeichen in Israel gehörte, und seine Frau Rosemarie, die schon 1963 als Freiwillige in die AHAWAH nach Kiryat Bialik kam, ermöglichten ihm die teure Ausbildung.

Heute ist Bath Els Bruder geprüfter Buchprüfer, er hat auch eine Arbeit in diesem Beruf, ist verheiratet und Vater einer Tochter, aber abends arbeitet er noch immer in NEVE HANNA als Erzieher. Damit wird er bald aufhören müssen, es ist einfach zu viel, aber NEVE HANNA wird er verbunden bleiben.

Als Bath El und ihre Brüder ins Heim kamen, war es jahrelang sehr trocken gewesen. Die Kinder mußten viel Wasser schleppen, um das Grün zu erhalten. Sie taten es, und viele erlebten zum erstenmal, daß sie etwas beschützen, zum Wachsen bringen konnten.

Aber im Herbst 1979 fiel ein gewaltiger Regen auf das Land, der wochenlang nicht aufhörte. Die Kinder sprangen lachend in den Pfützen herum, tobten und jubelten unter dieser ungewohnten Dusche. Die Flachdächer aus Lehm hielten diesen Wassermassen jedoch nicht stand, und lange Zeit fürchteten Chanan und Batja, Hanni und all die anderen Mitarbeiter, NEVE HANNA würde buchstäblich aufweichen. Sie mußten sich entschließen, die Lehmdächer durch Ziegeldächer zu ersetzen. Wieder einmal waren alle Reserven verbraucht, und NEVE HANNA war auf die Unterstützung der Freunde aus der Schweiz und aus Deutschland angewiesen, um die Dächer decken zu lassen und die laufenden Kosten weiter bestreiten zu können. So ging es immer. Ständig herrschten Geldsorgen in NEVE HANNA.

Die wurden noch drängender, als nach 1977 die Arbeiterpartei die Führung im Lande verlor und die neue Wirtschaftspolitik der nationalen und religiösen Parteien innerhalb von sechs Jahren eine Inflationsrate von 400% mit sich brachte. Kiryat Gat hatte bislang als Entwicklungsstadt besondere Förderung erfahren, jetzt flossen die Entwicklungsgelder in die neuen Siedlungen in der Westbank. Auch NEVE HANNA bekam das zu spüren.

Hanna Ullmann lag nachts oft wach, weil sie hin und her rechnete, in Gedanken Geld von einem Posten auf den anderen schob, sich ausrechnete, was feste Schuhe und was Geschenke zur Bar mizwah kosten würden, sie dachte an die Kinder, die eine Zahnspange brauchten, mit Sorge sah sie auf NEVE HANNA und spürte, daß diese Sorge eingebettet war in eine andere, umfassendere Sorge.

Wohin entwickelte sich das Land?

Waren es noch ihre Ideen, die die Mehrheit teilte? Der Jom-Kippur-Krieg 1973, den sie, ausgefüllt mit den Gründungsvorbereitungen für NEVE HANNA, nur am Rande wahrgenommen hatte, war wie ein Blitz gekommen. Am sechsten Oktober, dem Höchsten Feiertag, hatten Syrien und Ägypten Israel überraschend angegriffen. Schon am vierundzwanzigsten Oktober waren die Auseinandersetzungen auf Drängen der Vereinten Nationen beendet. Aber Angst und Zweifel an der Unverwundbarkeit Israels, an der Unfehlbarkeit des Geheimdienstes blieben und brachten schließlich den Sündenbock, die Arbeiterpartei, zum Sturz und den Likud mit Begin an die Regierung.

Äußerlich wuchs der Wohlstand in Israel. Es entstanden moderne Städte, eine hochqualifizierte Industrie, westliches Konsumverhalten bestimmte das Leben von immer mehr Israelis. Aber der Traum von der Gleichheit, von der Zedakah verblaßte. An den Kindern von NEVE HANNA sah man die Kehrseite der Erfolgsgesellschaft, und Hanni ahnte, daß Israel ein Land wurde wie jedes. Ihr Traum vom jüdischen Sozialismus war ein Traum geblieben. Dennoch oder gerade darum tat sie, was sie tun konnte, um das Gesetz der Zedakah, ihre Vorstellung von Menschlichkeit lebendig bleiben zu lassen.

Auch Ernst Ullmann war traurig über die politische Entwicklung. Er war nun ein alter Mann, krank, nicht bitter, aber sehr müde. Am fünfundzwanzigsten August 1975 starb er.

Sechsundvierzig Jahre lang waren Hanni und er ein Ehepaar gewesen. Als er sie kennengelernt hatte, war er ein erwachsener Mann, der genau wußte, was er wollte. Er war ernst, voller Entschlußkraft und hatte sich leidenschaftlich einer Idee verschrieben. Hanni, fast ein Kind noch, schwärmerisch und begeisterungsfähig, hatte sich in diesen fünf Jahre älteren Mann verliebt, der ihr eine ganze Lebensphase voraus schien. Sie folgte ihm ohne zu zögern, sie folgte seiner Idee, und es fiel ihr nicht schwer, sie zu ihrer Idee zu machen. Aber aus dem Mädchen wurde eine Frau, eine eigensinnige, starke Frau, die niemandem folgte, nur, wie der Philosoph Kant, dem Gesetz in ihr und dem Sternenhimmel über ihr. Und das Gesetz in ihr war auch das ihres Mannes. Das blieb ihre Verbindung.

An einem der Abende sitze ich mit Hanni am Küchentisch, vor mir die Mappen mit den Schweizer Briefen an Jaschuwi, in denen ich tagsüber gelesen habe. Ich bin noch ganz bei diesen Briefen, diesen zutiefst persönlichen Gedanken und Gefühlen, die sie nicht ihrem Mann, sondern ihrem Kollegen mitteilte, den sie dennoch immer siezte, als ich Hanni frage, ob Ernst Ullmann nicht eifersüchtig gewesen sei.

»Nein«, sagt sie. »Seltsamerweise nicht. Er war sich wohl meiner ganz sicher.«

Mit Jaschuwi war auch er eng befreundet. Er akzeptierte Jaschuwis Nähe zu Hanni, weil er die Arbeit akzeptierte, aus der diese Nähe wuchs. Eifersüchtig gewesen sei nur Jaschuwis Frau.

Ich frage Hanni, ob es für sie im Leben überhaupt einen anderen Mann, eine andere Liebe gegeben hatte oder hätte geben können. Diesmal antwortet sie nicht sofort. Sie denkt nach, rührt gedankenverloren in ihrem Kaffee.

Dann sagte sie: »Nein.« Aber sie sagt auch: »Meine Arbeit war mir immer wichtiger als alles andere. Das hat mein Mann gewußt, und er hat mich so geliebt.«

Am nächsten Tag lese ich einen Brief, den sie ein Jahr nach Ernst Ullmanns Tod an Jutta Frost nach Deutschland schrieb. Jutta Frost hatte auch Ernst Ullmann gut gekannt und kurz vor seinem Tod war sie mit ihrem Mann noch einmal gekommen, um ihn zu besuchen: »Am 25. August war der erste Jahrestag von meinem Mann. Unfaßbar, daß es schon ein Jahr her sein soll. Aber so ist es.«

*Aber so ist es.* Dieser Satz taucht oft auf in den Gesprächen mit Hanni, er steht in ihren Briefen und Notizen. Sie hat ihre Träume, ihre Sehnsüchte, ihre offen zutage liegenden Gefühle und Gedanken, aber auch ihre verborgenen Gefühle, ihre Schmerzen und Wunden, die sie nur selten und nur wenigen zeigt. Lieber wendet sie sich dem zu, was sie tun kann. Irgendwo las sie einen Satz von Musil: Man kann seiner eigenen Zeit nicht böse sein, ohne Schaden zu nehmen. Welche Zeit hatte sie außer dieser? Welche Wirklichkeit galt, außer der, in die sie gestellt war? Die Realität muß anerkannt werden. *Aber so ist es.*

Im selben Brief schrieb sie an Jutta Frost: »Unsere Regierung wird täglich entsetzlicher, unsere Wirtschaft einfach unerträglich. Im Augenblick geht jeder Israeli dem anderen auf die Nerven und wahrscheinlich alle Israelis zusammen Euch auf die Nerven. Ich schäme mich oft.«

Zu den tiefsten Freuden ihres Lebens gehörte, zu sehen, wie immer wieder Kinder, die als verloren galten, sich selbst finden konnten.

Alon, der beim ersten Chanukkafest unter den Tisch gekrochen war, wuchs in einer der kleinen Familiengruppen auf, mit der Hausmutter erlebte er zum erstenmal eine verläßliche Beziehung zu einer Frau, mit Chanan und dem Erzieher traten Männer in sein Leben. Er galt als hoffnungslos zurückgeblieben und destruktiv, wenig entwicklungsfähig, lange arbeitete eine Psychotherapeutin mit ihm. Frau Levy aus Basel, die nach dem Sechstagekrieg das Flugticket für Arie Becker bezahlt hatte, finanzierte die Therapie. Mit sieben Jahren konnte er in eine normale Schule von Kiryat Gat gehen. Er kam meistens später nach Hause als die anderen, weil er langsam war und es so viel zu sehen gab. Die freien Tage verbrachte er in der Familie seiner Hausmutter. Als er neun Jahre alt war, beobachtete Hanni, wie ein größerer Junge ihm ein Spielzeug wegnahm, das Alon selbst gebaut hatte. Sie erwartete, daß er nun hilflos weinen und sich verkriechen würde, wie man es von ihm gewöhnt war. Aber er fing plötzlich zu schimpfen und zu fluchen an, wie er es von den anderen kannte, rückte dem Größeren auf den Leib, der ihm das Spielzeug erstaunt zurückgab. Ebenso erstaunt und anerkennend hatten die andern Kinder gesehen, wie Alon sich wehrte. Hanni lachte und dachte an das erste Chanukkafest in der NEVE HANNA. Und wußte, daß das Wunder von Chanukka sich immer wieder ereignen kann. Das Öl für den Leuchter im geschändeten Tempel von Jerusalem reichte nur für einen Tag, und dann gingen die Lichter doch nicht aus, acht Tage lang, bis neues Öl da war.

1981 verließen Chanan und Batja Guggenheim, die für Hanni nahe Freunde geworden waren, mit ihren Kindern Israel. Anfangs glaubten sie, sie würden nur ein oder zwei Jahre »Pause« machen. Aber als sie sich wieder in der Schweiz eingelebt hatten, Batja eine Stelle an der Universität gefunden hatte und Chanan die Ausbildung von Lehrlingen in St. Gallen leitete, wurde klar, daß sie nicht nach Israel zurückkommen würden, auf dieses »Pulverfaß«, wie Hanni in einem Brief schrieb. Ihr tat der Abschied sehr leid. Aber seit langem gehörten Abschiede für sie zum Alltag. Auch im Vera-Salomons-Center gingen immer wieder Menschen fort, zu denen sie eine Beziehung gewonnen hatte. Und diese gingen für immer.

Chanan und Batja blieben ihr als Freunde in der Ferne, die bis zum heutigen Tag für NEVE HANNA arbeiten. An Chanans Stelle trat Dudu, ein junger Erzieher und Lehrer, der im Kibbuz aufgewachsen war. Hanni vertraute ihm, aber lange Zeit sah sie auch das, was ihm noch fehlte, und spürte schmerzhaft den Verlust der Guggenheims. Auch die Kinder fühlten sich verlassen und reagierten unruhig. Und Helen Appel, die treue Seele von NEVE HANNA, war lange Zeit sehr traurig, und es fiel ihr schwer, Dudu, der schon einige Zeit in NEVE HANNA als Erzieher gearbeitet hatte, als Leiter zu akzeptieren. Hanni mußte ausgleichen, vermitteln. An Jutta Frost und ihren Mann Jochen schrieb sie in dieser Zeit lange Briefe. Mit der Erfahrung ihrer über siebzig Jahre sah sie nicht nur die gegenwärtige Lage von NEVE HANNA, sondern auch, daß Dudu, die jungen Erzieher, die Sozialarbeiterin und Hausmütter einen Weg eingeschlagen hatten, der erst am Anfang war. Sie wußte, daß sie in Dudu, bei allen Unsicherheiten und Fehlern seines Anfangs, einen Mitstreiter gefunden hatte, einen, der wie in einer vergangenen Zeit Franz Hainebach oder Moses Calvary, ein besonderer Erzieher war.

In dieser Zeit litten alle unter der ständigen Teuerung. Die Kosten für Wasser und Elektrizität stiegen plötzlich um 30%. Die Schulden von NEVE HANNA wuchsen. Shimon Sachs im Erziehungsministerium versuchte, dem Heim zu helfen, aber die Kassen waren leer. Hanni wußte oft nicht, ob die nächsten Gehälter ausgezahlt werden könnten.

»Aber schlafen tue ich trotzdem sehr gut, da ich von früh bis spät in den Abend auf den Beinen bin.« Da ist es wieder, Hannis: *Aber so ist es.*

1982 brach der Libanonkrieg aus. Ein Angriffskrieg. Zum erstenmal wurde in Israel öffentlich gegen die Regierung demonstriert. Israelische Truppen besetzten Beirut und zwangen die PLO und die syrischen Truppen zum Abzug. Auch Israel mußte sich zurückziehen, aber dieser Rückzug geschah in Phasen, und so dauerte der Krieg bis zum April 1985.

Und wieder die Toten.

Im Mai 1982 schrieb Hanni an Jutta und Jochen Frost in Deutschland, die sie als »gute, wahre Freunde« empfand. Sie brauche solche Freunde, schrieb Hanni, »insbesondere für mein Israel in dieser schrecklich unglücklichen Zeit, die wir hier in unserem Lande durchleben«. Der Brief ist von Hanni selbst auf der Maschine getippt, unbeholfen, mit Fehlern. Beruria Weinryb, die in NEVE HANNA die Korrespondenz erledigte, lag schwer erkrankt im Vera-Salomons-

Center. Von dieser Krankheit erholte sie sich nicht bis zu ihrem Tod 1988. In manchen Momenten muß Hanna Ullmann, die als stark und fast immer heiter galt, sich verlassen vorgekommen sein. Auch ihr alter Freund Ernst Simon verabschiedete sich langsam von der Welt der Kriege und der Gewalt, er war krank, konnte kaum noch sehen, und nur Toni konnte ihn noch erreichen.

Den Brief vom Mai 1982 wird sie aus ihrem Herzen heraus geschrieben haben, und sie wußte, daß sie ihn weit weg schickte. Dort steht:

»Sehr, sehr hadere ich mit meinem persönlichen Gotte.

Wenn ich ehrlich bin, so habe ich das Vertrauen verloren.

Wie kann es nur möglich sein, daß die Menschen in der ganzen Welt sich so hassen und sich unnötigerweise auf fürchterlichste Art umbringen!«

1983 sollte Hanni auf Einladung des Hilfsvereins nach Deutschland fahren. Diese Reise schob sie lange Zeit immer wieder auf. Es gab Gründe, natürlich, sie mochte NEVE HANNA nicht verlassen, wo die Aufstockung der Häuser begonnen hatte und wegen des Krieges die Bauarbeiten schleppend verliefen.

Eine fünfte Kindergruppe war eröffnet worden, es waren zehn neue Kinder gekommen, zwischen vier und acht Jahre alt, die sich noch nicht eingelebt hatten. Aber den eigentlichen Grund schrieb sie an Jutta Frost:

»Wenn ich ehrlich bin, fällt es mir diesmal nicht leicht, nach Deutschland zu kommen. Ich will keineswegs mein eigenes Land beschmutzen, aber lügen möchte ich auch nicht, sondern zu meiner Meinung stehen und immer habe ich von neuem die Hoffnung, daß sich manches ändern wird.«

Ihre Hoffnung waren immer wieder die Kinder. Alon hatte als Zwölfjähriger im Kibbuz En Charod, wo seine Gruppe die Ferien verbrachte, eine Auszeichnung für sein besonders kameradschaftliches Verhalten bekommen. Nun war er sechzehn, lebte als Lehrling in NEVE HANNA und war den Jüngeren wie ein großer Bruder.

Und auch ihre »alten« Kinder aus der AHAWAH, selbst keine jungen Menschen mehr, gehörten zu ihrem Leben. Manche wurden für NEVE HANNA unersetzlich – Renate Ucko, Avital Ben-Chorin oder Mira Falkenstein. Mira war in Kiryat Bialik in derselben Gruppe wie Renate, damals Ruth, gewesen. Mit vierzehn Jahren war sie nach Palästina gekommen. Mira war die Tochter eines Rabbiners, der in der Thüringer Kleinstadt Mühlhausen, wo die Falkensteins damals lebten, im November 1939 von blutrünstigen Kleinbürgern fast totgeschlagen und mit Schüssen verletzt wurde, weil er Jude war. Mira trägt diesen November 1938 und alles, was sie davor unter den Nazis erlitten und erfahren hatte, wie eine unsichtbare Wunde in sich. Äußerlich ging es ihr gut, sie lebte mit ihrer Familie in der Siedlung Beth Jizchak, als Hanni sie bat, Sekretärin, Beraterin und Organisatorin für NEVE HANNA zu werden. Bis heute gehört Mira Falkenstein zum Vorstand von NEVE HANNA. Mit Chawa Schwarcz, die in Kiryat Bialik die Pflegerinnenschule leitete, stand Hanni ohnehin in regelmäßigem freundschaftlichem Austausch. Von ihren ehemaligen Schülerinnen sind mehrere ihre Kolleginnen geworden. Ruti Sitton, die als Neunjährige aus dem Lager in Mauritius in die AHAWAH gekommen war, hatte an der Hebräischen Universität Psychologie studiert. Hanni war dieses Mädchen besonders nahe, weil Ruti die beste Freundin ihrer Tochter Raja ist. Toni und Ernst Simon unterstützten Ruti beim Studium, besorgten ihr damals ein Zimmer in Jerusalem. Heute ist Ruti Sitton leitende Kinderpsychologin der Stadt Beer-Shewa.

Eine andere ehemalige Schülerin Hannis ist Rena, ein Kind polnischer Einwanderer. Rena kam in der Nachkriegszeit als kleines Mädchen in die AHAWAH, weil ihr Vater auf dem Rabbinat die Mutter umgebracht hatte, die sich scheiden lassen wollte.

Rena und ihr Bruder hatten den Mord mit angesehen. In der AHAWAH lebte Rena sich gut ein, sie war beliebt und lernte gern. Ihr Bruder war verschlossener und trug sein Unglück im Gesicht. Der Vater saß im Gefängnis und verlangte, seine Kinder regelmäßig zu sehen. Die litten unter dem quälenden Mitleid mit ihrem einsamen Vater und konnten ihm doch nicht verzeihen, was er ihnen angetan hatte. An den Morgen vor den Gefängnisfahrten weckte Hanni die Geschwister früh, machte ihnen ein besonders gutes Frühstück, versuchte, ausgeglichen und lieb zu den Kindern zu sein und wünschte ihnen einen Guten Tag.

Jahre vergingen. Rena hatte selbst eine Familie, und Hanni hörte ab und zu von ihr. Ihr Bruder war nach Europa ausgewandert und hatte dort eine Nichtjüdin geheiratet. Eines Tages während der ersten Jahre von NEVE HANNA kam Rena zu Besuch und erzählte Hanni, sie sei als Hausmutter in die AHAWAH gegangen, die immer noch als Kinderheim in Kiryat Bialik bestand. Damals war Ofra Meierson die Leiterin, eine leidenschaftliche Pädagogin und Psychologin, Schülerin von Shimon Sachs, selbst Mutter von vier Kindern, die bis heute alles tut, um aus der AHAWAH mit den kargen Mitteln das Beste zu machen. Natürlich ist die heutige AHAWAH nicht an der früheren oder an NEVE HANNA zu messen, aber durch Ofra Meierson wurde der Niedergang des ehemals berühmten Kinderheims aufgehalten. Dorthin also war Rena gegangen. Niemand wußte, daß sie selbst einmal ein Kind der AHAWAH gewesen war. Sie sagte Hanni, daß sie es tun mußte, um sich von dem Trauma ihrer Kindheit zu befreien. Und sie sagte Hanni etwas, was sie all die Jahrzehnte nicht sagen konnte und was ihr noch immer wehtat: Dieses »Guten Tag« und Hannis Heiterkeit an den Morgen, bevor die Geschwister ins Gefängnis fahren mußten, hatte ihr ins Herz geschnitten, es kam ihr wie Hohn vor. Hanni war tief erschrocken und entschuldigte sich bei Rena. Nach diesem Gespräch konnte Rena auch Ofra Meierson ihre Geschichte erzählen. Und sie konnte den Kindern sagen, daß sie selbst ein Heimkind der AHAWAH gewesen war. Als sie nach drei Jahren wieder aus der AHAWAH zu ihrer Familie ging, konnte sie das, was ihr immer wie ein Stein auf der Seele gelegen hatte, zurücklassen.

Im Archiv von NEVE HANNA liegen neben Rechnungen, Spendenlisten, Fotos, Rundbriefen, Sitzungsprotokollen auch Briefe und Aufsätze ehemaliger NEVE-HANNA-Kinder.

Ich lese einen Aufsatz der sechzehnjährigen Riwka Schwarz, die 1995, nachdem sie elf Jahre in NEVE HANNA war, über ihr bisheriges Leben nachdachte. In den Heimunterlagen steht über sie und ihre beiden etwas älteren Geschwister, daß sie aus einer rumänischen Familie kämen. Der Vater ließ sich von der geistig zurückgebliebenen Mutter scheiden, und niemand kümmerte sich um die drei Kinder, die verwahrlost und unterentwickelt waren, kaum sprechen konnten und sich aus Abfalleimern ernährten. In NEVE HANNA erhielten sie Sprachtherapie und entwickelten sich sehr gut. Die sechzehnjährige Riwka erinnerte sich:

»Ich hatte oft Sehnsucht. Ich weiß noch ganz genau, wie es war, als Dudu, der Heimleiter, mich und meine beiden Geschwister zum erstenmal in den Kindergarten gebracht hat. Meine große Schwester wollte mich trösten, aber dann hat auch sie geweint.

Es hat eine lange Zeit gedauert, bis wir uns an all das Neue gewöhnt haben.

Als ich nach einem Jahr in die Schule kam, kam ich mir ganz erwachsen vor. Alisa, meine Hausmutter, hat mich begleitet, und ich habe sie geliebt und hatte viele Gefühle für sie.

Als ich in die siebente Klasse kam, hatte ich bereits viele

Freundinnen, die nicht aufhörten, mich über NEVE HANNA auszufragen. Wie es dort zuginge, wollten sie wissen, ob wir bestraft würden, wann wir abends die Lichter löschen müssen usw. Ich habe erzählt und beschrieben, daß man uns dort sowohl versteht als auch liebt, so daß die Freundinnen auch ins Kinderheim wollten. Ich habe ihnen vorgeschwärmt, daß es in NEVE HANNA Dinge gibt, die nicht in allen Familien selbstverständlich sind, wie Taschengeld, Ausflüge und Feste.«

Zu ihrer Mutter, die in Kiryat Gat wohnt, hatten Riwka und ihre Geschwister niemals die Beziehung abgebrochen. In den ersten Jahren kam sie oft ins Heim, beschimpfte die Tagesmütter. Vor den Erziehern hatte sie Respekt, weil es Männer waren. Anfangs erschwerte die Mutter die Lage der Kinder, aber man tolerierte sie, weil man meinte, daß die Eltern der Kinder, insbesondere solche geistig schwachen wie diese Mutter, nicht verachtet werden dürfen, ohne dem Kind etwas von seiner Würde zu nehmen. Mit der Zeit verstand Riwkas Mutter, daß ihre Kinder gut untergebracht waren und daß es auch für sie so besser war, und sie begann, so etwas wie Dankbarkeit gegenüber dem Heim zu zeigen, das ihre Kinder aufzog, ohne sie ihr wegzunehmen.

Es gibt auch Kinder, die von ihren Eltern abgelehnt, gehaßt werden. Die Erzieher und Psychologen können den Kindern nur helfen, mit dieser Tatsache zu leben und dabei doch ihr Selbstwertgefühl zu entwickeln.

Ich finde in den Akten ein Foto von Hadassa, die das Heim schon lange verlassen hat. Sie kam 1986 nach NEVE HANNA, sechsjährig. Auf dem Foto, das sie mit elf oder zwölf Jahren zeigt, ist sie hübsch, sehr zart, aber sie hat traurige Augen. Die Unterlagen beschreiben sie als ein Kind, das sehr viel Aufmerksamkeit brauchte und oft weinte. Sie lernte gut, obwohl sie dafür viel Mühe und Energie aufwenden mußte. Hadassa hatte Mühe, Freunde zu finden, weil sie einerseits mißtrauisch und verkrampft war, andererseits anhänglich und distanzlos. Ihre Sehnsucht nach einem starken Mann, einer Vaterfigur, war deutlich. Ihren eigenen Vater fürchtete sie, ihre Mutter empfand sie als abstoßend schwach. Hier ist ihre Geschichte, die der so vieler Kinder in NEVE HANNA ähnelt:

Hadassas Mutter, eine russische Jüdin, wanderte 1977 aus der Sowjetunion in Israel ein. Schon nach wenigen Monaten heiratete sie einen Mann griechischer Herkunft, der sie bald nach der Hochzeit schlug. Es ging dem Ehepaar in Israel schlecht, und so wanderten sie in seine frühere Heimat aus. Vier Tage nach der Ankunft in Griechenland wurde Hadassa geboren, in einem ärmlichen Loch, auf schmutzigen Matratzen. Der Vater schlug nicht nur die Frau, sondern auch das kleine Kind. Hadassa erlitt bleibende Sehschäden. Die Mutter mußte betteln, weil der Vater keine Arbeit fand oder suchte. Erst nach sechs Jahren kam Hadassas Mutter erneut nach Israel, bekam andere Kinder von einem anderen Mann und vernachlässigte Hadassa, die so nach NEVE HANNA kam und als Zehnjährige sagte »Endlich bin ich an einem Ort, wo die Erwachsenen mich wie ein Kind behandeln.«

Die dreizehnjährige Tirana schrieb in einem Aufsatz: »Trotzdem, wenn ich selber Kinder habe, werde ich sie nicht ins Heim geben. Ich könnte mich nicht von ihnen trennen. Obwohl ich all die Jahre im Heim aufwuchs, weiß ich, wie man Kinder erzieht. Vor allem von meiner Erzieherin Miriam lernte ich, wie man sich Kindern gegenüber verhält und wie ich selbst meine Kinder großziehen kann.«

Im Archiv liegen auch Briefe von ehemaligen Kindern aus NEVE HANNA an ihre Erzieher. Eine junge Frau, Kind drogensüchtiger Eltern, schrieb 1992 aus dem Kibbuz, in dem sie seit drei Jahren lebte, an Dudu. Sie bedankt sich für Süßigkeiten und Glückwünsche, die sie aus NEVE HANNA zum Rosch ha Schana, dem Neujahrsfest, bekommen hat. »Es hat mir im Herzen gut getan, daß Du, der sich sieben Jahre um mich gekümmert hat, mich wirklich noch nicht vergessen hast. Glaube mir, es kommt oft vor, daß ich Sehnsucht nach Euch habe. Es gibt immer noch Momente, da wünsche ich mich zurück nach NEVE HANNA, nicht oft und auch nicht für immer.

Dudu, ich bin Dir so dankbar, daß Du darauf bestanden hast, daß ich in den Kibbuz gehe. Man leckt hier absolut nicht immer Honig, aber die Lebensweise ist passend für mich. Die Basis, auf die ich mein Leben aufbauen kann, habe ich Euch zu verdanken; ich habe nicht alles übernommen, was Ihr versucht habt, mir zu geben, aber ich fühle doch, daß ich auf festen Beinen im Leben stehe. Nicht alles ist leicht und angenehm, aber ich kann den Kampf mit dem Leben aufnehmen, und dabei denke ich oft an Euch! Es liebt Euch und erinnert sich an Euch – mit Sehnsucht, Eure Veret M.«

Während ich in diesen Briefen lese, geht die Tür auf und zu, »Effo Hanni?« »Effo Dudu?« In NEVE HANNA herrscht in diesen Tagen eine besondere Unruhe, weil der größte Teil der Kinder nach Rosch Pinna, in den Norden des Landes fahren wird. Dort, nahe dem See Genezareth, besitzt NEVE HANNA seit einigen Jahren ein sehr schönes Ferienhaus. Es wurde gestiftet von einem Mitbewohner Hannis im Vera-Salomons-Center.

Hanni bezog ihre alten Mitbewohner von Anfang an in ihre Arbeit für NEVE HANNA ein. Sie lud sie zu Feiertagen ein, erzählte ihnen von den Kindern, zeigte Fotos und berichtete stolz vom Wachsen des Heims. Jeder in Hannis Altenheim weiß von NEVE HANNA, zumal ja bis zu ihrem Tod auch Beruria Weinryb dort lebte, die selbst zu den Gründerinnen gehörte. Manche beneideten Hanni und Beruria um die Nähe zu den Kindern, um das schwierige Glück dieser Arbeit.

Einem Heimbewohner gingen Hannis Berichte besonders nahe. Als Kind hatte er im Reichenheimschen Waisenhaus am Weinbergsweg in Berlin-Mitte gelebt. Für ihn war diese Zeit die düsterste seines Lebens, und wenn er als Gast zu Feiertagen nach NEVE HANNA kam, sagte er den Kindern, ein solches Heim hätte er sich gewünscht. Da der Witwer keine Kinder hatte, vererbte er seine ansehnlichen Ersparnisse an NEVE HANNA mit der Auflage, ein Ferienhaus dafür anzuschaffen. Er wußte, daß es für die Kinder, die nicht nach Hause fahren konnten, traurig war, die Ferien im Heim zu verbringen, wenn andere Urlaub machten. Zwar fuhren auch diese Kinder ans Meer, machten Ausflüge, und manchmal nahmen Erzieher sie mit in ihre heimatlichen Kibbuzim, aber ein eigenes Ferienhaus für NEVE HANNA war die Erfüllung eines Traums.

Dorthin also soll an einem der nächsten Tage der Bus mit den Heimkindern fahren, mit Dudu, den Erziehern und Freiwilligen. Auch die Kinder des Tagesheims sind eingeladen und Kinder aus Rahat.

Rahat ist eine Beduinensiedlung in der Negev-Wüste. Die Beduinen, arabische Wüstenstämme, haben vor nicht allzu langer Zeit noch ein Nomadenleben geführt. Auch sie sind israelische Staatsbürger, Moslems. Ich erinnere mich, wie ich bei meinem ersten Besuch mit Hanni, Dudu und einer Gruppe Kinder aus NEVE HANNA in Rahat gewesen bin. In der kleinen Schule des Orts wurden wir von Mohammed, dem Schuldirektor, und seinen Schülern erwartet. Die Kinder treffen sich regelmäßig, zeigen sich gegenseitig ihr Leben in den arabischen Familien und in NEVE HANNA. Die Idee dazu kam vor Jahren von Hanni, in der ungebrochen die Vorstellung lebt, Araber und Juden sollten wie Nachbarn friedlich miteinander leben. Eine Voraussetzung dafür ist, das hatten sie und ihre Freunde von Brith Schalom schon früh begriffen, das Wissen übereinander, der gegenseitige Respekt, das Verständnis für das, was am anderen anders ist. Dieses Projekt war von Beginn an umstritten, nicht in NEVE HANNA, aber im jüdischen Umfeld. Auch in Rahat gab und gibt es Gegner dieser Begegnungen, bei denen die Kinder sich kennenlernen, miteinander spielen, Feste zusammen feiern, zusammen verreisen. Auch in ihr Ferienhaus nach Rosch Pinna laden die Kinder von NEVE HANNA dreimal im Jahr Beduinenkinder ein, und 1993 reiste eine Gruppe von NEVE-HANNA-Kindern mit Kindern aus Rahat nach Deutschland und in die Schweiz.

Als die Tochter des Lehrers Mohammed 1997 heiratete, feierten in Rahat alle seine arabischen Verwandten, Nachbarn und Freunde. Eingeladen war auch eine große Gruppe aus NEVE HANNA, bei der auch meine jüngere Tochter Martha sein durfte, die mit Schülern des Jüdischen Gymnasiums in Kiryat Gat zu Besuch war.

Martha, die Juden und Araber in Israel nicht unterscheiden und auch ihre Sprachen nicht auseinanderhalten kann, sah bei diesem Hochzeitsfest in Rahat etwa zweihundert fröhliche Menschen, festlich angezogen, die zusammen unter demselben Sternenhimmel vor Zelten aßen, tanzten, lachten, und manche sah sie vor Freude weinen.

Abraham zeugte Isaak und Ismael, ihre Söhne sind Esau und Israel, sowie Nebajoth, Kedar, Abdel, Mibsam, Mischma, Duma, Massa, Chadad, Thema, Jetur, Nafisch, Kedma. Die Kinder ihrer Kinder sind bis in unser Jahrhundert die, die in Israel aufeinander spucken und sich mit Steinen bewerfen, einander töten, und es waren die, die in Rahat zusammen die Hochzeit der Tochter des Lehrers feierten, und es sind die Kinder, die zusammen malen und singen und Pita backen und nach Rosch Pinna fahren.

So wenig und so viel.

Man muß die Angst abbauen, sagt Hanni. Zuerst muß man verstehen, daß die anderen auch Menschen sind mit ebensolchen Ängsten wie man selber. Und das geht noch am ehesten bei Kindern.

In einem Papier von NEVE HANNA, das im Archiv liegt, lese ich: »Wir hoffen, daß die Kontakte zwischen den Kindern zu ehrlichem Verständnis führen und den Weg zum Frieden bahnen helfen.«

Dort im Schrank liegt auch die Urkunde, die der israelische Ministerpräsident 1991 in Jerusalem an Hanni Ullmann und David Weger überreichte. Als das bestgeführte Kinderheim Israels bekam NEVE HANNA den staatlichen Erziehungspreis »Le schlom ha jeled«, zum Schutz der Kinder. Es wurde gefeiert, man war stolz, auch die Freunde in Deutschland und in der Schweiz freuten sich mit denen aus NEVE HANNA. Es war eine Bestätigung, daß der Weg richtig war, daß der Traum, den Johanna Kaphan und Hanni Ullmann geträumt hatten, in Kiryat Gat und vielleicht auch anderswo in Israel Wurzeln getrieben hatte und weiter wächst.

Aber die Kinder waren in diesem Jahr 1991 verstörter denn je. Ich finde im Archiv Berichte über einzelne Kinder, Korrespondenzen über die Arbeit der Psychologen, die noch nötiger war als sonst.

Der Golfkrieg hatte das ganze Land, die Welt erschüttert, aber in den Seelen dieser Kinder, die schon allzuviele Unsicherheiten und Bedrohungen kennengelernt hatten, hinterließ der Krieg vom Januar und Februar 1991 Verheerungen, die noch Jahre später zu spüren sind. Die Kinder hatten wie jeder im Land lernen müssen, die Gasmasken anzulegen. Aber durch dieses Ding fühlten sie sich nicht geschützt, sondern ihre Schutzlosigkeit wurde ihnen noch bewußter. Außerdem verloren sie, die kein richtiges Elternhaus haben, auch noch die Geborgenheit von NEVE HANNA. Nach einer Anordnung vom Erziehungsministerium mußten sie in ihre Familien zurückgeschickt oder auf Pflegefamilien aufgeteilt werden. Jedes Kind fand einen Platz, aber sie spürten die Angst im Land, die wie ein wildes Wasser über alle Seelen stieg und in der sie fast ertranken.

Als sie wieder zu Hause in NEVE HANNA waren, als

der Krieg für beendet galt, blieb doch die Erfahrung der Bedrohung.

Nichts wurde leichter.

Statt der jungen freiwilligen Helfer aus Deutschland, die während der Krise nicht kommen konnten, mußten vorübergehend bezahlte Hilfskräfte angestellt werden. Das Erziehungsministerium sperrte schon zugesagte Zuschüsse. Acht neue Kinder wurden auf einmal eingewiesen, tief gestörte Kinder, die das mühsam gewachsene Gleichgewicht in den Gruppen veränderten. Und wieder regnete es durch, gingen Stühle kaputt, mußte die Elektroleitung erneuert werden.

Der Hamburger Pastor Hermann Keller, damals Vorsitzender des Vereins NEVE HANNA-Kinderhilfe in Deutschland, schickte an die Mitglieder und Freunde einen eindringlichen Brief, in dem er darum bat, gerade jetzt die Hilfe für dieses Heim am Rande der Wüste zu verstärken. Der Gruß SCHALOM unter diesem Brief war nicht nur ein Wort, es war eine Hoffnung, ein Gebet, und es ist der Name eines Weges.

1994 war Hanna Ullmann sechsundachtzig Jahre alt. Seit zwanzig Jahren begleitete sie NEVE HANNA. War es nicht Zeit, aufzuhören?

Dudu konnte das Heim nun auch ohne sie leiten. Er hatte wunderbare Erzieher um sich geschart, darunter drei ehemalige Kinder von NEVE HANNA. Es gab starke, warmherzige Hausmütter, hervorragende Psychologen. Mit ihnen und mit Alisa, Helen Appel, die Dudu inzwischen vollkommen respektierte, mit Mira Falkenstein und Renate Ucko, mit Naomi Politzer, Ruti Sitton und anderen besaß NEVE HANNA außergewöhnliche Mitarbeiter. Aber die Verbindungen zu den deutschen und Schweizer Helfern waren Lebensadern für das Heim. Für die Menschen dort wurde NEVE HANNA durch Hanni Ullmann verkörpert. NEVE HANNA – das war auch das Vermächtnis der Johanna Kaphan, die außer ihr niemand mehr gekannt hatte, das waren auch die Ideen Siegfried Bernfelds und Beate Bergers, Moses Calvarys und Franz Hainebachs, die in Hanni Ullmann eingegangen waren und von ihr weitergetragen wurden. Sie konnte die Arbeit nicht aufgeben, nicht jetzt.

Am fünfundzwanzigsten Oktober 1994, als das Friedensabkommen mit Jordanien unterschrieben wurde, saßen die Kinder von NEVE HANNA an den Fernsehapparaten und dachten: Jetzt wird Frieden.

UNSRE SEELE IST ENTRONNEN WIE EIN VOGEL DEM STRICKE DES VOGLERS; DER STRICK IST ZERRISSEN, UND WIR SIND LOS.

Die Mitarbeiter buken aus süßem Teig für jedes Kind eine Friedenstaube.

Ein Jahr später, am fünften November 1995, saßen sie wieder vor den Fernsehapparaten und sahen schweigend zu, wie der Staatschef Jizhak Rabin auf dem Herzl-Berg von Jerusalem beigesetzt wurde, ermordet von einem fanatisch religiösen Juden, der meinte, im Auftrag Gottes zu handeln, und den Frieden mit den Arabern verhindern wollte.

Gerade in dieser Zeit war die Existenz von NEVE HANNA gefährdet wie noch nie. Das Erziehungsministerium sah sich außerstande, die Grundbedürfnisse des Heims weiter zu finanzieren. Wieder einmal reichte das Geld nicht einmal für Gehälter, obwohl viele Mitarbeiter von NEVE HANNA freiwillig, also unentgeltlich arbeiten. Im Heim lebten jetzt fünfundfünfzig Kinder, ins Tagesheim kamen fünfundzwanzig. Das Familienministerium wollte zumindest die Zahl der Kinder verringern, die Ausgaben für therapeutische Begleitung einschränken. Außerdem gab es Kritik an der angeblich unjüdischen Erziehung, Gerüchte wurden gestreut, in NEVE HANNA würden die Kinder Schweinefleisch zu essen bekommen. Die Begegnung mit den Arabern war vielen ein Dorn im Auge. Es sah ganz so aus, als würde NEVE HANNA diese Krise nicht überstehen.

Aber Dudu, Hanni und die israelischen Vorstandsmitglieder führten lange und schwierige Verhandlungen, in deren Ergebnis ein Kompromiß erzielt wurde. Das Sozialministerium übernahm NEVE HANNA mit der Verpflichtung, die Grundbedürfnisse des Heims zu sichern und die pädagogische Konzeption unangetastet zu lassen. Die Kinder konnten bleiben.

Manchmal fühlte Hanni sich jetzt müde, am Ende ihrer Kräfte.

Aber wenn sie zu Toni nach Jerusalem fuhr, deren Zerbrechlichkeit sah, ihre Einsamkeit nach dem Tod Ernst Simons, spürte sie, wie stark sie doch war, so daß sie von ihrer Kraft noch abgeben konnte. Und wenn ihre Enkelkinder zu ihr kamen, von ihrem Studium, ihren Freunden erzählten, mit der Großmutter stritten und sie um ihre Meinung fragten, dann fühlte sie sich ganz lebendig und war froh über ihr Leben. Es war manchmal schwer, aber es war ihr Leben. *Aber so ist es.*

Der Zufall – den die Alten Engel nannten – führte sie mit einer Gruppe jüngerer jüdischer Frauen zusammen, die sich regelmäßig treffen, um in der Hebräischen Bibel zu lesen. In den uralten Schriften suchen sie die Geschichte ihres Volkes und ihre eigene als Frauen. Hanni findet in der Bibel wieder, was sie selbst erlebte.

Ich lese einen Brief an Jutta Frost, in dem fast derselbe Satz steht wie in einem anderen Brief aus früheren Jahren: »Manchmal denke ich, ich dürfte keine Nacht schlafen vor Sorgen. Aber ich schlafe doch sehr gut.«

Eines der Kinder, das immerzu in die Küche kommt und fragt: »Effo Hanni?«, ist ein hübscher, sehr selbstbewußt wirkender Junge von etwa fünfzehn Jahren. Als er zum drittenmal kommt, liegen da drei oder vier Kuchenstücke, von Renate Ucko abgezählt für unsere Kaffeepause. Nach kurzem Blick auf den Teller greift der Junge sich das größte

Stück. Ich gebe einen empörten Ausruf von mir. Lachend sieht er mich an, spricht schnell einen Segensspruch über das geraubte Gut, bevor er hineinbeißt. Dieser Knabe heißt Israel wie der Sohn Isaaks, dessen Nachfahre er ja auch irgendwie ist. Sein leiblicher Vater, auch er gewiß ein Nachfahre Abrahams und Isaaks, soll jedoch ein gewalttätiger und furchteinflößender Mensch gewesen sein.

In den letzten Tagen habe ich viel über Israel erfahren, weil Hanni, Dudu und Renate während unserer Mahlzeiten oft über ihn sprachen. Er ist mit seinem jüngeren Bruder vor ein paar Jahren ins Heim gekommen, anfangs war er schüchtern und verstört, später, als er merkte, daß hier nicht geprügelt wird, eher draufgängerisch, und es hat Mühe gekostet, ihn davon abzuhalten, sich wie sein Vater zu benehmen. Auch die Lehrer haben es nicht leicht mit Israel, aber er lernt nicht schlecht. Hanni sagte mir, Israel sei einer der Jugendlichen, die eine besonders klare Vorgabe und strenge Regeln benötigen. Gerade, weil er intelligent ist und danach strebt, andere zu beherrschen. Vor zwei oder drei Wochen ist der Vater gestorben. Die Brüder waren nach Hause gefahren, um an der Beerdigung teilzunehmen, um die siebentägige Trauerzeit einzuhalten und Schiwe zu sitzen. Denn auch wenn die Familie sich von dem Tyrannen befreit fühlt, kommt ihm doch die Ehre eines Familienoberhaupts zu. Der jüngere Bruder soll nach den Ferien in ein anderes Heim gehen. Er gilt als besonders schwer erziehbar. Selten wird in NEVE HANNA entschieden, sich von einem Kind zu trennen, aber Hanni sagt, daß dies das letzte Mittel sein kann, einem Kind zu helfen. Der Junge sei längst nicht so intelligent und noch viel aggressiver als Israel, für ihn sei ein Platz in einem anderen Spezialheim gefunden worden. Dort würde es weniger Freiheiten, mehr Kontrolle geben. Eigentlich sollten die beiden Brüder nach der Trauerzeit gar nicht zurückkommen, da in NEVE HANNA ohnehin die Ferien begonnen haben und die beiden ihre Ferien zu Hause verbringen wollten. Aber Israel, der sich nun als Familienoberhaupt fühlt, wollte Dudu und Hanni überzeugen, seinen Bruder doch weiter in NEVE HANNA leben zu lassen. Jedenfalls hatte er erklärt, daß er deshalb zurückgekommen sei. Hanni vermutet, daß es da noch andere Gründe gibt. Es geht um ein verschwundenes T-shirt, um Geld, das Israel angeblich gestohlen wurde, mit dem er aber nach der Beobachtung seines Erziehers Schulden bei einem anderen bezahlt hat, es geht um irgendwelche undurchsichtigen kleinen Geschäfte. Aber Hanni, Dudu und Israel sprachen miteinander. Die Erzieher und die Psychologin setzten sich mit ihnen zusammen, es blieb bei der Entscheidung, sich von Israels Bruder zu trennen. Mir als Außenstehender tut der Bruder leid, mir tut Israel leid, der sich so um ihn bemüht. Aber Hanni sagt, diese Art Mitleid sei nicht, was die Jungen brauchen, sondern pädagogisch verantwortungsvolle Hilfe. Nur selten trennt man sich in NEVE HANNA von einem Kind, aber wenn, dann aus schwerwiegenden Gründen. Die gibt es, und ein Neuanfang liegt im Interesse des Jungen. Auch Israel muß sich damit abfinden.

Aber nun hat er kein Fahrgeld, um erneut nach Hause zu fahren. Die ihm zustehende Fahrkarte ist schon verbraucht, seine Ersparnisse sind verschwunden, wie auch immer. Man ließ ihn ein paar Tage lang in den Grünanlagen arbeiten und so etwas Geld verdienen. Aber heute soll er abreisen, und Israel hat wieder kein Fahrgeld. Deswegen sucht er Hanni, der er schließlich am Küchentisch eine lange Geschichte erzählt. Ich arbeite am anderen Ende des Tisches und sehe, wie Hanni dem Jungen aufmerksam zuhört, und ich sehe, daß sie ihm kein Wort glaubt. Sie wird ihm kein Geld geben und sagt, er soll sich überlegen, wie er nach Hause kommt. Schließlich schlägt er vor, daß das Auto, mit dem die Psychologin nach Hause gebracht wird, bis in sein Dorf fährt. Hanni ist damit einverstanden, daß das Auto ihn bis zu einer bestimmten Wegkreuzung mitnehmen wird, an der es ohnehin vorbeikommt. Den Rest müsse er eben laufen. Israel, der weiß, daß man mit Hanni nicht handeln kann, geht wortlos. Es handelt sich um einen mehrstündigen Weg.

Ich finde das hart und sage es Hanni, aber die lacht mich aus.

Zwei Stunden später steht Israel, dem das Lachen vergangen ist, mürrisch mit seinem Rucksack und einem Bündel am Tor und wartet auf das Auto der Psychologin. Es sollen noch zwei Frauen mitfahren. Israel wirft sein Gepäck auf den Rücksitz und nimmt Platz. Neben ihn quetschen sich die Frauen und bitten ihn, das Gepäck wegzunehmen. Widerwillig nimmt er ein Stück weg und bedeutet den Frauen, sie sollen sich nicht so breit machen. Hanni ist zur Verabschiedung ans Tor gekommen, redet freundlich mit ihm und beobachtet die Abfahrt. Ich sage ihr, daß ich sie zum erstenmal einem Kind gegenüber so unerbittlich gesehen habe. Das muß sein, erklärt sie gelassen und bückt sich nach einem Stück Kaugummipapier, das, wie sie vor sich hin murmelt, der Herr Israel vergessen hat.

# Dudu

Hannis engster Mitarbeiter seit vielen Jahren ist David Weger, Dudu. Bevor ich überhaupt wußte, wer er war, schon bei meinem ersten Besuch in NEVE HANNA, war er mir unter den Erziehern aufgefallen. Er geht mit den Kindern auf eine eigene Art um, zärtlich und streng, manchmal ein bißchen ruppig, als sei er selbst ein Kind. Dudu und die Kinder lachen viel zusammen, aber ich habe ihn auch ärgerlich erlebt und gesehen, wie er sich abwendet, was in den Gesichtern der Kinder mehr Betroffenheit hinterläßt, als wenn er geschimpft hätte.

Als ich Dudu kennenlernte, konnten wir uns kaum verständigen. Ich sah seine Augen und sah, wie er umsichtig und konzentriert seiner Arbeit nachging, wie er sich zu den Kindern verhielt, und spürte bei alledem eine große innere Gelassenheit. Manchmal sah ich die Spottlust in seinem Blick auffunkeln und verstand nicht, warum. Inzwischen war er einige Male in Deutschland und in der Schweiz, er spricht gut deutsch, und wir hatten lange Gespräche über seine Arbeit und sein Leben.

In meinem Berliner Zimmer hängt an der Stuckdecke ein Gebilde aus fünf Metallstäben, die rund um einen hölzernen Ring angebracht sind. Wenn ein Luftzug durch das Zimmer geht, klirren die Metallstäbe, sie stoßen aneinander, und das ergibt einen seltsamen, wohltönenden Klang. Manchmal, wenn der Luftzug heftig ist oder wenn man den Holzring bewegt, ertönt so etwas wie eine Melodie, die ganz unerwartet anschwillt oder wieder abklingt und sich in leisen Tönen verliert. Das Ding hat Dudu mir geschenkt, und so kommt es, daß ich mehrmals am Tag an ihn denke, an NEVE HANNA, an die Kinder, die ich dort traf, an Ella, Meni, Israel, Lilli, Bath-El, und an die Erwachsenen, an Hanni, Alisa, Mira und Renate. Ich weiß, daß dieses Klangspiel ein gewöhnliches Touristensouvenir ist, so etwas gibt es in Indien und in China und eben auch in Israel. Aber dieses hier ist für mich ein besonderes, Dudu hat es in Rosch Pinna gekauft und mir nach Berlin gebracht, diese leisen Töne in meinem Zimmer, die schon durch einen Hauch ausgelöst werden und überraschend zu einem Klangfeld anschwellen können, sind wie ein Gruß aus Dudus ganz anderem Alltag in meinen.

Dudu wurde lange Zeit nur als der Nachfolger von Chanan Guggenheim, dem ersten Leiter von NEVE HANNA, angesehen. Aber irgendwann ist ein Mensch nicht mehr der Nachfolger von einem anderen, sondern steht für sich selber. Dudu ist ein Zabre, so nennt man die im Land Geborenen nach der süßen Frucht des Feigenkaktus mit der stachligen Schale. Er kam nach der Staatsgründung in Israel zur Welt, für ihn ist Israel seine Heimat, so selbstverständlich, daß es keines Nachdenkens bedarf. Dudus Vater und Dudus Mutter haben diese Heimat, die es damals nur als Vorstellung, als Traum von Erez Israel gab, gegen den Widerspruch ihrer Familien gewählt, weil ihnen Polen, weil ihnen Litauen, die Länder, in denen sie geboren wurden, keine Heimat waren. Dudus Vater und seine Mutter waren achtzehn und vierzehn Jahre alt, als sie mit Jugendgruppen in den dreißiger Jahren nach Palästina kamen, um ihren Traum von der Heimat hier zu verwurzeln. Ihre Eltern waren nicht froh darüber, aber der Traum war stärker. Dudu hat seine Großeltern nicht kennengelernt, die sind in Litauen und in Polen ermordet worden, als die Deutschen kamen.

Seine Eltern trafen sich im Kibbuz Givat Brenner, dem legendären sozialistischen Kibbuz, in den 1929 auch Ernst Ullmann gern gegangen wäre, wenn Hanni gewollt hätte. Später lebten Dudus Eltern im Kibbuz Chulda dicht daneben, dort wurde ihr Sohn geboren und wuchs in der Gedankenwelt seiner Eltern auf, in der Gemeinschaft, im Kinderhaus. Dudu sagt, er hatte eine sehr glückliche, harmonische Kindheit. Aber Dudu wurde krank, bekam die Kinderlähmung und behielt ein Hinken zurück. Darüber hat er mit mir nicht geredet. Möglicherweise heißt das, die Krankheit und die Behinderung waren nicht so wichtig in seinem Leben, vielleicht aber waren sie so wichtig, daß er nicht darüber sprechen will. Möglicherweise ist es diese frühe Erfahrung einer Benachteiligung, eines Andersseins, die ihn so sensibel sein läßt für das Leid von Kindern, für die Not von Diskriminierten.

Dudu war gerade achtzehn Jahre alt, als er sich dem Haschomer Hazair, der linken Jugendbewegung, anschloß und zum Militär ging, zum Nachal, einer Abteilung der israelischen Armee, die die militärische Ausbildung mit dem Leben im Kibbuz verbindet, später ging er in den Kibbuz Nir Os. In diesem Kibbuz vertrat man ähnliche Ideale wie in Givat Brenner, jeder Leitungsposten wurde nach drei Jahren neu besetzt, keiner sollte im Rang höher als die anderen stehen. Jeder sollte geben, was er vermochte, und nicht mehr nehmen, als er brauchte. Arbeit gilt als Form des Lebens und nicht nur als Verdienstquelle.

Dudu war stolz, zu diesem Kibbuz zu gehören, in dem nach hohen Idealen gelebt wurde. Dies waren auch die Ideale seiner Eltern, und es waren, aber das wußte er damals noch nicht, auch die von Ernst und Hanna Ullmann.

Der Kibbuz besaß riesige Kartoffelfelder, die an ein arabisches Dorf, Chirbet Chisa, grenzten. 1974 war Dudu für die Einbringung der Kartoffelernte verantwortlich. Nach der Ernte blieben ein paar Kartoffeln auf den Feldern zurück, die von den Maschinen nicht erfaßt worden waren. Es hätte sich für die Kibbuzniks nicht gelohnt, die Kartoffeln mit der Hand abzusammeln. Aber nachts kamen Araber aus dem

Dorf und holten sie sich heimlich. Das Betreten der Felder war für Fremde verboten, und das Verhältnis zu den Arabern war so kurz nach dem Jom-Kippur-Krieg überall in Israel gespannt. Aus ähnlichen Anlässen gab es oft gewaltsame Auseinandersetzungen. Aber Dudu dachte an die selbstgewählte Maxime des Kibbuz, daß jeder Mensch, unabhängig von Religion, Geschlecht, Rasse gleichwertig ist, und er fand, man solle den Arabern einfach erlauben, sich die Kartoffeln zu holen. Im Kibbuz gab es einen langen Streit darüber, und schließlich wurde Dudus Vorschlag angenommen. Anders als in anderen Kibbuzim gab es hier fortan keine Probleme mit den arabischen Nachbarn. Wie wenig selbstverständlich solche Nachbarschaftlichkeit ist, sah ich daran, daß Dudu mir diesen Vorfall noch nach mehr als zwei Jahrzehnten stolz erzählte. Bald nachdem ich die Geschichte gehört hatte, las ich etwas über die religiösen Grundlagen der Zedakah, jener wichtigsten aller religiösen Pflichten, der schon die AHAWAH ihre Gründung verdankte und die auch Hanni Ullmanns Leben bestimmte. Ich las, daß es eine Reihe von Gesetzgebungen in der Thora gibt, die die Zedakah zu einem jüdischen Gebot erheben, das mehr ist als individuelle Mildtätigkeit. Zu diesen Gesetzgebungen gehören auch die Verfügungen im Fünften Buch Mose, nach denen alles, was sich nach der Ernte noch auf den Feldern befindet, den »Fremden, Witwen und Waisen« gehöre. Ich weiß nicht, ob Dudu an dieses Gebot dachte, ob er es überhaupt kannte, aber er handelte danach.

Obwohl er und seine junge Frau Ruth mit den Lebensregeln im Kibbuz übereinstimmten, verließen sie ihn in den siebziger Jahren. Sie hatten einen Sohn bekommen und wollten ihn nicht ins Kinderhaus geben, er sollte bei ihnen, den Eltern, aufwachsen. Heute hat man nach langen inneren Kämpfen die Gemeinschaftserziehung für Säuglinge und Kleinkinder in allen Kibbuzim aufgehoben. Ohnehin haben sich die Kibbuzim sehr verändert und sind unterschiedliche

Wege gegangen. Heute gibt es in Israel etwa zweihundertundsechzig Kibbuzim, von denen nur wenige nicht um ihre Existenz kämpfen müssen.

Damals sahen Dudu und Ruth Weger für ihre Familie keine andere Möglichkeit, als mit dem kleinen Kind fortzuziehen. Sie gingen in die Entwicklungsstadt Kiryat Gat. Dudu bildete sich im Fernstudium zum Lehrer, auch Ruth wurde Lehrerin. Sie bekamen einen zweiten Sohn, ein Kind mit einer angeborenen körperlichen Behinderung, das mehrere Operationen über sich ergehen lassen mußte.

Ende der siebziger Jahre fing Dudu in NEVE HANNA als Erzieher zu arbeiten an. Sofort sah Hanni, daß er einer der seltenen Erzieher mit »Kinderleim« ist, wie Johanna Kaphan diese Eigenschaft genannt hatte. Er besitzt eine natürliche Autorität, obwohl oder weil er mit den Kindern umgeht wie ein großer Bruder, mit ihnen spielt, lacht, ihnen zuhört und ihre kindliche Phantasie versteht. Verglichen mit Chanan Guggenheim war Dudu, als er nach NEVE HANNA kam, nicht gebildet. Aber war dieser Zabre mit dem viel älteren, akademisch gebildeten Schweizer zu vergleichen? War er mit Sinai Ucko zu vergleichen, mit Moses Calvary, mit Shimon Sachs, die an den besten Universitäten und Seminaren Europas studiert hatten, die Lehrer wie Buber, Hildesheimer, Scholem gehabt hatten, die, als Hanni sie kennenlernte, schon Jahrzehnte pädagogischer Arbeit hinter sich hatten? Hanni glaubte an Dudu, sie sah seine ursprüngliche, herzliche Verbindung zu den Kindern, seine spontanen gerechten Entscheidungen, sein angeborenes Taktgefühl, seine Zähigkeit. Dudu war schon ein paar Monate lang Leiter von NEVE HANNA, als Hanni notierte:

»Dudu ist sehr interessiert, sehr wach, aber im Heimleben unerfahren. Er muß jeden Tag viel dazulernen. Was er sehr gut macht, ist die Freizeitgestaltung. Das kann er gut, da hat er genügend Erfahrung, wenn auch nicht immer alles nach unserem Geschmack ist. Vorläufig genießen die Kinder die

Freizeitbeschäftigung noch nicht, weil sie es nicht gewohnt sind. Erst jetzt, nach einem Monat, beginnen sie wöchentlich an dem sonntags gezeigten Film Freude zu haben. Er spricht intensiv mit den Kindern, kann sich in sie hineinfühlen. Chanan hat oft langsam reagiert, sehr langsam sogar, seine Reaktionen waren die eines Sozialarbeiters, der die ganze Familie einbezogen hat. Dudu entscheidet dagegen sehr schnell, spontan, er muß erst lernen, den Hintergrund der Kinder und all die schweren Probleme in seine Entscheidungen einzubeziehen. Natürlich muß er auch mich besser kennenlernen, muß lernen, daß ich nicht nur seine Vorgesetzte bin, sondern wir beide wollen, daß NEVE HANNA den Kindern ein warmes, gesundes Zuhause wird. Es wird bestimmt kommen, aber es braucht Zeit.«

Ein Jahr später schrieb Hanni an Jutta Frost, aber sie schrieb es wie für sich selbst, wissend, daß dieser Brief weit weg ging:

»Die Kinder fassen Vertrauen zu Dudu, besonders die größeren. Er macht es gut und wächst in die Arbeit hinein. Nach achtzehnjähriger gemeinsamer Arbeit von Chanan und mir ist es mir oft nicht leicht, den natürlichen Kontakt zu Dudu zu finden. Es fehlt mir die so sehr angenehme Solidität von Chanan. Er ist in derselben Kultur aufgewachsen wie ich.

Wie sagen die Zabres: Keine Probleme! Wahrscheinlich sagen sie das, weil wir so viele Probleme haben. O weh! Dudu denkt politisch und besonders den Arabern gegenüber genauso wie ich. Es ist mir ungeheuer wichtig, daß er die Kinder in NEVE HANNA in diesem Sinne erzieht. Dieses ist eine besonders schwere Aufgabe bei Kindern aus orientalischen Familien. Dudu ist sowohl den Guggenheims als auch mir gegenüber überlegen in seiner so positiven Einstellung Israel gegenüber. Für mich persönlich habe ich heute keine Beziehung zu Nationalitäten. Ich sehe zuerst den Menschen, gleich welcher Farbe, gleich welcher Herkunft.«

Es dauerte lange, bis Dudu und Hanni sich auch in kleinen Alltagsdingen verstanden. Wenn sie sich bückte und Papier aufhob, lachte Dudu anfangs. Er fand, daß sie eine Jecke war, pedantisch und ordnungssüchtig wie alle Jeckes. Ihn störte das herumliegende Papier nicht. Hanni bückte sich weiter nach jedem Schnipsel, geduldig und demonstrativ. Irgendwann spürte auch Dudu, daß die äußere Schönheit von NEVE HANNA, die gepflegten Anlagen, die stets frisch gestrichenen Spielgeräte, die Harmonie der Dinge zurückstrahlte auf das innere Gleichgewicht der Kinder, und als er sich das erstemal in Hannis Beisein nach einem Stück Papier bückte, wußte sie, daß sie sich nähergekommen waren. Dudu war es, der an den Fenstern von NEVE HANNA Blumenkästen anbringen ließ, wie er es in der Schweiz gesehen hatte. Und er erklärte den Kindern geduldig, daß man Abfall nicht einfach über den Zaun werfen könne. So äußerlich und gering dies scheint, die Kinder lernen in NEVE HANNA, ihr eigenes Leben zu gestalten und auch die Verantwortung für das hinter dem Zaun zu übernehmen.

Ich habe Dudu gefragt, ob es schwer für ihn ist, mit einer Frau wie Hanni zusammenzuarbeiten. Ob er es nicht als Einengung empfindet, neben einer so starken, um vierzig Jahre älteren Frau NEVE HANNA zu leiten. Als Einengung habe er Hannis Stärke nie empfunden, antwortete er mir. Eher als Erweiterung seiner eigenen Möglichkeiten, als Herausforderung. Er habe von Hanni mehr gelernt als am pädagogischen Seminar. Und ihre europäische Herkunft, ihre Verbindungen zu Persönlichkeiten wie Professor Rengstorf, Familie Frost-Freudenberg, aber auch zu Israelis wie Ernst Simon, Shimon Sachs haben auch Dudus Horizont weiter gemacht, ihn Fragen stellen lassen, auf die er allein durch den Alltag im Heim nicht gekommen wäre.

Er fühle gegenüber Hanni eine tiefe Dankbarkeit und Respekt, sagte er mir ernst, und ich spürte, daß dies nicht nur

Worte sind. Gleich darauf lachte er und erzählte mir, wie er gelernt habe, diplomatisch mit Hanni umzugehen. Wie den meisten Menschen fällt es ihr schwer, Fehler zuzugeben, ein ausgesprochenes Urteil zurückzunehmen. Wenn es zwischen ihr und Dudu eine Meinungsverschiedenheit in einer wichtigen Frage gibt, besteht Dudu nicht auf seiner Ansicht. Er gibt Hanni Zeit, und nach wenigen Tagen nimmt sie oft seinen Standpunkt ein, als sei das immer so gewesen.

Hanni sei nicht besserwisserisch, erklärte Dudu mir. Oft ist es so, daß sie etwas einfach besser weiß. Aber sie respektiert andere Ansichten, wenn sie spürt, daß der andere weiß, was er will.

An seine ersten Jahre in NEVE HANNA erinnert Dudu sich als an eine sehr, sehr schwere Zeit. »Hanni hatte zehn Augen für meine Fehler.« Aber als sie nach zwei Jahren zu ihm sagte, er würde es schaffen, wußten sie beide, daß es so war.

Dudu wohnt ganz nahe bei NEVE HANNA, beinahe auf dem Gelände. Seine Familie hat ihn immer mit den fünfzig Heimkindern geteilt, am Tag und in der Nacht, denn Dudu wird bei jedem Vorfall auch nachts geholt, oder wenn ein Kind erkrankt, und das ist nicht selten. Natürlich kennen auch seine Frau Ruth und die Söhne jedes Kind, natürlich sind sie bei den Festen, bei vielen Reisen dabei. Einer der Söhne ist Soldat, wenn er nach Hause kommt, kommt er auch nach NEVE HANNA. Der andere hat eine Rockband mit den Heimkindern gegründet. Das ist der, der jahrelang schwer behindert war. Operationen halfen ihm. Auch er ist jetzt zur Armee gegangen, in eine Spezialabteilung. Obwohl Ruths geliebter Bruder vor wenigen Jahren als Soldat der israelischen Armee tödlich verunglückte und sie alle noch immer um diesen Bruder, Onkel und Schwager trauern, war die Familie stolz und froh, daß gerade der behinderte Sohn nun zur israelischen Armee gehört. Ruth Weger hat immer in NEVE HANNA mitgearbeitet. Eine Zeitlang organisierte sie die Ausflüge zu den Beduinen nach Rahat. Sie ist eine gute Fotografin, nach einer künstlerischen Ausbildung hat sie dieses Talent zu ihrem Beruf gemacht. Es gibt Hunderte Fotos von ihr, die das Leben in NEVE HANNA zeigen, die Kinder, ihre Gesichter, ihre Freude, ihren Schmerz. An diesen Fotos sieht man, wie nahe Ruth Weger der Arbeit ihres Mannes ist, wie verbunden sie selbst NEVE HANNA. Aber seitdem ihre eigenen Kinder erwachsen und aus dem Haus gegangen sind, sucht Ruth Weger nach einem eigenen Weg, der nicht von Dudus wegführt, aber doch ein eigener ist. Einen Teil ihrer Arbeitswoche verbringt sie in Tel Aviv.

Für Dudu ist ein Leben ohne NEVE HANNA nicht mehr vorstellbar. NEVE HANNA – das ist für ihn eine Lebensaufgabe geworden, wie es die AHAWAH für Hanni und ihre Kollegen war, auch für ihren Mann Ernst Ullmann. Ruth Weger, die zwei Jahrzehnte lang jedes Kind von NEVE HANNA kannte, seine verschiedenen Gesichter gesehen und fotografiert hat, kann sich heute eine eigene Lebensaufgabe jenseits von NEVE HANNA vorstellen. Das ist ein Konflikt, den Dudu und Ruth aushalten, austragen müssen. Niemand kann ihnen dabei helfen, schon gar nicht Hanni.

Manchmal, wenn die Metallstäbe des Klangspiels, das mir Dudu geschenkt hat, einander berühren, gibt das nur einen kurzen hellen Ton, er verklingt, aber plötzlich schwillt er wieder an, neue Töne entstehen, füllen noch lange den Raum.

Dudu und Ruth haben zusammen mit dem Schulleiter Mohammed aus Rahat 1993 eine Gruppe von sieben jüdischen Kindern aus NEVE HANNA und sechs Beduinenkindern nach Deutschland und in die Schweiz begleitet. Die Familien Frost-Freudenberg und Gollwitzer sowie die Spenden vieler Mitglieder des Vereins NEVE HANNA-Kinderhilfe hatten die Reise möglich gemacht. Die Kinder kannten einander, sie hatten in Rahat und Kiryat Gat schon Feste zusammen gefeiert, zusammen Theater und Fußball gespielt, gemalt, gesungen. Für alle war es die erste große Reise. Sie besuchten gemeinsam Museen und nahmen all das Unbekannte staunend in sich auf, sie kochten auch gemeinsam für ihre Gastgeber, alles schien sehr gut zu gehen. Aber auf der zweiten Station ihrer Reise sollten die arabischen und die jüdischen Jungen in einem gemeinsamen Schlafraum übernachten. Da ergriff sie eine Angst, die einige aussprachen: Was ist, wenn der andere, während ich schlafe, ein Messer hervorzieht?

Es gelang während der zwei Wochen, die noch blieben, diese absurde Befürchtung zu widerlegen, aber die Angst kam sowohl bei den arabischen als auch bei den jüdischen Kindern tief aus dem Unterbewußtsein, sie hatte mit ihren realen gemeinsamen Erfahrungen nichts zu tun. Aber sie war da, genährt durch die Feindschaft ihrer Völker, gegen die auch die gemeinsamen Spiele, die Ansätze von Freundschaft nicht ankamen.

Für Dudu ist diese tiefsitzende Angst nichts Neues. Besonders die Kinder aus orientalischen Familien haben sie von ihren Eltern übernommen, die von den Generationen vor ihnen die Erfahrung von Fremdheit, Feindschaft und Verfolgung in der arabischen Umwelt ihrer alten Heimat überliefert bekommen haben. Und die täglichen Nachrichten und Fernsehbilder von Bombenattentaten und Toten, die Warnungen vor bestimmten Bushaltestellen und Verkehrsknotenpunkten, die Erinnerung an die Gasmasken im Golfkrieg schüren die Angst bei den jüdischen Kindern. Und die aus Rahat, so gern sie nach NEVE HANNA kommen, spüren doch ihre alltägliche Benachteiligung im Staat Israel, dessen Bürger auch sie sind. Und die Bilder zerstörter palästinensischer Häuser, die Bilder ihrer toten Glaubensbrüder in der Moschee von Hebron können sie nicht vergessen.

Es wird lange dauern, die Angst voreinander abzubauen.
In NEVE HANNA wird kein Erzieher und keine Haus-

mutter gefragt, welche politische Partei sie wählen oder wie sie über diese Fragen denken. Aber Dudus Ausstrahlung, Hannis Persönlichkeit bewirken, daß sich nur solche Menschen um eine Stelle in NEVE HANNA bewerben, die die Erziehung zum Frieden für einen wichtigen Teil ihrer Arbeit halten. Dudu sieht die Grenzen, aber auch die Möglichkeiten von NEVE HANNA. Wenn ein Kind aus einer marokkanisch-jüdischen Familie kommt, in der über Araber nur abfällig geredet wurde, wenn es bislang erzogen wurde in dem Glauben, arabische Menschen stünden weit unter ihm, obgleich oder gerade wenn dieses Kind aus einer armen und sozial gestörten Familie kommt, dann können diese tiefsitzenden Vorurteile nicht einfach weggeredet werden. Dudus Erfahrung ist, daß das, was er gibt, sich nicht direkt und schon gar nicht sofort umsetzt. Langsam, ganz langsam ändern sich Einstellungen, und er wird nicht aufhören zu hoffen, daß all die Gesten der Liebe, all die Bemühungen der Lehrer und Erzieher in NEVE HANNA in der Seele jedes Kindes wie ein Samenkorn sind, das vielleicht aufgehen wird. Und die Begegnungen mit den Kindern von Rahat sind nicht mehr als gewöhnliche Begegnungen zwischen Kindern, keine ideologischen Demonstrationen. Und gerade das ist das Besondere an ihnen.

Dudus Geschenk in meinem Berliner Zimmer, manche nennen das Klangspiel Äolsharfe, bringt mir schon morgens, wenn ich schlaftrunken die Fenster öffne, NEVE HANNA in Erinnerung. Die Metallstäbe, vom Zug der Morgenluft gestreift, berühren einander, stoßen einander an, bringen einander zum Klingen. Seltsame, schöne Töne, die, wenn man sie zu einer Melodie bündeln will, schon verklungen sind, füllen mein Zimmer. Alles wirkliche Leben, sagte Martin Buber, ist Begegnung.

# Schabbes in NEVE HANNA

Am Freitagnachmittag treffen sich in NEVE HANNA alle in dem hellen Gemeinschaftsraum, der auch als Synagoge dient. Der junge Rabbiner aus Jerusalem kommt nur etwa alle drei Wochen. Bis vor kurzem lag die religiöse Erziehung der Kinder von NEVE HANNA in den Händen von Golan, dem Enkel von Schalom Ben-Chorin, der wie sein Vater Tovia der vom Großvater gegründeten Reformgemeinde Harel angehört. Golan leitete die Gottesdienste und bereitete die Jungen auf die Feier der Bar mizwah und die Mädchen auf die Bat mizwah vor. Hanni Ullmann, die sich gut ihrer Enttäuschung erinnert, als ihr Bruder Theo vor mehr als sieben Jahrzehnten in der Passauer Straße zum Bar mizwah wurde und sie unbeachtet danebenstand, legt großen Wert auf die Bat-mizwah-Feier der Mädchen. Tovia Ben-Chorin ist inzwischen Rabbiner in Zürich und Golan in Amerika. Die jungen liberalen Rabbiner, die jetzt kommen, bleiben meist übers Wochenende, sie leben mit den Kindern, sprechen mit ihnen über religiöse Fragen, bereiten sie aufs Erwachsenwerden vor. Hanni und Dudu ist die Zusammenarbeit mit den Rabbinern sehr wichtig, schon um dem Argwohn orthodoxer Aufpasser etwas entgegenzusetzen, die immer wieder die religiöse Erziehung in NEVE HANNA beanstanden. Vor einigen Jahren nahmen solche schwarzgekleideten Haredim, deren Einfluß in Israel wächst, an der Bar mizwah teil und begannen während der Feier in der Synagoge zu schimpfen und zu stören. Sie behaupteten, die Kinder würden nicht im jüdischen Sinne erzogen, wobei sie überzeugt waren, nur sie wüßten, was wirklich jüdisch sei.

Aber sie konnten ihre Beschwerden nicht belegen, und es blieb bei unerfreulichen Begegnungen. Um solchen Zwischenfällen vorzubeugen, beschloß der Vorstand von NEVE HANNA, die Feier der Bar mizwah nicht mehr im Heim selbst, sondern in einer Synagoge von Ashkalon von einem dortigen Rabbiner ausrichten zu lassen. Die Gottesdienste, zu denen kein Rabbiner nach NEVE HANNA kommen kann, gestalten Dudu und die Kinder selbst, so auch an diesem Freitagnachmittag.

Die Jugendlichen von NEVE HANNA sind schon in die Ferien gefahren, an diesem Gottesdienst zum Beginn des Schabbes nehmen nur die jüngeren Kinder und die Hausmütter und Erzieher teil. Alle sind feierlich angezogen, die T-shirts der Kinder leuchten weiß, einige Mädchen haben sich bunte Bänder ins Haar gebunden, die Kinder sind nicht gerade leise, aber heiter und entspannt, als sie zur Synagoge strömen. Über allem liegt eine festliche, gelöste Stimmung. Die Synagoge, die auch als Begegnungsstätte dient, ist ein schöner, großer Raum mit hellen Möbeln, in dem auch die Bibliothek von NEVE HANNA untergebracht ist. Nur der Thoraschrein weist auf die Nutzung als Synagoge hin. Natürlich gibt es keine Empore, Männer und Frauen, Jungen und Mädchen sitzen beim Gottesdienst in NEVE HANNA zusammen im Halbrund. Dudu steht vor den Versammelten, eigentlich befindet er sich mitten unter ihnen. Er erzählt von der Zweiten Tempelzerstörung, seine Augen blitzen, er gestikuliert, seine Stimme ist raunend wie die eines Märchenerzählers, laut und leidenschaftlich wie die eines Versammlungsredners, mitreißend wie die eines Führers, dann wieder nachdenklich, leise wie die eines Fragenden. Ich lausche dem Klang seiner Worte und sehe mich im Raum um. Die Kinder hängen an seinen Lippen, auch die Erwachsenen hören gebannt zu. Ein junger Erzieher hat sein zweijähriges Kind auf dem Schoß, und selbst dieses Kind lauscht mit konzentriertem Gesichtsausdruck. Ab und zu wiederholt es ein Wort oder gibt einen erstaunten Laut von sich. Wenn Dudu ein Lied anstimmt, singen alle mit, die meisten Kinder eher schreiend als singend, Hannis Stimme neben mir ist wohltönend und harmonisch, ich habe sie noch nie singen hören und bin überrascht über diese schöne, volle Stimme. Das kleine Kind auf dem Schoß des Erziehers versucht mit seinem Stimmchen, die Töne zu finden, seine Finger suchen in einem bebilderten Gebetsbuch, stoßen auf die Bilder, die der Vater ihm zeigt. Ein kleiner Junge, dessen Eltern aus Indien eingewandert sind, macht bei den Liedern und Gebeten die Bewegungen, die bei indischen Juden üblich sind. Er hält sich die Hände vor die Augen, berührt sein Gesicht an verschiedenen Stellen mit den Fingerspitzen, dabei hat er einen entrückten, glücklichen Gesichtsausdruck. Ich sehe, mit welcher Hingabe die Kinder dem Gottesdienst folgen, niemand guckt gelangweilt.

Nur ein auffällig dickes Mädchen sitzt mit starrem, beinahe unbeteiligtem Gesicht. Ich denke, sie ist zwölf oder dreizehn Jahre alt, wegen ihrer Plumpheit und ihres ängstlich-aggressiven Blicks war sie mir schon auf dem Spielplatz aufgefallen. Sie sitzt irgendwie allein, isoliert von den anderen, obwohl ihr Platz mitten in einer Reihe ist. Auch die deutschen freiwilligen Helfer, die keine Juden sind, nehmen als Gäste an diesem Gottesdienst teil. Eine von ihnen, die blonde Studentin Florence aus Hamburg, sitzt zwischen zwei kleinen Mädchen, die sich rechts und links an sie schmiegen. Eigentlich ist Florences Zeit in NEVE HANNA schon vorüber, ein Jahr lang hat sie hier für ein Taschengeld als sogenannte Freiwillige gearbeitet, vermittelt durch den Verein NEVE HANNA-Kinderhilfe. Im Oktober des vergangenen Jahres flog sie zurück nach Deutschland, schon zu Weihnachten kam sie zu Besuch. Und jetzt, im Sommer, in ihren Semesterferien, arbeitet sie für zwei Monate im Diaspora-Museum in Tel-Aviv. Sie hat Iwrith gelernt und übersetzt dort alte Archivalien aus deutscher Sprache. Abends aber fährt sie mit dem Bus nach Kiryat Gat, und auch den Schabbes verbringt sie hier. Während ihres freiwilligen Jahres waren diese beiden kleinen Schwestern an ihrer Seite in Leas Gruppe gekommen, sie waren damals drei und fünf Jahre alt. Ihre blinden Eltern hatten sie nicht länger versorgen können, vielleicht hatten sie sie von Anfang an nicht versorgen können. Die Mädchen waren dreckverkrustet, hatten noch nie am Tisch gegessen, noch nie geduscht, keine Toilette benutzt. Lea, die Hausmutter, war mit diesen Kindern, die kleinen Tieren ähnelten, überfordert, in ihrer Gruppe brauchte jedes Kind besondere Zuwendung. Da übernahm Florence diese Aufgabe, liebevoll und geduldig begleitete sie monatelang die kleinen Schwestern. Sie lehrte sie zu sprechen, brachte ihnen bei, wie Menschenkinder essen, sich waschen, mit anderen spielen. Natürlich hängen die Mädchen an Florence wie an einer Mutter, und obwohl sie inzwischen als gut integrierte, normal entwickelte Kinder gelten, war der Abschied für sie und Florence gleichermaßen traurig. Jetzt sitzen sie hier, lauschen Dudus Predigt und kuscheln sich an Florences Arm, im Gesicht den Ausdruck vollkommener Zufriedenheit.

Nach dem Gottesdienst steht an der Tür eine Kiste mit Eis am Stiel, und jedes Kind nimmt sich eines. Die meisten werfen das Papier in einen bereitgestellten Papierkorb, aber einige, auch das dicke Mädchen, lassen es einfach fallen. Ich beobachte, wie nicht nur Hanni sich nach einem solchen Eispapier bückt, sondern mit großer Selbstverständlichkeit auch Kinder. Einer, der sieht, wie das dicke Mädchen ihr Papier achtlos fallenläßt, macht sie unfreundlich darauf aufmerksam. Sie knurrt etwas und hebt es zögernd wieder auf.

Danach treffen sich alle in ihren Gruppen zum Schabbesessen. Meni, der kleine Flötenspieler, und Ella aus Georgien, die Malerin werden will, gehören beide zur Gruppe von

David und Nuomi, sie bitten ihre Hausmutter und den Hausvater, mich zum Essen einzuladen, und so gehe ich mit ihnen.

Wie jede Gruppe hat auch diese ein schönes großes Wohnzimmer, an das kleinere Schlafräume, eine Küche und Badezimmer grenzen. Als ich komme, sind schon die Tische sorgfältig gedeckt, Vasen mit Blumen und Schalen mit frischem Obst stehen auf den Regalen. Aber das ist nicht nur am Schabbes so.

Vor Jahrzehnten wurde einmal eine Gruppe von Kindern der Berliner AHAWAH dabei erwischt, wie sie in der Rykestraße in einem Schokoladengeschäft klaute. Im Heim bekamen sie genug zu essen, aber kaum Süßigkeiten und Obst. Der Psychoanalytiker und Arzt Siegfried Bernfeld sprach damals mit Beate Berger und ihren Mitarbeiterinnen. Er erklärte ihnen, warum gerade diese Kinder eine Gier nach Süßem haben und daß man ihnen dieses Bedürfnis erfüllen müsse. Später, als Hanna Ullmann in Kiryat Bialik Leiterin der AHAWAH war, versuchte sie, der Empfehlung Bernfelds zu folgen, und wollte, daß kein Kind diese Naschsucht enwickeln müsse. Aber in den schweren Jahren der AHAWAH war oft sogar das Geld für einfache Nahrungsmittel knapp. In NEVE HANNA, so angespannt die finanzielle Lage oft auch ist, gehören Obst, Bonbons, auch Schokolade zum Leben der Kinder.

Mir wird ein Platz am Tisch von Meni und Ella angeboten, am Nebentisch sitzt das dicke Mädchen mit dem unglücklichen Gesichtsausdruck. Sie heißt Lilli. Sie ist nicht dreizehn, wie ihr Aussehen vermuten läßt, sondern erst zehn Jahre alt und kam vor zwei Wochen nach NEVE HANNA. Hanni hat mir auch Lillis Geschichte erzählt, aber ich habe sie nicht notiert, und in meiner Erinnerung vermischt sie sich mit den anderen traurigen Vergangenheiten der Kinder von NEVE HANNA, und ich kann sie nicht mehr zuordnen. Ist Lilli das Mädchen, das nach dem Tod der Mutter jahrelang vom Vater sexuell mißbraucht wurde? Ist sie die, die von der Stiefmutter mißhandelt und gedemütigt wurde? Ist sie das Kind, dessen Eltern im Gefängnis sitzen? Ich habe nur behalten, daß Lilli in der Ukraine geboren wurde. Nach dem Gottesdienst hatte ich sie auf russisch angesprochen, aber obwohl ich sah, daß sie mich verstanden hatte, antwortete sie nicht, sondern der mißtrauische Ausdruck in ihren Augen verstärkte sich.

Als wir alle an den Tischen sitzen, segnet David das Brot und den Wein. Es gibt eine Gemüsesuppe, dann gebratenes Huhn, Reis und verschiedene Gemüse, zum Schluß Melone. Ella an meinem Tisch plappert immerfort und will, daß ich mich nur ihr zuwende. Aber auch der stille Meni sucht meine Aufmerksamkeit und erzählt mir etwas. Beide kümmern sich überhaupt nicht darum, daß ich sie nicht verstehe, und irgendwie verstehe ich sie ja dann auch. Dabei beobachte ich Lilli am Nebentisch, die die Gemüsesuppe aus dem Teller schlürft, bis die Kinder an ihrem Tisch protestieren und ihr nachdrücklich den Löffel in die Hand geben. Lilli wirft den Löffel auf den Tisch und läßt von der Gemüsesuppe ab. In ihrem Gesicht spiegeln sich Gier und verletzter Stolz. Als das Huhn aufgetragen wird, greift sie gierig nach einem Stück, und schmatzend nagt sie es ab, den Reis schiebt sie mit den Fingern in den Mund. Die Kinder an ihrem Tisch schimpfen. Ich sehe, wie Nuomi, die Hausmutter, von ihrem Platz aus besorgte Blicke zu ihnen wirft, sich aber nicht einmischt. Plötzlich legt eines der Kinder an Lillis Tisch, ein zartes Mädchen, das sich zur Feier des Schabbes eine Hibiskusblüte ins schwarze Haar gesteckt hat, ihr Besteck nieder und steht auf. Ihr sei der Appetit vergangen, erklärt sie wohl und kommt an unseren Tisch, wo noch ein Platz frei ist. Ich sehe, wie Lilli erstarrt. Ihr fettglänzendes Gesicht, eben noch im Genuß weich zerfließend, verkrampft sich. Sie rülpst. Da stehen, wie auf Verabredung, auch die anderen beiden Kinder von ihrem Tisch auf und suchen sich andere Plätze. Lilli, nun allein am Tisch, stößt plötzlich ein wildes Geheule aus. Sie springt auf, Melonenschalen und Hühnerbeine fallen zu Boden, heulend stürzt sie davon. Die Kinder reden durcheinander, erklären Nuomi, die ja alles gesehen hat, was geschehen ist. Nuomi spricht leise mit ihnen, eindringlich. Ich verstehe sie nicht, sehe aber, daß die Kinder erregt antworten und nicht einsehen, was Nuomi ihnen sagt. Ella zieht mich vom Tisch weg in ihr Zimmer, das sie, wie sie mir klarmacht, mit Lilli teilt. Anklagend zeigt sie mir ihr Bett mit der glattgezogenen Decke, auf der ein großer Teddybär sitzt, und auf der anderen Seite des schmalen Zimmers Lillis Bett mit der zerknüllten Bettwäsche; schmutzige Socken und ein Schuh liegen auf dem Kissen. Sie zeigt mir Lillis Schreibtisch, auf dem der andere Schuh zwischen zerknitterten Papieren liegt, dann stolz ihren eigenen, aufgeräumten, wo der Brief der Patin aus Münster gegen einen Bücherstapel lehnt. Aber nun, da ich schon hier bin, in ihrem Zimmer, will sie mir ihr Fotoalbum zeigen. Dudu hatte mir schon erzählt, daß alle Kinder von NEVE HANNA ein eigenes Fotoalbum besitzen. Wie Kinder aus einer Familie sollen sie Bilder von sich haben, sollen später zeigen können, wo sie herkommen. Bevor Ella ihr Album aufschlagen kann, kommt Meni und fordert sie auf, den Tisch mit abzuräumen. Ella lehnt das ab und verweist auf mich, den Gast, um den sie sich schließlich kümmern müsse. Meni und sie streiten heftig. Schließlich gehe ich aus dem Zimmerchen, die beiden folgen mir, aber die Tische sind schon abgeräumt, und der Erzieher David ist Lilli suchen gegangen. Die Hausmutter Nuomi sitzt mit ein paar Kindern zusammen und spielt, andere Kinder sind vors Haus gegangen. Ella bringt wieder ihr Fotoalbum, auf der ersten Seite ist ein Foto ihrer Mutter eingeklebt, offenbar noch in der alten Heimat, in Tbilissi aufgenommen. Die Mutter, eine dunkle Schönheit, trägt eine Art Schuluniform. Es ist wohl ihr Foto vom Schulabschluß. Im Hintergrund sieht man einen Vorhang, bestickt mit Hammer und Sichel. Auf dem nächsten Foto in Ellas Album ist die Mutter schon in Israel, sie sitzt unter freiem Himmel vor einer Palme, auf dem Schoß hält sie ein winziges Baby, Ella. Auf den anderen Seiten in Ellas Fotoalbum kommt die Mutter nicht mehr vor, da ist Ella an ihrem ersten Schultag zu sehen, Ella an ihrem sechsten Geburtstag in NEVE HANNA, Ella und Nuomi, Ella und der Esel. Auch Ella im Schnee ist zu sehen, denn im letzten Winter fiel sogar hier, am Rande der Wüste, Schnee. In Jerusalem lag er zwanzig Zentimeter hoch, auch in NEVE HANNA war alles weiß zugedeckt, und es reichte für Schneeballschlachten. Die Kinder jubelten, aber als es taute, verwandelten sich im Negev die Wadis in reißende Flüsse.

Schwere Hagelstürme kamen dazu und richteten auch an den Häusern von NEVE HANNA Schaden an. Aber das hat mir Hanni erzählt, für Ella war dieser Schnee nichts als ein wunderbarer Traum und sie will, daß ich mir das Foto genau ansehe, beschreibt mir, wie sich der Schnee anfühlte. Dann soll ich mir wieder das erste Foto im Album anschauen, das für sie wichtigste, ihre junge Mutter. Auch eines der anderen Mädchen möchte mir jetzt ihr Fotoalbum zeigen, sie hat auch eine Mutter, sie hat sogar einen Vater, und stolz zeigt sie mir das Hochzeitsbild ihrer Eltern. Die Gesichter des jungen jemenitischen Brautpaars sehen aus wie auf einer Illustration zu Tausendundeiner Nacht, gekleidet aber sind sie im amerikanischen Stil, er trägt einen dunklen Anzug, sie eine Wolke aus weißem Nylon. So etwas besitzt Meni nicht, seine Fotos fangen erst in NEVE HANNA an, aber er hat ja seine Flöte, und er holt sie und er spielt uns etwas vor, und es ist ein schöner Freitagabend. Nur Lillis leeres zerwühltes Bett ist nicht schön.

Am übernächsten Tag ist NEVE HANNA leer, die Kinder sind mit Dudu, den Hausmüttern und Erziehern abgereist nach Rosch Pinna in die Ferien, auch Florence ist mitgefahren, die beiden Schwestern waren nicht von ihrer Seite gewichen und hatten sich im Bus auf einen einzigen Sitz neben sie gesetzt. Auch Lilli war dabei, immer noch starr und ohne ein Lächeln hatte ich sie am Bus stehen sehen, ihr Körperfett umschloß sie wie ein Panzer. Beim Einsteigen stolperte das ungeschickte Mädchen über ein anderes Kind, das zu weinen begann. Das weinende Kind war eine kleine Äthiopierin aus dem Tagesheim, ihre Mutter hatte sie zum Bus gebracht, eine in Lumpen gekleidete schwarzhäutige Frau mit zwei kleineren, auch ärmlich gekleideten Kindern. Das Mädchen aber, das nach Rosch Pinna fahren sollte, war herausgeputzt. Sie trug, völlig unpassend für die Reise, ein weißes Spitzenkleid mit vielen rosa Schleifen, weiße Strümpfe, und ihr Haar war sorgfältig in Dutzende Zöpfe geflochten worden. Wahrscheinlich weinte sie nicht nur, weil Lilli sie getreten hatte, sondern weil dies die erste Reise ihres Lebens war. Auch Beduinenkinder aus Rahat waren dabei, aber die waren fröhlich und ohne Scheu, sie kennen Rosch Pinna, sie kennen ihre Reisegefährten.

Wieder sitze ich mit Hanni im Büro von NEVE HANNA. Renate Ucko ist schon nach Hause gefahren, sie fühlt sich in letzter Zeit nicht wohl. Niemand steckt seinen Kopf durch den Türspalt, keiner ruft: »Effo Hanni?«, »Effo Dudu?«. So still ist es selten in NEVE HANNA. An Hannis Seite war ich noch einmal durch alle Räume gegangen, Hanni besitzt einen Schlüssel, der für alle Türen in NEVE HANNA paßt. Diesen Schlüssel hütet sie wie ihren Augapfel, schließlich hat sie schon einige verloren, auch hier in NEVE HANNA ... Stolz zeigte sie mir die große Küche mit den modernen Kochstellen und den riesigen Töpfen. Im Aufenthaltsraum der jungen Freiwilligen lief noch ein Radio. Hanni schaltete es aus, aber ein paar Essensreste, die schon Ameisen angezogen hatten, ließ sie nach kurzem Zögern liegen.

Sie wußte, daß zwei der jungen Freiwilligen nur nach Jerusalem gefahren waren und in zwei Tagen wiederkommen würden. Dann werden hier noch mehr Ameisen sein, aber schließlich sind die jungen Leute erwachsen und müssen die Folgen ihres Tuns ertragen, meinte Hanni achselzuckend.

Im Büro von NEVE HANNA kopiere ich mir Dokumente aus dem Archiv, Hanni sieht Papiere durch, telefoniert. Ab und zu wirft das Faxgerät eine Nachricht heraus, eine Rechnung oder die Mitteilung einer Behörde. Mit diesen Apparaten, auch mit dem Computer, kann Hanni nicht so gut umgehen. Sie weiß noch, wie sie als Kind das erstemal ein Radio erlebt hat. Damals war sie starr vor Staunen und überzeugt, daß der Sprecher ein Zwerg sein müsse, der unter dem Tisch sitzt. Als sie den ersten Tonfilm sah, war sie tief erschüttert, und jedes Wort, jede Geste traf sie unter der Haut. Sie erinnert sich noch an das eigentümliche Gefühl, daß Grenzen durchbrochen waren, Grenzen zu anderen Menschen, anderen Leben, anderen Zeiten. Obwohl es in diesem Film um irgendein seichtes Liebesdrama ging, das sie längst vergessen hat, spürt sie noch immer den verwirrenden Moment, in dem sie begriff, daß es Verbindungen gibt zu Menschen, die sie nie in Wirklichkeit gesehen und gesprochen hat, daß ihr Leben und fremde, unbekannte, ungeahnte Welten einander berühren. Wohl keine Generation vor der Hanna Ullmanns hat in ihrer Lebenszeit solche Umwälzungen erlebt. Meine alte Tante Hertha, die 1990 mit sechsundneunzig Jahren starb, hatte mir auch von diesem gewaltigen Einschnitt erzählt, den das Radio und der Tonfilm in ihrem Leben bedeuteten. Sie war es, die mich mit ihren damals schon über neunzig Jahren immer wieder aufforderte, zu lernen, mit Computern umzugehen. Das würde bald so selbstverständlich sein wie das Telefonieren, sah sie voraus.

In der Stille der verlassenen Häuser von NEVE HANNA muß ich, wenn ich Hanni Ullmann ansehe, an Hertha Walcher denken. Vielleicht ist es die Ähnlichkeit ihrer Gesichtszüge.

Ich frage Hanni nach Dingen, über die nachzudenken in der Bewegung ihrer Tage sonst wenig Platz ist. Das Land Israel ist im Innern zerrissen und gespalten wie noch nie zuvor. Oder werden heute nur die Geburtsfehler deutlich, sind die Probleme, die immer da waren, mit der Zeit gewachsen?

Ist das, was Hanna und Ernst Ullmann und Toni und Ernst Simon und Gerschom Scholem und Franz Hainebach und Siegfried Lehmann und Tausende andere wollten, gescheitert?

Und was bedeutet das: scheitern?

Als ich diese Fragen ausspreche, muß ich wieder an Hertha denken, der ich jahrelang ganz ähnliche Fragen gestellt habe, obwohl die nie in Israel war, obwohl die schon als junges Mädchen aus der Jüdischen Gemeinde ausgetreten war. Hertha Walcher, geborene Gordon, war Kommunistin, schon 1915 gehörte sie der Stuttgarter Gruppe Internationale an. Ihr Leben lang träumte sie von einem Sozialismus, den es so nirgends gab, aber sie selbst verhielt sich nach den Regeln dieser nichtexistierenden Gesellschaft. In diesem Moment in NEVE HANNA scheint mir, sie war wie eine vierzehn Jahre ältere Schwester Hanna Ullmanns. Nicht nur in ihren Gesichtszügen kommen sie mir ähnlich vor, auch in der gleichen, scheinbar unerschöpflichen Energie, einer Nüchternheit, die keine Kälte, einer Güte, die keine Sentimentalität ist. Hertha lebt nicht mehr, aber ich kann über sie nicht in der Vergangenheit denken.

Sie wurde in Königsberg geboren, ihr Vater Isidor Gordon war ein armer Bernsteinsortierer. In sein Haus in der Knochengasse von Königsberg nahm er nach der gescheiterten Revolution von 1905 weißrussische Studenten auf, Emigranten. Sie redeten von Gleichheit und Brüderlichkeit, sie sangen Lieder, die Hertha verstand, und als sie neunzehn war, ging sie allein nach London, der Rabbiner Vogelsdorff hatte dem begabten Mädchen ein Stipendium vermittelt, sie konnte sich in London zur Sekretärin ausbilden lassen. Damals war die Schreibmaschine das, was heute ein Computer ist.

Hanna Ullmann in Posen war sieben Jahre alt und wurde Mitglied des Jugendbunds Blau-Weiß, als die gerade volljährige Hertha in Stuttgart Clara Zetkins Sekretärin war. Hertha hat die Religion ihrer Väter und Mütter verlassen und gegen eine andere eingetauscht, die der »Partei«. Obwohl sie nicht russisch sprach, galt sie nach Beginn des Weltkrieges als Russin, wurde interniert und 1917 nach Moskau ausgewiesen. Durch Clara Zetkins Vermittlung kam sie in den Kreml, Lenin teilte sie Karl Radek als Sekretärin zu. Hertha blieb ihr Leben lang treu im Dienste der »Partei«, für Clara, für Radek, später für ihren Mann Jacob Walcher, der ein Schüler Rosa Luxemburgs und ein Widersacher Ulbrichts war. 1928 gründete Jacob eine andere »Partei«, auch eine kommunistische, der das wichtige Wort Opposition hinzugefügt war. KAPE Null, nannten Thälmann, Ulbricht und ihre Anhänger verächtlich die neugegründete KPO. Auch Hertha verließ Thälmanns Partei, die Stalins geworden war. Sie arbeitete illegal gegen die Nazis, floh nach Paris, wurde interniert, lag in einem französischen Lager auf steinigem Boden zwischen Zigeunerinnen und anderen Jüdinnen, entkam tuberkulosekrank nach Amerika, sah den Tod, den Verrat, war selbst dem Tod oft näher als dem Leben. Aber sie überlebte. Ging 1947 nach Deutschland, blieb im Osten, weil sie glaubte, hier würde ihr Sozialismus aufgebaut. Erkannte ihren Irrtum und sah keine Alternative als zu bleiben und zu leben. Als Jacob 1952 wegen »Trotzkismus« aus der Partei ausgeschlossen wurde, kam ein Abgesandter Willy Brandts, mit dem sie in der Illegalität zusammengearbeitet hatten. Willy Brandt bot ihnen Schutz an. Sie lehnten ab. Es kam der sowjetische Geheimdienst, bot ihnen Schutz an, wenn sie über bestimmte Dinge reden würden. Sie lehnten ab, blieben, warteten auf die Verhaftung. Sie wurden nicht verhaftet, vielleicht, weil Stalin 1953 starb. Bertolt Brecht, ihr Freund aus der Emigration, unterstützte sie mit Geld, bis Jacob 1956, nach dem Aufstand in Ungarn, wieder in halbherzige Gnade fiel. Hertha war am Ende ihres Lebens winzig klein, noch immer beweglich, sie wußte alles, hatte nichts vergessen. Nächtelang erzählte sie mir von den Toten, die Lebenden an der Macht verachtete sie. Aber sie ging nicht weg, hoffte auf Veränderung. Als ich ihr nach 1985 Gorbatschows Reden vorlas, weinte sie. Jetzt, hoffte sie ein letztesmal, würde die Zeit ihres Sozialismus beginnen. Um Pessach herum bat sie mich in den letzten Jahren ihres Lebens, Matze für sie zu besorgen. Nur so, sie war nicht gläubig. Oder doch? Oft sprach sie von ihrer Mutter Johanna und ihrem Vater Isidor, die über den Tisch gebeugt Bernstein sortierten und dabei sangen. Diese jiddischen Lieder kamen wieder aus ihr heraus. Aber die anderen, »Dem Morgenrot entgegen«, die »Internationale«, hat sie dennoch nie verloren. Sie glaubte an sie, glaubte an die blutig verratene Idee. An dem Tag, an dem Schewardnadse, der sowjetische Außenminister, zurückgetreten war, legte sie sich zum Sterben. Sie wußte, was der Rücktritt bedeutete. Die Sowjetunion war nun auch am Ende. Gescheitert.

Hertha hatte keine Kinder. Sie redete nächtelang zu mir, bis meine Augen zufielen, nannte mir Namen, die ich in keinem Geschichtsbuch fand, erst später nach der Öffnung der Archive las ich diese Namen in geheimen Dokumenten, sie erzählte mir, was ihr begegnet war, was sie getan hatte, und ich begriff: sie gibt mir etwas weiter, damit ich es weitergebe.

Hanna Ullmann, geborene Risch, und Hertha Walcher, geborene Gordon, sind einander nie begegnet. Als Jüdinnen geboren sind sie beide, den Gedanken der Gerechtigkeit haben sie beide früh in sich aufgenommen und nie verloren. Für Hanni ist es die Zedakah, der sie folgte, die Gerechtigkeit als Gebot für den einzelnen, der soziales und natürliches Unrecht nach seinen Kräften ausgleichen muß.

Israel ist nicht das Land der Zedakah geworden. Hertha hat nicht das Land des Sozialismus gefunden. Ist sie gescheitert? Ich erinnere mich an ihre Augen, ihr schönes Gesicht, das von Furchen durchzogen war wie die Erde selbst, ich erinnere mich an ihre wissende Heiterkeit, die keine Illusionen mehr zuließ und nie bitter war, und ich kann sie nicht als Gescheiterte sehen.

Und ich sehe Hanna Ullmann, das Gesicht einer schönen Neunzigjährigen, höre ihr Lachen, ihre Stimme, mit der sie von den Kindern erzählt, denn lieber als über die Menschheit redet Hanni über Menschen, konkrete Menschen, die Namen haben und eine Geschichte. Ich spüre die Kraft, die von Hanna Ullmann ausgeht, und kann sie nicht als Gescheiterte sehen.

Die Orthodoxie beansprucht für sich, zu bestimmen, wer Jude, was jüdisch ist. Hanni sagt, sie habe immer den Menschen gesehen, dann erst seine Nationalität, seinen Glauben. Und doch, gibt sie zu, besteigt sie kein Flugzeug, ohne mit einem Blick zu sehen, wo »ihre Leute« sitzen. Und sind da welche, die sie als Juden erkennt, ist sie zufrieden, fühlt sich irgendwie geborgen. Aber sie hat mehr als einmal ohne zu zögern Kindern unklarer Herkunft, die mit den Flüchtlingstransporten in die AHAWAH gekommen waren, für das Rabbinat bescheinigt, daß ihre Eltern Juden sind, ohne es wirklich zu wissen. Denn sonst wären diese entwurzelten Kinder weiter Heimatlose geblieben. Obwohl das, was sie tat, in den Augen ultraorthodoxer Juden ein Verbrechen ist, hat Hanni deshalb kein schlechtes Gewissen. Sie erzählt mir von einem etwa dreizehnjährigen Jungen, den seine polnische Großmutter brachte, die einzige Überlebende einer großen Familie. Die Großmutter hatte sich mit ihm in den polnischen Wäldern versteckt, sie war mit dem Jungen nach Palästina gekommen, dort krank geworden und hatte ihren Enkel der AHAWAH übergeben. Zweieinhalb Jahre lang lebte der Junge schon mit den anderen in der AHAWAH, als die sterbende Großmutter Jaschuwi, der damals Leiter war, ins Krankenhaus rufen ließ. Es war ein italienisches Krankenhaus mit katholischen Schwestern. Sie gestand ihm, daß die Mutter des Jungen, ihre Schwiegertochter, keine Jüdin gewesen war. Aber sie war tot, alle waren tot. Da hatte die Großmutter, die selbst getauft war, entsetzt über ihre polnischen Nachbarn, die sich daran beteiligt hatten, die Juden auszuliefern und zu ermorden, das Kind für ein jüdisches ausgegeben und war mit ihm nach Palästina ausgewandert. Keiner, nicht die Erzieher, nicht die anderen Jungen, hatten gemerkt, daß der Junge nicht beschnitten war, obwohl es in der AHAWAH damals nur eine einzige Dusche für alle Jungen gab. Am Tage des Todes seiner Großmutter war er aus Angst vor ihrem Sterben ins Kino gegangen. Als er zurückkam, sprach Jaschuwi lange und ernst mit ihm. Der Junge wollte Jude werden, und er bekam ein Beschneidungsfest und wurde Jude. Die Zeit, in der er gefürchtet hatte, entdeckt und ausgestoßen zu werden, war vorüber. Aber hätte er sich anders entschieden, Jaschuwi und Hanni hätten ihren Mund gehalten.

Noch heute wird Hanni von ehemaligen AHAWAH-Kindern eingeladen, die nur heiraten konnten, weil Hanni ihnen bescheinigte, daß ihre Mutter Jüdin gewesen sei, obwohl das vielleicht nicht so war.

Und doch hat ihre Toleranz Grenzen. Für ihre Enkel wünscht sie aus ganzem Herzen, daß sie sich mit jüdischen Partnern verbinden, es würde sie sehr traurig machen, sollte einer oder eine sich anders entscheiden. Die Kinder von Dan und Raja leben ja in Israel, bei diesen sechs Enkeln ist es unwahrscheinlich, daß sie sich in Nichtjuden verlieben. Aber die drei in Amerika konnten nur in den ersten Jahren jüdische Schulen besuchen. Auf dem Gymnasium und auf der Universität sind sie zusammen mit Nichtjuden. Für besonders gefährdet hält Hanni Jonathans Tochter, die Älteste. Ihr erster Freund war ein Jude, was Jonathan und Ana gut gefiel und auch Hanni begeisterte. Der zweite kam nicht aus einer jüdischen Familie. Als sie ihn mitbrachte, wollte Jonathan ihn nicht einlassen. Da stritt sich das Mädchen mit ihrem Vater, hielt ihm vor, er habe sie gelehrt, daß die Menschen zwar unterschiedlich, aber gleichwertig sind, und er solle sich doch bitte erinnern, aus welchen Gründen er Israel verlassen hat. Jonathan mußte einlenken. Aber jetzt hat sie schon den dritten Freund, und das läßt die Familie wieder hoffen, daß die Zweiundzwanzigjährige irgendwann doch noch einen Juden heiratet. Ich sage Hanni, daß ich in ihrem Denken einen Widerspruch sehe, aber das ist ihr egal. Dann ist das eben ein Widerspruch, mit Widersprüchen lebt sie, auch mit denen in sich selbst, Hauptsache ist, ihre Nachkommen bleiben Juden.

Es ist nicht zu erklären, *aber so ist es.*

# Zerrissene Stricke

Während der letzten Tage in NEVE HANNA spüre ich, daß mich Lilli, das unförmig dicke Mädchen aus der Ukraine, nicht losläßt. Immer wieder steht mir das Bild vor Augen, wie sie bei dem Schabbesessen verzweifelt aus dem Raum stürzt. Ich weiß, daß sie neu im Heim war, erst vierzehn Tage zuvor hatte man sie gebracht, und ich spreche mit Hanni über die Einsamkeit dieses Kindes. Hanni hat das tausendmal erlebt. Die Kinder, die in die AHAWAH kamen, die heute in NEVE HANNA aufgenommen werden, haben Schlimmes erlebt. ES GINGEN WASSER WILD ÜBER IHRE SEELE. Nicht allen kann man helfen. Das, was sie so früh verletzte, ist nicht ungeschehen zu machen. Ihnen kann nur gezeigt werden, daß es andere Lebensmöglichkeiten gibt, eine andere Art des Umgangs unter Menschen. Manchen gelingt es, das anzunehmen. Manche entdecken mit der Zeit ihre eigene Stärke, werden schön.

Diesen Wandel zu erleben, sagt Hanni, ist immer wieder wie ein Wunder. Aber andere Kinder bleiben ein Leben lang verstört, schwierig, geben schließlich all ihr Mißtrauen, all ihre Verletzungen weiter. Wie es mit Lilli wird, kann man noch nicht sagen. Vierzehn Tage sind eine kurze Zeit. In zwei oder drei Monaten wird man sehen, ob sie einen Platz in der Gruppe findet, ob es etwas gibt, was die Kinder an ihr akzeptieren und mögen, ob sie sich selbst akzeptieren und lieben kann. Die erste Zeit im Heim ist für fast alle Kinder schwer, auch für die, die Mißhandlungen und Demütigungen entkommen sind.

An dem Abend, als Lilli weggelaufen war, hatte David sie

nicht gefunden. Schließlich war sie nach dem Dunkelwerden von selbst gekommen und stumm in ihr Bett gekrochen. Das Gelände konnte sie nicht verlassen haben. Aber auch in NEVE HANNA gibt es Schlupfwinkel, Ecken hinter Büschen und Hecken, die wie Höhlen sind.

Plötzlich sehe ich ein anderes Kind, ein sechsjähriges Mädchen im Kinderheim Königsheide in Berlin im Jahre 1956. Es gab da irgendwo an einem langen Korridor einen Besenschrank, den man vor eine Türnische gestellt hatte. Nur eine Hand breit war der Spalt zwischen Tür und Wand, aber ich war so dünn und konnte mich noch dünner machen und dort hineinzwängen. Gleich dahinter erweiterte der Raum sich, die Nische vor der verschlossenen Tür war breit genug, um dort zu sitzen, die Beine auszustrecken, sogar lesen konnte ich in dem Dämmerlicht. Ich las viel, in der Königsheide gab es viele Bücher, vor allem sowjetische Bücher.

Ich verstand sie nicht, aber ich las sie, und lange Zeit konnte ich ganze Seiten auswendig, deren Sinn mir erst viel später aufging. »Gardeschütze Matrossow«, »Das Mädchen Ulja«, »Die Junge Garde«, »Der wahre Mensch«, »Zwei Kapitäne«, »Es blinkt ein einsam Segel«, »Wie der Stahl gehärtet wurde«, das alles habe ich gelesen, bevor ich zehn Jahre alt war. Und als ich schreiben konnte, schrieb ich Geschichten, ganze Schulhefte voll mit Geschichten, die irgendwo im Krieg unter Partisanen spielten, es kamen Wölfe vor und kleine Rehe, Faschisten und die »Unsrigen«. Das, was ich las, das, was ich schrieb, hatte nichts zu tun mit dem Alltag in der Königsheide, ich lebte in zwei Welten, der ausgedachten, in die ich mich hinter dem Schrank flüchtete, und der wirklichen, in der ich, wie ich es heute sehe, ein sonderbares Kind unter anderen sonderbaren Kindern war. Die Königsheide galt als ein vorbildliches Kinderheim, und wir hatten dort ein Kletterschiff und einen Kinosaal, einen Sportplatz und einen Zoo, wir hatten freitags Fahnenappell, und die Erzieher sangen mit uns Lieder wie das vom kleinen Trompeter, der ein lustiges Rotgardistenblut war, und »Kleine weiße Friedenstaube« und: »Fröhlich sein und singen, andern Freude bringen, ja, das lieben wir. Auf dem Wege weiter, den uns die Partei gewiesen, vorwärts, junge Streiter, vorwärts, Pionier.«

In der Königsheide waren Kinder, deren Eltern gestorben oder in den Westen gegangen waren, und ein Mädchen war in unserer Gruppe, deren Mutter saß im Zuchthaus, weil sie das Kind mit einem glühenden Feuerhaken geschlagen hatte, und die Narben zogen sich über die dünnen Arme des Mädchens, das immer von seiner Mama sprach, nach der es sich sehnte. Andere Kinder, wie ich, hatten Eltern. Aber ein Heim war besser als eine Familie, ein Heim war ein Kollektiv und die Familie nur privat. Privat waren auch meine Kleider, die sollte ich nicht mehr tragen, damals hatten wir in der Königsheide alle die gleichen grünen Kordhosen. Privat waren auch meine wirren Locken, die sollte ich abschneiden lassen, aber ich wehrte mich schreiend, und man ließ sie mir. Privat konnte aber auch gut sein, es gab Privatautos und Privatchauffeure. Einer von uns, Boris, wurde freitags im schwarzen Wolga vom Chauffeur abgeholt und montags früh wieder gebracht, sein Vater war Minister. Ich wußte nicht, was ein Minister ist. Aber der Bruder von diesem Jungen war in Naumburg in der Kadettenanstalt, er trug eine Uniform, obwohl er erst dreizehn war, und würde General werden. Boris beneidete ihn darum, er wollte auch gern General werden, aber er war nicht ausgewählt worden, obwohl sein Vater Minister war und an dieser Kadettenanstalt noch mehr Söhne von Ministern ausgebildet wurden. Boris fiel manchmal um und zuckte, deshalb war er bei uns in der Königsheide und nicht bei den Kadetten. Er und ich waren die mit den besten Eltern, unsere Väter hatten Autos und seiner sogar den Chauffeur. Eine Mutter war Schauspielerin, sie kam und duftete nach Westseife und brachte jedem

Kind einen Luftballon an einem langen Stab mit, auch ich bekam so einen Luftballon. Ich ließ ihn los, und er flog weg, einfach davon über das Kletterschiff. Meine Mutter war Ärztin, das war fast so gut wie Schauspielerin. Aber meine Mutter brachte keine Luftballons, sie war irgendwie weg. In Prag oder in Ägypten. In Prag arbeitete sie an der Akademie, und in Ägypten war sie auf Hochzeitsreise. Meine Mutter hatte wieder geheiratet, ich war bei diesem Fest nicht dabei, vielleicht hatte es gar kein Fest gegeben, ich weiß es nicht, denn ihr Hochzeitstag war mein erster Tag im Kinderheim Königsheide. Einen Tag später kam ich zur Schule. Wir hatten ein eigenes Schulhaus in der Königsheide, groß und hell und neu, dort war ich nicht gern, obwohl ich ganz schnell schreiben lernte, lesen konnte ich schon. Sonntags holte mich mein richtiger Vater ab, aber einmal ging er mit mir in den Zoologischen Garten am Bahnhof Zoo und nicht in den Tierpark. Er kaufte mir Kaugummis in einer kleinen Kunststoffschachtel, so etwas gab es nur im Westen. Mein Vater durfte mich darum nicht mehr besuchen, er verlor das Umgangsrecht, sagte man mir, und als ich sieben Jahre alt war, ging er in seine Geburtsstadt Hamburg zurück, die lag auch im Westen, bei den Kriegstreibern. Ich sah ihn erst dreizehn Jahre später wieder.

Ein paar Wochen, nachdem ich in die Königsheide gekommen war, zankte ich mich mit den Kindern aus meiner Gruppe, ich weiß nicht mehr, worum es ging, ich weiß nur, daß alle gegen mich waren, daß ich aufsprang und fortrannte, so schnell, daß der Stuhl umfiel. Ich war wütend und heulte wie vierzig Jahre später in NEVE HANNA Lilli, das Mädchen aus der Ukraine. Und wie Lilli wollte ich weg und wußte nicht wohin, und ich zwängte mich hinter den Schrank, und da saß ich und träumte, ich käme mit den Partisanen oder mit den Budjonnyreitern, und die Unsrigen würden die Feinde erledigen, und die Feinde, das waren alle im Kinderheim Königsheide. Außer vielleicht Boris, der am

Morgen mit meinem feuchtfleckigen Laken über dem Arm zur Wäscheausgabe gegangen war, weil ihm das nichts ausmachte. Außer vielleicht dem Mädchen mit den Narben, denn die hatte mir verraten, wer mir die Kaugummis unter dem Kopfkissen geklaut hatte. Und je länger ich hinter dem Schrank saß, umso schwächer wurde meine Wut, und am Ende verschwanden die säbelschwingenden Budjonnyreiter, und ich fror und stellte mir vor, meine Oma käme oder mein Vater, mein richtiger natürlich, oder wenigstens meine Mutter. Plötzlich liefen sie vor meinem Schrank auf dem Korridor hin und her, sie riefen meinen Namen, auch die Erzieherin, sie waren aufgeregt und brüllten: »Regina, dein Vater, dein Vater!«

Da zwängte ich mich wieder durch den Spalt, lief der Erzieherin in die Arme, die mich mitzog, heraus aus unserem Haus, vorbei an den Spielplätzen, über den Hauptweg zum Wirtschaftshaus. Dort im Büro gab es ein Radio, und als ich hinkam, lief eine Sendung, und der Heimleiter und ein paar Erzieherinnen standen um das Radio herum und schoben mich davor, damit ich gut hören konnte, denn da sprach mein Vater. Es war aber nicht mein Vater, es war der Mann meiner Mutter, der da sprach, und seine Stimme kam aus Ägypten. Es war Krieg in Ägypten, hatte mir die Erzieherin auf dem Weg erklärt, die Juden und die Engländer warfen Bomben über das friedliebende ägyptische Bruderland. Ich wußte, daß der Mann meiner Mutter oft im Rundfunk sprach, er schrieb Bücher und war berühmt. Aber wieso Krieg in Ägypten war, wußte ich nicht, und warum die Juden Bomben werfen, verstand ich nicht, denn die Kriegstreiber saßen doch in Hamburg. Aber die Kriegstreiber sitzen auch in Israel, erklärte der Heimleiter, Herr Riese, und vor allem sitzen sie in Amerika. Doch wo war meine Mutter? Sie wollte doch auf Hochzeitsreise gehen und nun war sie in den Krieg gefahren.

Der Mann meiner Mutter sprach noch oft im Radio in diesem November 1956, denn der Krieg hörte nicht so bald auf und es ging um den Suezkanal, was immer das war. Nach dem Abendbrot holten sie mich in das Büro, und ich lauschte der Stimme des Mannes, zu dem ich jetzt Papa sagen sollte, der für mich aber immer der Mann meiner Mutter blieb.

Einmal brachten die Erzieherinnen mir eine Zeitung, darauf war meine Mutter zu sehen. Ihr Foto war rechts oben, sie hielt einen Telefonhörer in der Hand und trug ein grünes Kleid.

Das Foto war schwarzweiß, aber ich kannte das Kleid, es war aus einem grünen samtigen Stoff, die Knöpfe waren schwarz und auch der Stehkragen war innen schwarz. Neben dem Bild stand, was meine Mutter der Zeitung gesagt hatte, und ich las es und verstand nichts, nur daß dort in Ägypten eben Krieg war, dann stand da noch etwas von Kindern, die Durchfall hatten. Ich hatte auch Durchfall gehabt, aber das wußte meine Mutter nicht, denn sie hatte mich lange nicht besucht und auch nicht angerufen, obwohl sie doch einen Telefonhörer ans Ohr hielt. Die Erzieherin erklärte mir, daß meine Mutter einen Kindertransport aus dem Krieg heraus begleitet hatte, auf einem Schiff sei sie über den Ozean gefahren und mit einem Zug durch die Wüste, sie hätte als Ärztin die Kinder versorgt. Ich solle stolz sein auf meine Mutter. Alle Kinder aus der Gruppe standen um das Zeitungsblatt herum und betrachteten meine Mutter. Sie war noch auf einem anderen Bild auf der linken Seite zu sehen, da stand sie mit Hackenschuhen und einem schick gebundenen Kopftuch mit drei Männern, und einer davon war ihr Mann. Dein Vater, sagten die Kinder und fanden ihn zu alt. Ich fand ihn auch zu alt. Aber meine Mutter war jung und fast so schön wie die Schaupielerin, die uns die Luftballons gebracht hatte. Die Zeitung durfte ich behalten. Sie hieß »Wochenpost« und lag auf meinem Nachttisch. Aber eines Tages war das Foto meiner Mutter mit Buntstiften zerkratzt, und ich wußte, daß dies das Mädchen mit den Narben gewesen war, das mir keine Mutter in der Zeitung gönnte, denn ihre war im Zuchthaus und würde da noch lange bleiben. Ich warf die Zeitung weg.

Aber dieses Bild habe ich nicht vergessen, und ich habe nicht vergessen, daß es die Juden waren und andere Kriegstreiber, die das unbeugsame ägyptische Volk angegriffen haben. Das mit dem unbeugsamen friedliebenden ägyptischen Volk und dem blutigen Angriff der ruchlosen Aggressoren hatte der Mann meiner Mutter gesagt, daß Israel das Land der Juden sei, hatte meine Erzieherin, Fräulein Semmler, mir erklärt. Aber Herr Riese hatte gesagt, die Juden wären von den Faschisten verfolgt gewesen und man könne die israelischen Soldaten nicht mit den Juden gleichsetzen. Es war schwer für mich, das zu verstehen.

Ein paar Wochen nach meinem Besuch in NEVE HANNA frage ich meine Mutter in Berlin nach der Zeitung aus dem Jahre 1956 und nach den Funkberichten ihres Mannes. Der ist schon zwei Jahrzehnte tot, er war über achtzig Jahre alt und sehr einsam. In den beiden Jahren vor seinem Tod hatte unsere Sprachlosigkeit sich aufgelöst, und er nahm mich zum erstenmal wahr und erzählte mir, wie er gelebt hatte und wen er gekannt hatte und was er versäumt hatte und wie er vor Hitler nach Paris geflohen war und dann aus einem Internierungslager und von Südfrankreich weiter über die Pyrenäen und wie er als Emigrant nach New York gekommen war. Von der Frau, die mit ihm geflohen war, erzählte er nichts, vielleicht weil die abgrundtiefe Einsamkeit ihn eingeholt hatte, in der sie in Berlin, im Rollstuhl sitzend, gestorben war, als er schon mit meiner jungen Mutter verheiratet war. Und von der Suezkrise erzählte er nichts und nichts von den israelischen Aggressoren. Aber ich erinnere mich daran, wie er einmal, ich war vielleicht fünfzehn Jahre alt, mit dem Dichter Stephan Hermlin an seinem Gartentor stand und wie sie stritten und verärgert auseinandergingen. Hermlin hatte gesagt, wie mein Stiefvater spöttisch zitierte, sein Herz schlüge für Israel. Von seinem eigenen Herzen habe ich nie viel erfahren. Meine Mutter, einunddreißig Jahre jünger als ihr Mann, ist nun auch alt geworden. Ich besuche sie nur selten und sie freut sich, mir die Zeitung heraussuchen zu können. Wer mir von diesem Artikel erzählt hat, will sie wissen und glaubt nicht, daß ich mich daran erinnere. Wahrscheinlich denkt sie, ich hätte alles vergessen, wie sie selbst. Sie gibt mir aber nicht nur bereitwillig die alte »Wochenpost«, sondern auch die Funkberichte ihres Mannes, die der Deutsche Friedensrat, dessen Präsidiumsmitglied er war, als Flugblätter gedruckt hat. Außerdem zeigt sie mir ein Telegramm, das der Deutsche Friedensrat im November 1956 an den Kriegsberichterstatter in Kairo-Zamalek, Azis Osman 10, geschickt hat. Man dankte ihm für die eindrucksvollen aufrüttelnden Funkberichte, in denen er dem deutschen Volk die Wahrheit über die Aggression mitgeteilt hatte. »Wir haben Protestbewegung gegen Friedensstörer verstärkt – stop – Führen Hunderte von Freundschaftsversammlungen für Ägypten durch, unterstützen Hilfsaktionen für Ägypten – stop – Werden nicht ruhen, bis letzter Interventionssoldat ägyptischen Boden verlassen hat.« Unter dem Telegramm lese ich auch den Namen von Anna Seghers.

Das Foto meiner Mutter in der »Wochenpost« ist genau so, wie ich es in Erinnerung habe. Ich betrachte ihr Gesicht und sehe erschrocken mein eigenes, nur jünger als meines heute. Doch die gewellten Haare trug sie anders als ich jemals. Und je länger ich das Foto anschaue, umso unbekannter wird es mir. Ich lese das Interview und sehe, daß der Schriftsteller Heinz Knobloch, damals ein junger Redakteur, meine Mutter nach ihren Erlebnissen vor und nach dem »israelischen Überfall« befragte. Ich lese ihre Antworten und Wort für Wort die Flugblätter. In der Empörung über den

Überfall erwähnte der Mann meiner Mutter nicht, daß Ägypten seit 1954 die israelische Hafenstadt Eilat und den Golf von Akaba blockiert hatte und ständig Stoßtruppunternehmen über die Waffenstillstandslinien gegen Israel führte, bei denen es Tote und Verletzte in den irsaelischen Siedlungen gab.

In den Flugblättern kommt die unverbrüchliche Freundschaft zwischen der DDR und dem ägyptischen Volk vor, der heldenhafte Kampf der Ägypter um ihre Freiheit, die Sympathie des ägyptischen Volkes für die Sowjetunion und das gesamte Friedenslager. Kein Wort davon, daß die ägyptischen und syrischen Streitkräfte von ehemaligen Nazioffizieren ausgebildet wurden, kein Wort von dem groben Antisemitismus des Präsidenten Nasser, der zu seiner Vorstellung vom »arabischen Sozialismus« gehörte. Traurig lese ich, was der Mann meiner Mutter im November 1956 gesagt hat, und was ich als sechsjähriges Kind am Radio des Heimdirektors in der Königsheide nicht verstehen konnte, und was ich auf andere Weise immer noch nicht verstehe. Ich kann ihn nicht mehr fragen, warum er so geredet hat und ich kann ihn nicht fragen, ob ihm die antisemitischen und antidemokratischen Strömungen in der DDR der frühen fünfziger Jahre nicht aufgefallen sind, er hat doch den Hetzartikel gelesen, der über Herthas Mann Jacob Walcher im »Neuen Deutschland« stand und bald darauf erlebt, daß an Jacobs 65. Geburtstag im Mai 1952 von allen geladenen Gästen nur er und Bertolt Brecht und der ehemalige Buchenwald-Häftling Robert Siewert gewagt hatten zu kommen. Er hat doch am eigenen Leibe erfahren, wie er selbst und andere »Westemigranten« verdächtigt wurden, vom Zionismus, vom Trotzkismus, vom Kosmopolitismus, vom Titoismus, vom Sozialdemokratismus und immer wieder vom Zionismus infiziert worden zu sein, wie sie die Haltlosigkeit dieser Verdächtigungen beteuern und beweisen mußten. Aber vielleicht ist das die Antwort.

Hanni Ullmann war damals, als der Mann meiner Mutter in Kairo vom Kriegsschauplatz berichtete und ich ein sechsjähriges Heimkind war, gerade die Leiterin der AHAWAH in Kiryat Bialik geworden. Es war die Zeit, in der das erste Kinderbuch geschlossen wurde, das noch die Namen der Berliner Kinder enthält und die Namen all der vor dem Tod in Europa geflohenen Kinder. Diese Kinder waren herangewachsen, und das nächste Kinderbuch füllte sich mit vor allem orientalischen Namen. Für Hanni war der Sinai-Feldzug 1956 einer der Kriege, die das Leben noch schwerer machten, die wie jeder Krieg Leid und Tod mit sich brachten, und vielleicht hat sie auch Zweifel gespürt, ob das Bündnis mit den Engländern und Franzosen gut für Israel war. Aber sie sah auch, wie der Judenstaat Israel umgeben war von Haß und Mißgunst, und obwohl sie nicht an militärische Lösungen der Konflikte glaubte, hielt sie doch im Innern zu ihrem Land, hatte sie Vertrauen zu seiner Politik. Der Nationalismus aber, der damals schon deutlich zu spüren war, war nie ihre Sache gewesen. Ihr kleiner Sohn Jonathan war damals begeistert von allem Militärischen. Wenn die Nationalhymne im Radio erklang, sprang das Kind auf und salutierte. Bei Jonathan hat sich das wieder gelegt, aber die meisten der Kinder von NEVE HANNA sind empfänglich für die Aura des Militärischen. Die Armee, in die sie alle gehen werden, ist etwas, worauf sie stolz sind. Auch für Dudu ist dieser Stolz selbstverständlich. Hanni fühlt da anders, aber Hanni kommt vielleicht aus einer anderen Zeit, und sie hat gelernt, nicht zu erwarten, daß das Leben sich nach ihren Vorstellungen richtet, jedenfalls nicht ganz und gar und sofort. Mit Gelassenheit sieht sie das Unvollkommene und weiß, daß die Dinge sich ändern. Wie sie sich ändern, in welche Richtung, liegt nicht in ihrer Hand. Oder doch?

In den letzten Jahren hat sie NEVE HANNA schon ein Stückchen abgegeben in Dudus Verantwortung und die der anderen. Nicht ganz, natürlich nicht ganz, aber sie hat sich

Zeit genommen für ihre Enkel, mehr als sie je für ihre eigenen drei Kinder hatte. Sie hat sich uralte Träume erfüllt und ist gereist. Nicht nur wegen NEVE HANNA, sondern nur zu ihrem Vergnügen. Als sie das Geld zusammen hatte, um ihre Wohnung in Kfar Saba renovieren zu lassen, entschloß sie sich, dafür lieber nach Thailand zu fahren. Mit Ana, ihrer Schwiegertochter, war sie drei Wochen lang in diesem asiatischen Land, nahm all die fremden Bilder, Farben und Gerüche in sich auf, staunte über alles, wie damals in den zwanziger Jahren die junge Melkerin aus dem Kibbuz vor dem KaDeWe über die Drehtür. Und wie damals die Melkerin freute sie sich an dem für sie Unbekannten und wußte doch, daß sie ihren Ort, an den sie zurückkehren wollte, längst gefunden hatte. Einmal kam sie mit Ana an einem Bordell vorbei, und vielleicht dachte sie in diesem Moment an die Prostituierten aus dem Scheunenviertel, vielleicht an Leah Moses oder an die Mutter der kleinen Ella aus NEVE HANNA und all die anderen, deren Leben ihr fremd war, und sie ging hinein und Ana kam verwundert mit und hörte zu, wie Hanni das Gespräch suchte mit den Frauen, die in diesem Bordell arbeiteten, um zu verstehen, was sie dazu gebracht hatte, und um das Land zu verstehen, dessen Schönheit sie genoß und an dessen dunklen Seiten sie nicht vorbeigehen wollte.

Noch immer ist Hanna Ullmann neugierig auf die Welt.

Im Jahr nach dieser Reise fuhr sie mit Jonathan und Ana nach Alaska. Von dort verschickte sie bunte Karten, begeistert und staunend.

Auch aus Kfar Saba habe ich Briefe und Karten von ihr bekommen. Ich erfuhr vom Chamsin und vom Regen, erfuhr, daß die Dächer standhalten.

Ich erfuhr, daß die blinden Eltern der kleinen Schwestern, um die Florence sich so gekümmert hat, schon wieder zwei neue Kinder bekommen haben, die jetzt auch in NEVE HANNA leben.

Ich erfuhr, daß Renate Ucko an Krebs erkrankte und im Januar 1998 starb. In NEVE HANNA ließen sie zehn Bäume pflanzen, die wachsen und an Renate erinnern werden.

Manchmal, wenn ich durch mein Berliner Zimmer gehe, stoße ich an Dudus Äolsharfe, und wenn die Töne mein Zimmer füllen, sich in meiner Wohnung ausbreiten und nachklingen, fühle ich Hanni Ullmann, Dudu und NEVE HANNA ganz nahe.

Zum letzten Jahreswechsel bekam ich eine Karte von Hanni, die keine gewöhnliche Postkarte ist. Ich schaute das Bild an und erkannte einen Gruppenraum in NEVE HANNA, im Vordergrund sitzt ein junges Mädchen mit langem blondem Haar, entspannt und selbstbewußt sitzt sie einfach da und schaut lächelnd in den Fotoapparat. Etwas an dem Mädchen kam mir bekannt vor. Ich las, was Hanni schreibt:

»Ich schicke Ihnen die Grüße auf der Fotografie von unserer Lilli. Das Mädchen hat sich so wunderbar entwickelt. Schlank geworden! Hübsch geworden. Eine Glanzschülerin, hat eine sehr gute Stellung unter unseren Kindern erreicht. Und doch, zum Glück, besteht sie auf dem ihrigen. Wir in NEVE HANNA sind stolz und glücklich mit ihr.«

Im 124. Psalm heißt es: ES GINGEN WASSER WILD ÜBER UNSERE SEELE.

Und: UNSRE SEELE IST ENTRONNEN WIE EIN VOGEL DEM STRICKE DES VOGLERS; DER STRICK IST ZERRISSEN, UND WIR SIND LOS.

# Personenverzeichnis

Abdel 231
Abraham 231 236
Adam 67f.
Adler, Paula 44 127
Alejchem, Scholem 163
Alisa 211 226 233 240
Alon 203 220f. 223f.
Antonio, Amadeo 143
Appel, Chaim 201 211
Appel, Helen 200f. 211 221 233
Appel, Jizchak 200

Baeck, Leo 212
Barlach, Ernst 143
Barnatan, Schoschanna 132 137 145
Bath El 216 240
Bauer, Felice 144
Baumer, Leo 142
Baumer, Liba 44 141
Beer, Alexander 160
Beer, Siddy 137f. 143 145
Beer, Käte 58
Becker, Arie 110 152f. 220
Begin, Menahim 218
Beit, Hans 137
Ben-Chorin, Avital 7 104f. 199 215 224
Ben-Chorin, Golan 105f. 251

Ben-Chorin, Schalom 104f. 215 251
Ben-Chorin, Tovia 105 250
Ben Gurion, David 65 92 135 136 196
Benjamin, Walter 100 103
Bergbaum, Isaak 44
Berger, Beate 20 29 31 43f. 57f. 60 64 69 91f. 101 112f. 121f. 132 134 146 158 159 165 171 191 193 202 214 234 254
Berger, Bernd 58
Berger, Else 149
Bergman, Hugo 51 58 90 92 97 108
Bernfeld, Siegfried 58 111 141 171 234 254
Bialik, Chaim Nachman 104
Bick, Judith 176
Bienenstock, Daniel 44f. 63f.
Bienenstock, Leibl 45 62 120
Bienenstock, Mendel 62f.
Bienenstock, Sara 62f.
Bloch, Grete 14
Boehm, Renate 183
Böll, Heinrich 132
Bonhoeffer, Dietrich 99
Boris 268
Brandt, Willy 261

Brecht, Bertolt  145 166 262 274
Buber, Martin  58 90 93 100 103 105 212 243 249
Buttgereit, Gustav  120

Chadad  231
Chagall, Marc  78
Calvary, Gideon  50f.
Calvary, Moses  49f. 58 61 104 128 143 146 158 222 234 243
Carlebach, Frau  10
Carlebach, Hartwig  9 10 11 113 139
Cohen, Dr.  64

David (Erzieher)  253 255f. 266
Dietrich, Marlene  38
Duma  231
Dunker, Hilde  216
Dobberke, Walter  161
Dutschke, Rudi  16
Dwora  66f.

Eichenstein, Jana  183
Eichmann, Adolf  55
Einstein, Albert  12 43
Elio  33
Ella  205f. 240 253f. 276
Engel, Chana  117
Engel, Rebecca  113
Esau  231

Fackenheim, Erika (siehe Avital Ben-Chorin)
Falkenstein, Julius  133

Falkenstein, Mira  7 116 224 233
Farhat-Aser, Sumaya  132
Fingerhut, Frau  132f. 137
Finkel, Schimon  58
Flaig, Margot  183
Fließ, Moses vom  96
Florence  211 252f. 257 267
Fraenkel, Prof.  38
Freud, Anna  141
Freud, Sigmund  28 132 141
Freudenberg, Adolf  151 215 245
Freier, Moritz  177
Freier, Recha  94f. 178f.
Fromm, Erich  90 99
Frost, Jochen  222
Frost, Jutta  7 152 183 215 219f. 222f. 235 244 245 247

Gärtner, Jochanan  159
Gerda  112
Gisela  16f. 33f.
Goethe, Johann Wolfgang  12 23 29 58 69 132
Gollwitzer, Helmut  151 247
Gorbatschow, Michail  262
Gordon, Isidor  260 262
Gordon, Johanna  262
Grünspan, Eva  44 120
Gronemann, Sammy  145
Guggenheim, Batja  173 191 203 210 217 221
Guggenheim, Chanan  173 174 191 199 201 202 210 217 220 221 240 243f.
Gutmann, Meta  64
Gyora, Prof.  141

Hadassa 227
Haeften, Hans-Bernd von 151
Hahn, Gertie 118 120
Hainebach, Franz (P. Urieli) 29 44 46f. 57 61 102 114 120 129 147 212 222 234 260
Hegel, Georg Wilhelm Friedrich 31
Heuss, Theodor 100
Heidi 185
Heine, Heinrich 23 27 80 104
Hermlin, Stephan 272f.
Hesse, Hermann 206
Herzberg, Ursula 176
Herzl, Theodor 12 21 135 194 234
Hildesheimer, Israel 49 243
Hirsch, Edith 66
Hirsch, Joram 148
Höniger, Johann 160

Isaak 231 236
Ismael 231
Israel 231 236ff. 240
Jacobi, Dr. 46
Jaschuwi, Josef (H. Rosenthal) 31 61 130 137 141 147f. 153 159 166 167 170 211f. 219 264
Jetur 231
Juchevet 67f.
Jung, Carl Gustav 28 132

Kafka, Franz 144
Katz, Israel 56
Kant, Immanuel 219
Kaphan, Johanna 159–180 185f. 200f. 232 233 243

Kedar 231
Kedma 231
Keller, Hermann 148 233
Kern, Hansel 44 57 145
Kliegler, Prof. 94f.
Knobloch, Heinz 132 273
Kollwitz, Käthe 43
Korczak, Janusz 132 158

Landau, Mayaan 177f.
Landauer, Georg 51 61 118 194
Lasker-Schüler, Else 73 93f. 103f. 107–110 132
Lea 235
Lehmann, Siegfried 29 44 92 194f. 260
Lessing, Theodor 79
Lessing, Gotthold Ephraim 132
Levy, Frau 152f. 220
Liebermann, Max 43
Lisbeth 12 18 29 39
Lilli 240 253–258 266f. 269 277
Löwenfeld, Feo 163f. 173 185 bis 189
Loewenfeld, Raphael 27
Luther, Martin 100
Luxemburg, Rosa 12 15 17 18 129 261

Malka 115f.
Mamuth, Gutschi 45 54
Mamuth, Lowe 45 54f. 120
Mamuth, Schendel 44f. 54 120
Manja 51 61 129
Mann, Heinrich 43

Marc 16f. 33f.
Marcus, David 44 120f.
Marcus, Hanna 145
Marr, Wilhelm 23
Martha 231 157
Massa 231
Meierson, Ofra 225
Mendel 35f.
Meni 205f. 240 253f.
Mibsam 231
Miriam 228
Mischma 231
Mohammed 230 231 247
Moor, Paul 148
Morgenstern, Christian 145
Moses, Leah 44 51 117f. 276
Mühsam, Erich 113
Mühsam, Minna 113f.
M. Veret 229

Nafisch 231
Nassau, Gideon 116 196
Nasser 274
Napoleon 143
Nathan, Thea 145
Nebajoth 231
Nickel, Eva 96f. 108f.
Niemöller, Martin 151
Nietzsche, Friedrich 30 31 58 169
Nobel, Nehemia Anton 90
Nuomi 207 253 255f.

Philosoph, Abraham 117
Peiser, Dr. 46
Perlmutter, Kurt 136 157
Pinkus, Frau 194
Polak, Frau 44 101

Pollak 57
Politzer, Naomi 7 233
Rabin, Jizchak 234
Radek, Karl 261
Rappaport, Tatjana (siehe Toni Simon)
Rathenau, Walter 15
Reis, Lenchen 44 120
Rena 244f.
Rengstorf, Karl Heinrich 147 151 215 245
Reschke, Daniel 162
Reschke, Max 160f. 167 173
Riese, Herr 270 272
Risch, Hermann 11 12 14 22f. 28f. 38f. 101 102 133 169 184 190
Risch, Paula 10 11 12 14 22f. 28f. 38f. 52 58 101 133 190
Risch, Theo 10 14 21 52 60 133 251
Robina, Hanna 58
Rosenfeld, Beate (siehe Beruria Weinryb)
Rosenstrauch, Abraham 55
Rosenthal, Gabriel 61f.
Rosenthal, Hugo (siehe Josef Jaschuwi)
Rosenzweig, Eli 116
Rosenzweig, Franz 90 100 106 195
Ruppin, Arthur 135
Ruthenberg, Pinchas 35

Sachs, Shimon 193f. 198 222 225 243
Sachs, Schoschanna 199
Salomon, Alice 141 171

Salomons, Vera  144
Sawiri, Zwi  136
Schenk, Otto  215 216
Schenk, Rosemarie  216
Schewardnadse  262
Scholem, Betty  98
Scholem, Escha  108
Scholem, Fanja  108 f.
Scholem, Georg  98
Scholem, Gerschom  58 90 f. 97 f. 105 118 194 243 260
Scholem, Sophie  98
Schopenhauer, Arthur  30 169
Schubert, Franz  30
Schulze, Dr.  24 f.
Schwarcz, Chawa  116 150 f. 157 224
Schwarz, Riwka  226 f.
Seghers, Anna (Netty Reiling)  99 273
Seidenstadt, Rachel  117
Semmler, Fräulein  272
Senator, Werner  72
Silbermann  167
Simon, Ernst  58 90 f. 170 191 195 201 223 ff. 235 245 260
Simon, Fritz  99
Simon, Gotthold Ephraim  99
Simon, Hanna  91 108 f.
Simon, Uriel  91 f. 106
Simon, Toni (T. Rappaport)  58 70 77 f. 88 90 129 170 201 223 f. 235 260
Singer, Aron  199
Singer, Esther  116
Sitton, Ephra  136
Sitton, Ruti  116 136 224 233

Siewert, Robert  274
Soutin, Chaim  102
Spanier, Charlotte  163 167
Spanier, Meier  160 163 167 173
Spinoza, Baruch  106
Stalin, Jossif  167 261 262
Sternberg-Rosenblüth, Elsa  137 143 f. 158
Steinpress, Avrum  35 f.
Struck, Hermann  38 40 51 58
Szold, Henrietta  44 48 58 67 71 94 f. 116 137 179 192

Thälmann, Ernst  261
Thema  231
Timm, Marianne  148 215
Tirana  228
Toledo, Benjamin  117
Tucholsky, Kurt  79
Treitschke, Heinrich von  23

Ucko, Renate  192 201 204 f. 215 f. 224 233 235 f. 240 258 277
Ucko, Ruth  51 192
Ucko, Sinai  51 f. 55 f. 58 61 129 191 192 199 201 214 243
Ulbricht, Walter  261
Ullmann, Ana  19–37 112 214 264 276
Ullmann, Dan  19 29 f. 43 46 133 142 170 196
Ullmann, Erna  28 114
Ullmann, Ernst  18 26 28 f. 31 38 f. 46 f. 59 64 78 93 127

130 133 134 142 145 148 169f. 172 190 201 212f. 214 218f. 240 241 247 260
Ullmann, Jonathan 19–37 60 109 112 123f. 133 138 169f. 213f. 265 275 276
Ullmann, Lilly 26
Ullmann, Micha 26
Ullmann, Raja 19 30f. 59f. 66 133 156f. 170 174 224 264
Unna-Rülfs, Ruth 42 200
Urieli, Perez (siehe Franz Hainebach)
Urieli, Manja 129
Ury, Lesser 43

Vishniac, Roman 78
Vogeler, Heinrich 145
Vogelsdorff 261

Walcher, Hertha 259 260f. 274
Walcher, Jacob 261f. 274
Wallenstein, Schalom 153
Wanda 68
Wander, Maxie 132

Wander-Scholzky, Nurith 127
Waxmann, Lottie 176
Weger, David (Dudu) 7 188f. 210 221f. 226 228 230 232 233 235f. 239–249 250 251f. 275 277
Weger, Ruth 242f. 246f.
Weichselbaum, Pnina 116
Weill, Kurt 38
Weinryb, Beruria (B. Rosenfeld) 59 61 127 130 145 192 199 222 229
Weiß, Otto 44 120
Weizmann, Chaim 92
Welkonez, Gertrude 144
Weltsch, Robert 92
Werna, Schoschanna 137
Wilhelm, Kurt 93f. 103 104
Wilde, Oscar 145
Winternitz, Lilly 55
Wolffheim, Nelly 141

Zetkin, Clara 261
Zweig, Beatrice 101
Zweig, Arnold 43 49 100f.

# Inhalt

Vorbemerkung .................................. 5
Winterfeldtstraße ............................... 9
In Kiryat Bialik ................................ 38
An der Klagemauer ............................ 72
Toni .......................................... 90
Der Sturz der Tänzerin ........................ 111
Das Kinderbuch ............................... 127
Die Frau auf der Treppe ....................... 159
Eine andere Frau auf einer anderen Treppe .......... 181
Am Ort der fünf glatten Steine .................. 190
Aber so ist es ................................. 204
Dudu ......................................... 239
Schabbes in NEVE HANNA ..................... 250
Zerrissene Stricke ............................. 266

Personenverzeichnis ........................... 279

*Regina Scheer*
AHAWAH.
Das vergessene Haus

Spurensuche in der Berliner Auguststraße

Mit 17 Fotos
330 Seiten. Broschur
ISBN 3-7466-1008-7

AHAWAH heißt Liebe. AHAWAH stand bis in die dreißiger Jahre über der Tür eines Hauses in der Berliner Auguststraße. Damals war es ein jüdisches Kinderheim. In den letzten Jahren schien das Haus keine Vergangenheit mehr zu haben. Es wurde vergessen. Die Publizistin Regina Scheer rekonstruiert die bewegende Biographie des Hauses, das für jüdische Kultur und jüdische Schicksale steht.

»Regina Scheer hat ein nachdenkliches Buch geschrieben, ein Buch, das jüdisches Leben im Berlin dieses Jahrhunderts nachzeichnete, das über Zeiten spricht, die viele gerne zudecken möchten: Die Zeit des Weggehens, des Mitmachens und des bequemen Vergessens danach.«
*Allgemeine Jüdische Wochenzeitung*

»Du gehst anders durch die Straßen nach diesem Buch.«
*Märkische Allgemeine*

Aufbau Taschenbuch Verlag

*Franz J. Jürgens*
# Wir waren ja eigentlich Deutsche

Juden berichten von Emigration und Rückkehr

---

248 Seiten. Broschur
ISBN 3-7466-1338-8

Was kann deutsche Juden nach Jahren im Exil dazu bewegen, wieder nach Deutschland zurückzukehren? Wie empfinden sie eine solche Rückkehr? Wie begegnen sie den Enttäuschungen? Was heißt es schließlich, nach vielen Jahren wieder die Muttersprache zu sprechen? Die in diesem Band porträtierten Menschen haben in vielen Jahrzehnten die schmerzlichen Erfahrungen von Vertreibung und Exil zu verarbeiten versucht. Im Gespräch mit Franz J. Jürgens geben sie freimütig Auskunft über das im Dritten Reich Erlebte, über ihre Rettung, über ihre Rückkehr.

Aufbau Taschenbuch Verlag